电力特种车辆
选购与使用指导手册

国家电网有限公司物资管理部
中国电力科学研究院有限公司　组编

中国电力出版社
CHINA ELECTRIC POWER PRESS

内 容 提 要

为了普及电力特种车辆的相关知识，为车辆采购选型、日常使用、维护保养等工作提供参考，特编写《电力特种车辆选购与使用指导手册》。

本书共分十四章，包括14类电力特种车辆的简介（分类及款式、应用场合、典型参数、主要制造商）、车辆结构与主要部件、车辆使用要点、车辆维护保养要点等内容。

本书可供电力行业特种车辆相关从业人员学习使用，为车辆的采购选型、管理应用、现场操作及维修保养提供参考依据。

图书在版编目（CIP）数据

电力特种车辆选购与使用指导手册 / 国家电网有限公司物资管理部，中国电力科学研究院有限公司组编 .—北京：中国电力出版社，2023.10（2023.11 重印）

ISBN 978-7-5198-7984-6

Ⅰ.①电… Ⅱ.①国…②中… Ⅲ.①电力机车 - 选购 - 手册 Ⅳ.① F766-62

中国国家版本馆 CIP 数据核字（2023）第 134259 号

出版发行：中国电力出版社
地　　址：北京市东城区北京站西街 19 号（邮政编码 100005）
网　　址：http://www.cepp.sgcc.com.cn
责任编辑：肖　敏（010–63412363）
责任校对：黄　蓓　王海南
装帧设计：郝晓燕
责任印制：石　雷

印　　刷：三河市万龙印装有限公司
版　　次：2023 年 10 月第一版
印　　次：2023 年 11 月北京第二次印刷
开　　本：710 毫米 ×1000 毫米　16 开本
印　　张：18.5
字　　数：287 千字
印　　数：3001—5000 册
定　　价：120.00 元

电力特种车辆选购与使用指导手册

编 委 会

主　任：卓洪树

副主任：易建山　商　皓　戴　敏

委　员：赵海纲　王培龙　熊汉武　刘俊杰　储海东　张　斌

　　　　孙启兵　郝湛斐　李　媛　刘　庭　程建翼　左新斌

　　　　高永强　郭剑黎　李　鑫（国网重庆电力）　夏　骏

　　　　马光耀　王月鹏　龚杭章　沈宏亮　马振宇　纪坤华

　　　　刘利国　崔　征

编 写 组

苏梓铭　马木雨石　何　灵　肖　宾　罗　健
向　洪　张　穹　李金亮　李胜祖　杜朋洋
张大鹏　石霄峰　卢宪斐　孙双学　孟　昊
尚　德　高俊岭　张　毅　许　峥　张有为
杨　淼　杨晓翔　辛　辰　尹　力　石　斌
刘一涵　吴肖寒　刘兆领　唐　盼　郭　昂
郭　帅　刘　彤　蔡得龙　雷兴列　范雅蓓
周　胜　许福忠　魏　辉　王邹俊　彭全利
徐东生　李　鑫（国网信通产业集团）高　歌
温丽娟　曹硕然

视频演示人员

杨治中　张　远　翟恩腾　刘亚冉　朱　萌
刘　杰　牛玉龙　郑阳迪　徐国庆　代冬临
周　斌　梅　良　向　海　陈渝平　张晓波

序 一

电力特种车辆作为长期服务于电力行业生产运行、抢险救灾等工作的"特种兵"，对电力行业相关工作的开展起到了有力的支撑作用。随着我国带电作业工作的广泛发展，电力特种车辆的普及率显著提升，为提高作业效率、确保作业安全作出了重要贡献。其中，高压绝缘斗臂车、低压带电作业车作为高空作业车辆广泛应用于架空线路带电作业工作；移动电源车作为独立（或后备）电源广泛应用于重大保电任务、不停电检修等保供电工作；旁路电缆车、旁路开关车、移动箱变车、移动环网柜车作为搭载旁路作业关键装备的机动车辆广泛应用于旁路作业线路的搭建及控制工作；带电工具库房车、抢修车、照明车也承担着装载运输带电作业工具、人员及装备和提供应急照明的重要任务。

由于电力特种车辆种类型号多样、车载装置繁多、使用与维护保养要求高、操作专业性强，在工作人员管理和使用车辆的过程中，如果工作人员对所管辖车辆的型号类别、性能用途、操作方法、维保要点等全面了解和掌握不够，就有可能导致车辆选购配置型号失误、车辆性能无法充分发挥、车辆意外损坏等情况发生。

这本《电力特种车辆选购与使用指导手册》从车辆选购与使用者的角度出发，针对电力特种车辆管理人员和使用人员的工作需求，全面介绍了电力特种车辆的选购参数配置、典型结构部件、车辆性能特点及使用维保要点等方面内容，是一本值得推荐的参考书。

衷心希望阅读此书的电力工作者能够从中获得裨益。

胡 毅

2023 年 5 月于武汉

序　二

电力特种车辆作为使用定型道路车辆进行专业化改装以服务于电力行业作业场景的专用车辆，广泛承担着线路设备运维巡视、电力工程抢险救灾、重大任务电力保供等任务，其根据基层作业需求的演变，一直追寻着技术发展的脉络，始终走在时代进步的前沿。

这本《电力特种车辆选购与使用指导手册》不仅涵盖电力特种车辆的选购配置、性能特点及使用维护等知识，也对电力特种车辆近年来开发的新产品进行了阐述（如峰值功率输出更大、抗瞬时电流冲击能力更强的燃气轮式移动电源车；可实现零闪动接入、工作噪声低的UPS移动电源车；专门搭载配网不停电作业机器人并可实现高精度联动控制、无线遥控与作业后备保护的不停电作业机器人用绝缘斗臂车；工作斗部绝缘并配置各项安全装置可满足0.4kV不停电作业需求的低压带电作业车；体积较小并具备自行吊装能力，可实现狭窄作业场合不停电更换变压器的小型化移动箱变车；高度集成测量仪器设备与试验电源，具备自动化、智能化试验系统的高电压试验车与电缆故障测距车等）。

通过本书文字部分的细致介绍和视频部分的典型讲解，读者可以全面了解各类型电力特种车辆型号类别、性能用途、操作方法、维保要点等相关知识，并能够对电力特种车辆的技术开发情况有较为直观的感受与认识，利于在充分了解车辆信息的基础上进一步按需开展新产品选购和新技术创新。

衷心希望更多的电力工作者可以得益于本书。

张黎明

2023年5月于天津

前　言

　　电力特种车辆是将定型道路车辆进行改装后搭载发电机组、绝缘高架装置、变压器、负荷开关、检测仪器仪表等固定装置，用于开展电力特种作业的专用车辆。通常用于电力线路巡视检查、电力设备检修维护、不停电作业、应急保电和电力工程救险等工作。近年来，电力特种车辆在日常检修维护、应急抢险救灾、重大活动电力保障等场景下，有效发挥了机动能力强、应急功能全、专业水平高的"特种兵"作用，极大支撑了各个电力专业相关工作开展。

　　国家电网有限公司（简称"国网公司"）重视规范电力特种车辆的采购管理和使用维护工作，自2015年起实施电力特种车辆集中采购，并根据电力生产需求、技术升级、公司采购规模及效益等因素影响，不断优化调整电力特种车辆采购管理方式。依托电网广阔的应用市场，积极开展电力特种车辆研发合作，持续更新完善车辆关键功能、核心指标，促进车辆功能和电力需求高度匹配，满足电力生产的需要，近年来逐步形成了规范统一的车辆采购技术标准，编制完成了带电作业用绝缘斗臂车国家标准等系列标准规范，持续促进特种车辆"好中选优"，为电网高质量发展保驾护航。

　　本书是国网公司开展电力特种车辆管理工作的重要成果，梳理总结常用电力特种车辆的主要型式、适用场合、车辆结构与主要部件、使用要点、维护保养要点等内容。全书共分十四章，分别对14类电力特种车辆进行介绍，普及电力特种车辆相关知识，可以为电力特种车辆的采购选型、管理应用、现场操作及维修保养提供参考。

　　本书由国网公司物资管理部组织，中国电力科学研究院有限公司牵头，国网物资有限公司、国网河北省电力有限公司、国网山东省电力公司、国网上海市电力公司、国网江苏省电力有限公司、国网浙江省电力有限公司、国网福建省电力有限公司、国网湖北省电力有限公司、国网湖南省电力有限公司、国网河南省电力公司、国网重庆市电力公司、国网辽宁省电力有限公司参与编写。全书经多次编审，不断完善，终于成稿。

限于编者水平，书中难免有疏漏和不妥之处，恳请各位读者批评指正。

编者

2023 年 6 月

目 录
CONTENTS

第一章　移动电源车

移动电源车是搭载柴油发电机组、燃气轮机发电机组、电池组储能系统或磁悬浮飞轮储能系统等设备及相应配套电缆、开关的特种车辆，主要为电力系统提供后备电源或长时间进行连续不间断的供电，适用于重大任务、重大活动、抢险救灾、不停电作业检修的相关保供电工作场景。

第一节　车辆简介

一、车辆分类及款式

1.车辆分类

按照车辆搭载装置提供电能的方式不同，移动电源车可划分为柴油机式移动电源车（0.4kV和10kV）、燃气轮机式移动电源车（0.4kV和10kV）、不间断电源（UPS）移动电源车、飞轮储能式UPS移动电源车四种类型。

（1）柴油机式移动电源车。柴油机式移动电源车分为0.4、10kV两种类型，采用柴油发电机组发电，分别提供0.4、10kV电压等级电源。不同电压等级柴油机式移动电源车均采用厢式车辆作为承载底盘，整体外观差异不大，主要受车载发电机组、开关、电缆等设备体积、质量的影响，在轴数、车辆长度等方面存在差别，车辆内部结构可详见本章第二节中关于车辆结构的相关介绍。柴油机式移动电源车外观如图1-1所示。

（a）　　　　　　　　　　　　　　（b）

图1-1　柴油机式移动电源车外观
（a）0.4kV柴油机式移动电源车；（b）10kV柴油机式移动电源车

特点：具有技术成熟、启动迅速、电能转化率高等特点，可长时间连续不间断满功率输出，为0.4、10kV电力系统提供电源保障；0.4kV柴油机式移动电源车具备独立运行、多机组并机孤岛运行等功能，10kV柴油机式移动电源车可实现单机（电源车停电接入发电）、并机（并机停电接入发电）、单机并网（带电接入发电）及多机并网（并机带电接入发电）等多种发电方式。

（2）燃气轮机式移动电源车。燃气轮机式移动电源车分为0.4、10kV两种类型，采用燃气轮机发电机组发电，分别提供0.4、10kV电压等级电源。燃气轮机式移动电源车外观如图1-2所示。

（a）　　　　　　　　　　　　　　（b）

图1-2　燃气轮机式移动电源车外观
（a）0.4kV燃气轮机式移动电源车；（b）10kV燃气轮机式移动电源车

特点：与柴油机式移动电源车相比，一是同等车辆外廓尺寸下具有更大的功率密度输出，可以较好满足城市配电网规模化大负荷应急抢险供电；二是具有更大的峰值功率输出，可以较好地实现不停电作业条件下的主线路设备改造；三是抗瞬时电流冲击能力更强，搭配融冰装置后具有极寒条件下的配电网络保障能力。

（3）UPS移动电源车。UPS移动电源车是搭载电池组储能系统的特种车辆，按照车辆储能电池的不同，可分为锂电池UPS移动电源车和铅酸电池UPS移动电源车两种类型，提供0.4kV电压等级电源。UPS移动电源车外观如图1-3所示。

图1-3　UPS移动电源车外观

特点：作为移动电源设备，能够实现主电源缺失后应急电源的零闪动快速接入，具有应急反应迅速、机动性强、使用快捷、操作方便、稳定可靠、噪声小等特点。

（4）飞轮储能式UPS移动电源车。飞轮储能式UPS移动电源车是搭载了大功率磁悬浮飞轮储能系统的特种车辆，具备大功率供电能力，其接收外部电源电能后可以存储电能，并对负荷进行快速供电，提供0.4kV电压等级电源。飞轮储能式UPS移动电源车外观如图1-4所示。飞轮储能式UPS移动电源车操作复杂、造价昂贵，电力系统内应用较少，本书不做重点介绍。

图1-4　飞轮储能式UPS移动电源车外观

特点：将磁悬浮飞轮储能系统与大功率柴油发电机组系统结合，可实现重要负荷零毫秒级不间断电力供应保障。

2.车辆款式

移动电源车可分为多个款式，以满足相应电压等级、不同负载大小、不同供电可靠性要求等需求，国网公司近年采购的移动电源车主要款式见表1-1，按照车载装置提供电能的方式不同进行排序。

表1-1　　　　　　国网公司采购移动电源车主要款式

序号	移动电源车种类	输出电压等级（kV）	功率/容量
1	柴油机式移动电源车	0.4	200kW，400kW，500kW，800kW，1000kW
		10	1000kW
2	燃气轮机式移动电源车	0.4	1600kW
		10	1600kW，3000kW
3	UPS移动电源车	0.4	300kVA（铅酸电池），800kVA（锂电池）400kW（发电机）+300kVA（锂电池）

二、车辆应用场合

1.柴油机式移动电源车

柴油机式移动电源车可用于线路故障停电、计划停电检修、不停电作业、灾害救援、重大任务和重大活动保供电等场合，为0.4、10kV供电系统提供电源。柴油机式移动电源车应用场景如图1-5所示。

（a）　　　　　　　　　　　　　　（b）

图1-5　柴油机式移动电源车应用场景
（a）使用UPS移动电源车开展保电工作；
（b）使用10kV柴油机式移动电源车为非检修段线路进行供电

2.燃气轮机式移动电源车

燃气轮机式移动电源车可广泛应用于城市应急、不停电作业、灾害救援、重大任务和重大活动保供电等场合，为0.4、10kV供电系统提供大功率电源。燃气轮机式移动电源车应用场景如图1-6所示。

（a）

（b）

图1-6　燃气轮机式移动电源车应用场景
（a）使用0.4kV燃气轮机式移动电源车开展重大活动保电工作；
（b）使用10kV燃气轮机式移动电源车开展线路融冰工作

3. UPS移动电源车

UPS移动电源车主要应用于对供电可靠性要求较高的重要负荷开展保供电工作，如国际赛事、重大会议、大型活动、重要考试等场合，也能作为移动电站提供临时用电，如灾后建设、电力检修等，还可结合太阳能发电、风力发电，为无电区提供稳定的电力供应。UPS移动电源车应用场景如图1-7所示。

图1-7　UPS移动电源车应用场景

选配移动电源车时，柴油机式移动电源车性价比高、功率配置覆盖较广（200～1000kW），能够满足日常保供电和不停电作业对电源的功率需求，但是受限于其峰值功率输出相对较低、抵抗瞬态负荷扰动能力相对较弱的缺陷，难以满足城市配电网规模化大负荷应急抢险供电和大功率保电任务；燃气轮机式移动电源车适用于对车辆功率密度、峰值功率输出、抵抗瞬态负荷扰动要求较高的保供电作业场合，但是受限于其价格高昂、电能转化率低等缺陷，发电成本较柴油机式移动电源车高；UPS移动电源车适用于需要在主电源缺失后实现备用电源零闪动快速接入的场合，但是受限于其搭载电池组容量和化学特性的影响，供电持续时间相对较短，存在发生火灾事故的风险。

三、车辆典型参数

1.柴油机式移动电源车

（1）以输出功率500kW车型为例，国网公司对0.4kV柴油机式移动电源车关键参数要求见表1-2，其他功率车型参数要求可参考附录E。

表1-2　　　　0.4kV、500kW柴油机式移动电源车关键参数

序号	关键参数名称	关键参数要求
1	柴油发电机组技术数据	
1.1	排放标准*	上牌时符合需求单位当地环保标准
1.2	标定功率*（kW）	≥500
1.3	备用功率（kW）	≥550
1.4	额定电压*（V）	400
1.5	机组在80%额定负荷波动时，电压、频率恢复时间（s）	≤1
2	发动机主要参数	
2.1	进气方式	增压中冷
2.2	汽缸数	6
2.3	气缸排列方式	直列

续表

序号	关键参数名称	关键参数要求
2.4	排量*（L）	≥16
2.5	油箱油量持续时间（h）	≥8
3	发电机参数	
3.1	相数	3
3.2	功率因数	≥0.8
3.3	绝缘等级	H
3.4	温度等级	H
3.5	防护等级	IP23
3.6	励磁系统	无刷励磁
3.7	抗短路电流大小	3倍额定电流
3.8	允许短路持续时间（s）	≥6
4	电缆输出箱	
4.1	快速连接器连接	具备
4.2	铜排连接	具备
5	电缆与接头	
5.1	电缆类型	阻燃柔性铜电缆
5.2	电缆组数	2
5.3	每组电缆数量（根）	4
5.4	单根电缆长度（m）	≥50
5.5	电缆截面积（mm²）	≥185
5.6	一端耦合器（快速连接器），另一端铜排	具备
5.7	耦合器（快速连接器）	
5.7.1	耦合器额定电流（A）（30℃）	≥600
5.7.2	耦合器额定电压（V）	≥1000
5.7.3	耦合器接触电阻（μΩ）	≤25

续表

序号	关键参数名称	关键参数要求
5.7.4	耦合器短路电流（kA）（1s）	≥14
5.7.5	耦合器浪涌电流（kA）	≥55
5.7.6	耦合器工频耐受电压（kV）（1min）	≥6.6
5.7.7	耦合器机械寿命（次）	≥5000
5.7.8	耦合器插入力（±15°偏离范围内）（N）	≤90
5.7.9	耦合器拔出力（±15°偏离范围内）（N）	≤80
5.7.10	耦合器接触形式	多点接触，表带触指
6	控制系统	
6.1	操作界面是否汉化	汉化
6.2	并机和并网控制功能	
6.2.1	单机一次并网*	具备
6.2.2	单机二次并网*	具备
6.2.3	多台并机后一次并网*	具备
6.2.4	多台并机后二次并网*	具备
6.2.5	满足电网不间断供电检修能力*	具备
6.2.6	不同厂家电源车并机功能*	具备
7	输出断路器	
7.1	额定电流（A）	1250
8	车体接地装置	
8.1	接地线	透明护套多股软铜线，带接地钎
8.2	接地线长度（m）	≥20
8.3	接地线截面积（mm²）	≥25
9	支撑系统	
9.1	支腿数量（支）	4

续表

序号	关键参数名称	关键参数要求
10	车载移动照明设备	
10.1	照明灯可升达高度（m）	1.8
10.2	照明范围	全方位
10.3	光通量（lm）	≥ 20000
11	车厢	
11.1	厢体材料	冷轧钢板
11.2	厢体材料厚度（mm）	≥ 1.2
11.3	进排风	电动百叶窗
12	电缆卷盘	电动或液压驱动

＊ 项目参数为必须满足的重要参数。

（2）以输出功率1000kW车型为例，国网公司对10kV柴油机式移动电源车关键参数要求见表1-3，其他功率车型参数要求可参考附录E。

表1-3　　　10kV、1000kW柴油机式移动电源车关键参数

序号	关键参数名称	关键参数要求
1	柴油发电机组技术数据	
1.1	排放标准＊	上牌时符合需求单位当地环保标准
1.2	标定功率＊（kW）	≥ 1000
1.3	备用功率（kW）	≥ 1100
1.4	额定电压＊（kV）	10.5
1.5	机组在80％额定负荷波动时，电压、频率恢复时间（s）	≤ 1
2	发动机主要参数	
2.1	进气方式	增压中冷
2.2	汽缸数	≥ 12
2.3	气缸排列方式	V
2.4	排量＊（L）	≥ 38

序号	关键参数名称	关键参数要求
2.5	油箱油量持续时间（h）	≥6
3	发电机参数	
3.1	相数	3
3.2	功率因数	≥0.8
3.3	绝缘等级	H
3.4	温度等级	H
3.5	防护等级	IP23
3.6	励磁系统	无刷励磁
3.7	抗短路电流大小	3倍额定电流
3.8	允许短路持续时间（s）	≥6
4	电缆输出箱	
4.1	快插连接器组数（组）	≥3
4.2	每组连接器数量（个）	≥3
5	电缆与接头	
5.1	接10kV架空导线电缆	
5.1.1	每根电缆长度（m）	≥25
5.1.2	数量（根）	≥6
5.1.3	两端型式	一端快插，一端引流线夹
5.1.4	电缆截面积（mm^2）	≥50
5.1.5	快插式接头机械锁止机构	具备
5.2	接环网柜电缆	
5.2.1	每根电缆长度（m）	≥50
5.2.2	数量（根）	≥6
5.2.3	两端型式	两端快插
5.2.4	电缆截面积（mm^2）	≥50
5.3	欧式前接头转接电缆	

续表

序号	关键参数名称	关键参数要求
5.3.1	每根电缆长度（m）	≥5
5.3.2	数量（根）	≥6
5.3.3	两端型式	一端快插，一端欧式前接头
5.3.4	电缆截面积（mm^2）	≥50
5.4	欧式后接头转接电缆	
5.4.1	每根电缆长度（m）	≥5
5.4.2	数量（根）	≥6
5.4.3	两端型式	一端快插，一端欧式后接头
5.4.4	电缆截面积（mm^2）	≥50
5.5	中间连接器数量（件）	≥6
5.6	电缆接头与连接器电气性能	
5.6.1	额定电压等级（kV）	≥10
5.6.2	工频耐受电压（kV）（1min）	≥45
5.6.3	绝缘电阻（MΩ）	≥500
5.6.4	通流能力（A）（30℃）	≥200
5.6.5	温升（K）	≤55
5.7	柔性电缆电气性能	
5.7.1	通流能力（A）（30℃）	≥200
5.7.2	温升（K）	≤55
6	控制系统	
6.1	操作界面是否汉化	汉化
6.2	并机和并网控制功能	
6.2.1	单机一次并网[*]	具备
6.2.2	单机二次并网[*]	具备
6.2.3	多台并机后一次并网[*]	具备

续表

序号	关键参数名称	关键参数要求
6.2.4	多台并机后二次并网*	具备
6.2.5	满足电网不间断供电检修能力*	具备
6.2.6	不同厂家电源车并机功能*	具备
7	中压开关柜	
7.1	开关柜型式	SF_6断路器柜（搭配SF_6监测装置）
7.2	单元型式	一进两出
8	车体接地装置	
8.1	接地线型式	透明护套多股软铜线，带接地钎
8.2	接地线长度（m）	≥20
8.3	接地线截面积（mm^2）	≥25
9	支撑系统	
9.1	支腿数量（支）	4
10	车载移动照明设备	
10.1	照明灯可升达高度（m）	1.8
10.2	照明范围	全方位
10.3	光通量（lm）	≥20000
11	车厢	
11.1	厢体材料	冷轧钢板
11.2	厢体材料厚度（mm）	≥1.2
11.3	进排风	电动百叶窗
12	电缆卷盘	双层六挡，液压驱动

* 项目参数为必须满足的重要参数。

2.燃气轮机式移动电源车

（1）以输出功率1600kW车型为例，国网公司对0.4kV燃气轮机式移动电源车关键参数要求见表1-4，其他功率车型参数要求可参考附录E。

表1-4　　　　0.4kV、1600kW燃气轮机式移动电源车关键参数

序号	关键参数名称	关键参数要求
1	燃气轮机发电机组技术数据	
1.1	额定容量（kW）	≥1600
1.2	额定功率因数	0.8（滞后）
1.3	额定频率（Hz）	50
1.4	额定电压（V）	AC 400
1.5	额定电流（A）	≥2887
1.6	燃油消耗率（75%额定功率下）(g/kWh)	≤400
1.7	设计寿命（正常运行）(h)	≥10000
1.8	正常运行情况下，机组总成大修前使用小时数（h）	≥3000
1.9	平均无故障间隔期（h）	>1000
1.10	机组寿命（年）	20
1.11	机组散热排风功能	具备
2	燃气轮机主要参数	
2.1	压气机	轴流式
2.2	燃烧室	环形
2.3	轴数	单轴
2.4	柴油牌号	0号（夏季）、-35号（冬季）
2.5	燃油箱油量持续时间（h）	≥8
3	发电机参数	
3.1	轴承数	2
3.2	额定功率（kW）	≥1600
3.3	额定转速（r/min）	1500
3.4	额定电压（V）	AC 400
3.5	额定电流（A）	≥2887

序号	关键参数名称	关键参数要求
3.6	冷却方式	空气冷却
3.7	相数	3
3.8	额定功率因数	0.8（滞后）
3.9	绝缘等级	F
3.10	温度等级	H
3.11	防护等级	IP23
3.12	励磁系统	无刷励磁
3.13	抗短路电流大小	3倍额定电流
3.14	允许短路持续时间（s）	≥6
4	电缆输出箱	
4.1	快插连接器组数（组）	≥1
4.2	每组连接器数量（个）	≥24
5	电缆与接头	
5.1	接10kV架空导线电缆	
5.1.1	每根电缆长度（m）	≥50
5.1.2	数量（根）	≥24
5.1.3	两端型式	一端快插，一端铜鼻子
5.1.4	电缆截面积（mm²）	≥185
5.1.5	快插式接头机械锁止机构	具备
5.2	电缆耦合器（快速连接器）	
5.2.1	耦合器额定电流（A）（30℃）	≥600
5.2.2	耦合器额定电压（V）	≥1000
5.2.3	耦合器接触电阻（μΩ）	≤25
5.2.4	耦合器短路电流（kA）（1s）	≥14
5.2.5	耦合器浪涌电流（kA）	≥55

续表

序号	关键参数名称	关键参数要求
5.2.6	耦合器工频耐受电压（kV）（1min）	≥6.6
5.2.7	耦合器机械寿命（次）	≥5000
5.2.8	耦合器插入力/拔出力	
5.2.8.1	耦合器插入力（±15°偏离范围内）（N）	≤90
5.2.8.2	耦合器拔出力（±15°偏离范围内）（N）	≤80
5.2.9	耦合器接触形式	多点接触，表带触指
6	控制系统	
6.1	操作界面是否汉化	汉化
6.2	并机和并网控制功能	
6.2.1	单机一次并网*	具备
6.2.2	单机二次并网*	具备
6.2.3	多台并机后一次并网*	具备
6.2.4	多台并机后二次并网*	具备
6.2.5	满足电网不间断供电检修能力*	具备
6.2.6	不同厂家电源车并机功能	具备
7	输出断路器	
7.1	额定电流（A）	3200
8	车体接地装置	
8.1	接地线型式	透明护套多股软铜线，带接地钎
8.2	接地线长度（m）	≥20
8.3	接地线截面积（mm²）	≥25
9	支撑系统	
9.1	支腿数量（支）	4
10	车厢	

续表

序号	关键参数名称	关键参数要求
10.1	厢体材料	冷轧钢板或铝板
10.2	厢体材料厚度（mm）	≥1.5
10.3	进风	电动百叶窗
10.4	排气	电动排气门

* 项目参数为必须满足的重要参数。

（2）以输出功率1600kW车型为例，国网公司对10kV燃气轮机式移动电源车关键参数要求见表1-5，其他功率车型参数要求可参考附录E。

表1-5　　　　　10kV、1600kW燃气轮机式移动电源车关键参数

序号	关键参数名称	关键参数要求
1	燃气轮机发电机组技术数据	
1.1	额定容量（kW）	≥1600
1.2	额定功率因数	0.8（滞后）
1.3	额定频率（Hz）	50
1.4	额定电压（kV）	AC 10.5
1.5	额定电流（A）	≥110
1.6	燃油消耗率（75%额定功率下）（g/kWh）	≤400
1.7	设计寿命（正常运行）（h）	≥10000
1.8	正常运行情况下，机组总成大修前使用小时数（h）	≥3000
1.9	机组寿命（年）	20
1.10	机组散热排风功能	具备
2	燃气轮机主要参数	
2.1	压气机	轴流式
2.2	燃烧室	环形
2.3	轴数	单轴

续表

序号	关键参数名称	关键参数要求
2.4	柴油牌号	0 号（夏季）、-35 号（冬季）
2.5	油箱油量持续时间（h）	≥ 8
3	发电机参数	
3.1	轴承数	2
3.2	额定功率（kW）	≥ 1600
3.3	额定转速（r/min）	1500
3.4	额定电压（V）	AC 10500
3.5	额定电流（A）	≥ 110
3.6	冷却方式	空气冷却
3.7	相数	3
3.8	额定功率因数	0.8（滞后）
3.9	绝缘等级	F
3.10	温度等级	H
3.11	防护等级	IP23
3.12	励磁系统	无刷励磁
3.13	抗短路电流大小	额定电流 3 倍
3.14	允许短路持续时间（s）	≥ 6
4	电缆输出箱	
4.1	快插连接器组数（组）	≥ 2
4.2	每组连接器数量（个）	≥ 3
5	电缆与接头	
5.1	接 10kV 架空导线电缆	
5.1.1	每根电缆长度（m）	≥ 25
5.1.2	数量（根）	≥ 6
5.1.3	两端型式	一端快插，一端引流线夹
5.1.4	电缆截面积（mm^2）	≥ 50

序号	关键参数名称	关键参数要求
5.1.5	快插式接头机械锁止机构	具备
5.2	接环网柜电缆	
5.2.1	每根电缆长度（m）	≥50
5.2.2	数量（根）	≥6
5.2.3	两端型式	两端快插
5.2.4	电缆截面积（mm²）	≥50
5.3	欧式前接头转接电缆	
5.3.1	每根电缆长度（m）	≥5
5.3.2	数量（根）	≥6
5.3.3	两端型式	一端快插，一端欧式前接头
5.3.4	电缆截面积（mm²）	≥50
5.4	欧式后接头转接电缆	
5.4.1	每根电缆长度（m）	≥5
5.4.2	数量（根）	≥6
5.4.3	两端型式	一端快插，一端欧式后接头
5.4.4	电缆截面积（mm²）	≥50
5.5	中间连接器数量（件）	≥6
5.6	电缆接头与连接器电气性能	
5.6.1	额定电压等级（kV）	≥10
5.6.2	工频耐受电压（kV）（1min）	≥45
5.6.3	绝缘电阻（MΩ）	≥500
5.6.4	通流能力（A）（30℃）	≥200
5.6.5	温升（K）	≤55
5.7	柔性电缆电气性能	
5.7.1	通流能力（A）（30℃）	≥200
5.7.2	温升（K）	≤55

续表

序号	关键参数名称	关键参数要求
6	控制系统	
6.1	操作界面是否汉化	汉化
6.2	并机和并网控制功能	
6.2.1	单机一次并网*	具备
6.2.2	单机二次并网*	具备
6.2.3	多台并机后一次并网*	具备
6.2.4	多台并机后二次并网*	具备
6.2.5	满足电网不间断供电检修能力*	具备
6.2.6	不同厂家电源车并机功能	具备
7	中压开关柜	
7.1	开关柜型式	SF$_6$断路器柜（搭配SF$_6$监测装置）
7.2	单元型式	两进一出
8	车体接地装置	
8.1	接地线型式	透明护套多股软铜线，带接地钎
8.2	接地线长度（m）	≥20
8.3	接地线截面积（mm^2）	≥25
9	车厢	
9.1	厢体材料	冷轧钢板或铝板
9.2	厢体材料厚度（mm）	≥1.5
9.3	进风	电动百叶窗
9.4	排气	电动排气门

* 项目参数为必须满足的重要参数。

3. UPS 移动电源车

以容量800kVA车型为例，国网公司对UPS移动电源车关键参数要求见表1-6，其他参数要求可参考附录E。

表1-6　　　　　　　　　　800kVA UPS移动电源车关键参数

序号	关键参数名称	关键参数要求
1	电源车技术参数	
1.1	容量*（kVA）	≥800
1.2	输出功率因数	≥0.9
1.3	系统效率（满载）（%）	≥94
1.4	后备时间*（min）	≥15
1.5	配电开关柜	独立配电柜
2	锂电池技术参数	
2.1	电池类型*	磷酸铁锂
2.2	电池模组最大电池数量（串）	≤12
2.3	单并电池模组最大个数（个）	≤13
2.4	电池系统并联数量（个）	≥3
2.5	持续放电倍率（C）	≥2
2.6	电压采样精度（mv）	≤1.5
2.7	SOC精确度（%）	≤5
2.8	均衡	
2.8.1	持续电流（mA）	300
2.8.2	均衡方式	被动
2.9	充放电循环次数（次）	≥1500
3	电源输出接口	
3.1	电力输出接口形式	市电输入与电力输出采用快速接插件与铜排
3.2	电力输出箱安全防护	输出电缆与快速接插件连接后，可闭锁箱门
4	输出电缆	
4.1	电缆类型	阻燃柔性铜电缆
4.2	电缆组数（组）	≥4
4.3	每组电缆数量（根）	≥4
4.4	单根电缆度（m）	50
4.5	载流量（A）	≥1470

续表

序号	关键参数名称	关键参数要求
4.6	截面积（mm²）	≤240
5	车体接地装置	
5.1	接地线	透明护套多股软铜线，带接地钎
5.2	接地线长度（m）	≥20
5.3	接地线截面积（mm²）	≥25
6	支撑系统	
6.1	液压支腿数量（支）	4
7	照明设备	
7.1	车厢左侧面照明灯（个）	≥2
7.2	车厢右侧面照明灯（个）	≥2
7.3	尾部照明灯（个）	≥1
7.4	单个灯的照度（lx）	≥900
7.5	车厢进排风	电动百叶窗
8	电缆卷盘	电动/液压
9	锂电池温控系统	锂电池舱应具有温控装置，总制冷量不小于10kW

* 项目参数为必须满足的重要参数。

四、车辆主要制造商

近年来，移动电源车以柴油机式移动电源车为主，常见制造商包括山东泰开、上海科泰、龙岩畅丰、龙岩海德馨、江苏中意、江苏智屯达、许继三铃、武汉里得、武汉南瑞、杭州爱知、青岛索尔、青特、航天新长征、徐州海伦哲等，其他类型的移动电源车制造商请结合市场情况自行调研。

第二节 车辆结构与主要部件

一、车辆结构

1.柴油机式移动电源车

（1）0.4kV柴油机式移动电源车。0.4kV柴油机式移动电源车典型结构布置如图1-8所示,主要包括底盘、厢体、柴油发电机组、控制系统、接入装置、液压支撑系统、配电柜、升降照明灯、接地装置等。

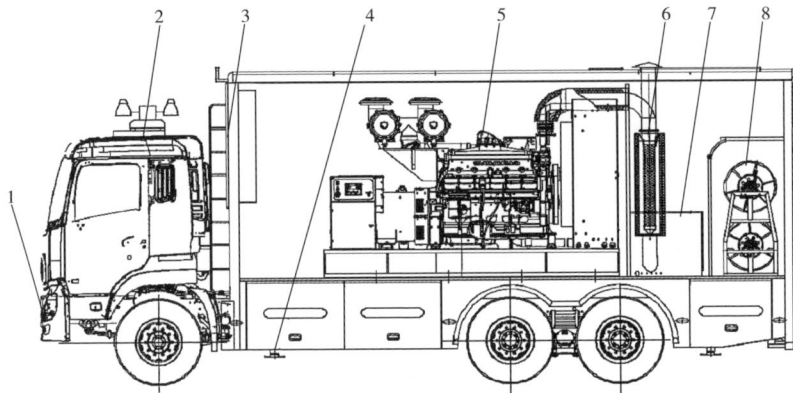

图1-8 0.4kV柴油机式移动电源车典型结构布置示意图

1—底盘;2—升降照明灯;3—车厢总成;4—液压支撑系统;5—柴油发电机组;6—排烟消声器;
7—配电柜;8—电缆绞盘

(2)10kV柴油机式移动电源车。10kV柴油机式移动电源车典型结构布置如图1-9所示,主要包括底盘、厢体、柴油发电机组、控制系统、中压开关柜、配电柜、旁路负荷开关、接入装置、液压支撑系统、曲臂升降灯、接地装置等。

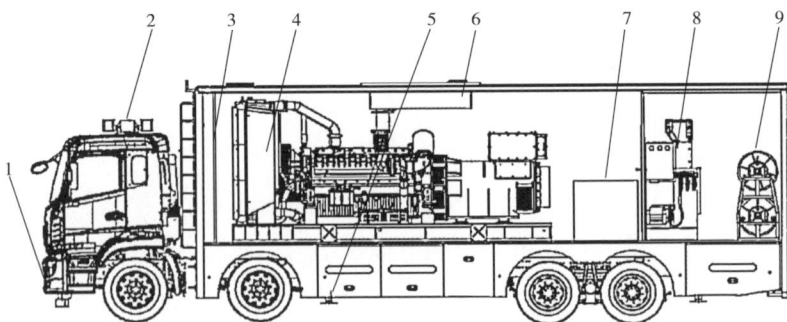

图1-9 10kV柴油机式移动电源车典型结构布置示意图

1—底盘;2—升降照明灯;3—车厢总成;4—柴油发电机组;5—液压支撑系统;6—排烟消声器;
7—配电柜;8—中压开关柜;9—电缆绞盘

2.燃气轮机式移动电源车

(1)0.4kV燃气轮机式移动电源车典型结构布置如图1-10所示,主要包括底盘、厢体、燃气轮机、发电机、控制系统、排气系统、进气系统、联轴器、接入装置、接地装置等。

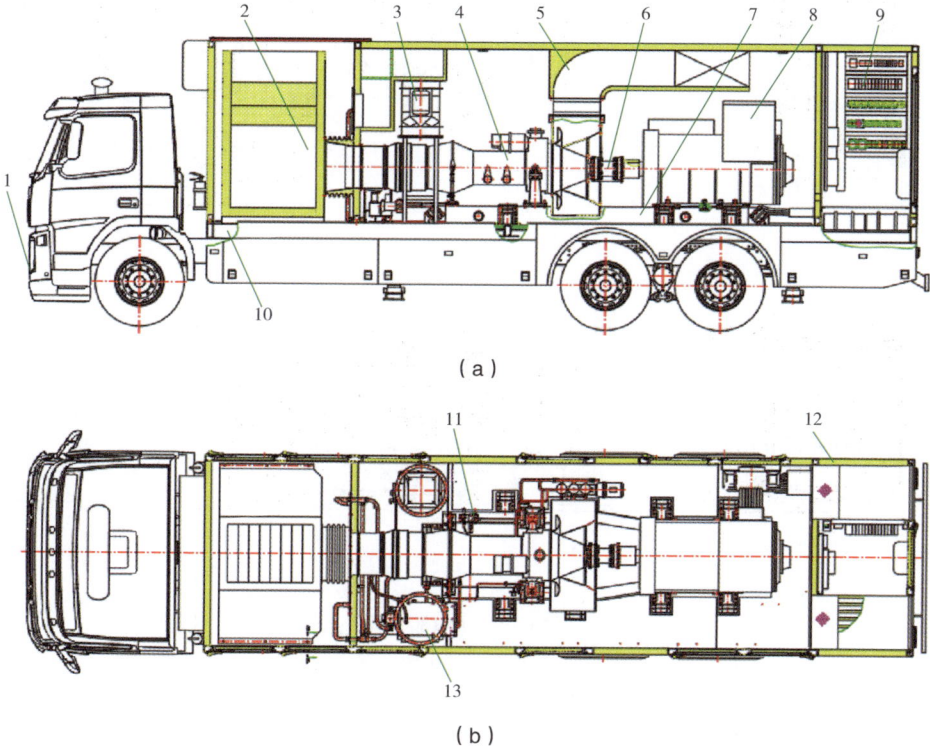

（a）

（b）

图1-10 0.4kV燃气轮机式移动电源车典型结构布置示意图

（a）侧视图；（b）俯视图

1—底盘；2—排气系统；3—通风系统；4—燃气轮机；5—进气系统；6—联轴器；7—小底盘；
8—发电机；9—控制系统；10—大底盘；11—燃油系统；12—厢体；13—滑油系统

（2）10kV燃气轮机式移动电源车典型结构布置如图1-11所示，主要包括底盘、厢体、燃气轮机、发电机、控制系统、中压开关柜、旁路负荷开关、排气系统、接入装置、进气系统、联轴器、接地装置等。

3. UPS移动电源车

UPS移动电源车典型结构布置如图1-12所示，主要包括底盘、厢体、UPS主机系统、电池系统、接入装置、液压支撑系统、噪声控制系统、通风换气系统、接地装置等。

（a）

（b）

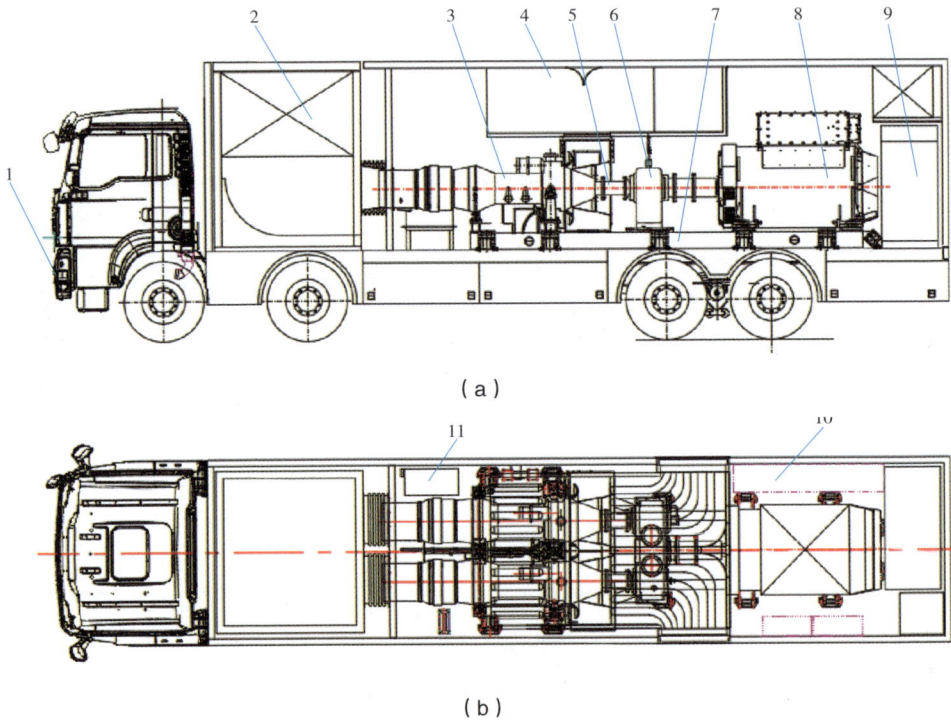

图1-11　10kV燃气轮机式移动电源车典型结构布置示意图

（a）侧视图；（b）俯视图

1—底盘；2—排气系统；3—燃气轮机；4—进气系统；5—联轴器；6—并车机构；7—小底盘；

8—发电机；9—中压开关柜；10—控制系统；11—燃、滑油系统

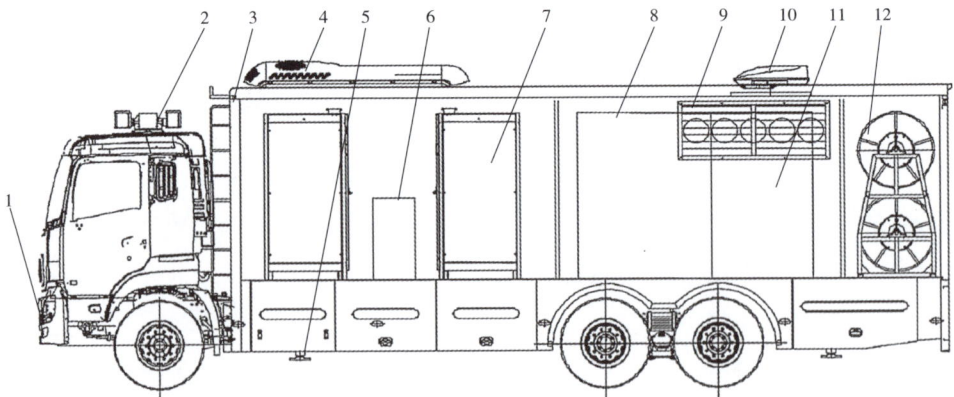

图1-12　UPS移动电源车典型结构布置示意图

1—底盘；2—升降照明灯；3—车厢总成；4—电池组室顶置空调；5—液压支撑系统；6—灭火系统；

7—电池系统；8—配电柜；9—轴流风机；10—UPS室顶置空调；11—UPS系统；12—电缆绞盘

二、车辆主要部件

（一）柴油机式移动电源车

1.底盘

柴油机式移动电源车底盘按承载车类型分为Ⅰ型（二类底盘）、Ⅱ型（牵引车、半挂车）两种型式。1600kW以下移动电源车采用Ⅰ型车（一般为厢式车辆底盘），1600kW及以上移动电源车分为Ⅰ型车和Ⅱ型车（一般为半挂车辆底盘）两种车型。

2.厢体

厢体采用精冷板制作，内饰环保吸声棉，具有防雨、防尘、隔声功能；整个厢体采用防腐蚀工艺；车厢表面喷聚酯漆，采用汽车喷漆工艺；厢体进排风口采用铝合金百叶窗结构，工作时百叶窗自动打开；车厢壁内外板之间的空腔内填充阻燃微孔型聚氨酯泡沫材料，用于吸声、减震、保暖、隔热。厢体如图1-13所示。

图1-13　厢体

3.柴油发电机组

柴油发电机组由柴油发动机、交流同步发电机、控制系统、联轴器、散热器、燃油箱、公共底座等组成。柴油发动机和发电机的轴间采用直接连接方式，通常主轴上还装有飞轮以增加运行的平稳度，柴油发动机、发电机和控制系统全部组装在一个公共底座上。柴油发电机组是柴油机式移动电源车核心部件，起到电源供应作用，其结构组成如图1-14所示。

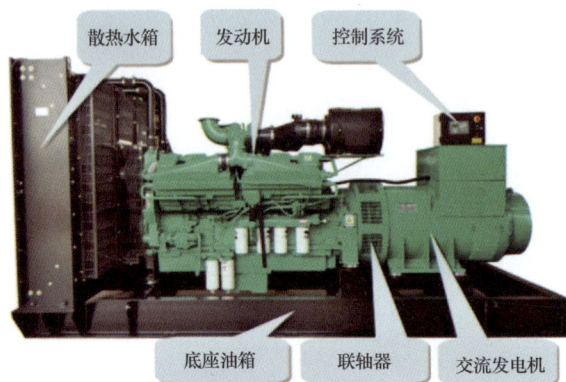

图1-14　柴油发电机组结构组成

4.控制系统

0.4kV柴油机式移动电源车控制系统的主要功能：对发电机组的控制和保护，监测机组的运行状态（三相线电压、三相电流、频率、有功功率、无功功率、逆功率、电压差及频率差、运行时间、水温、油压、蓄电池电压）；实时显示机组运行参数；系统实时报警和发电机组的紧急停止（具有高水温、低油压、超速/低速、过电压/低电压、三相不平衡、过电流、逆功率、紧急停机、充电故障等保护性能及故障指示）。

10kV柴油机式移动电源车控制系统包含发电机组控制器、并网控制器等，用于单机（电源车停电接入发电）/并机（并机停电接入发电）/单机并网（带电接入发电）、多机并网（并机带电接入发电）控制；通过控制系统可以启动/关闭发电机组，调整发电机组运行模式，并可以监控发电机组运行状态、系统实时报警和紧急停止发电机组。

5.0.4kV柴油机式移动电源车接入装置

（1）输出连接器装置。采用两路（一路快速连接器，另一路铜排）面板插座两组并联，每组四个插头以颜色区分，带防鼠结构，电缆连接后可以关闭车门实现全封闭作业；铜排采用镀锡铜排，竖向布置，使用滑轨式自锁定铜排防护罩壳进行防护，并具有下出线，带防鼠结构，电缆连接后可以关闭车门实现全封闭作业。输出连接器装置如图1-15所示。

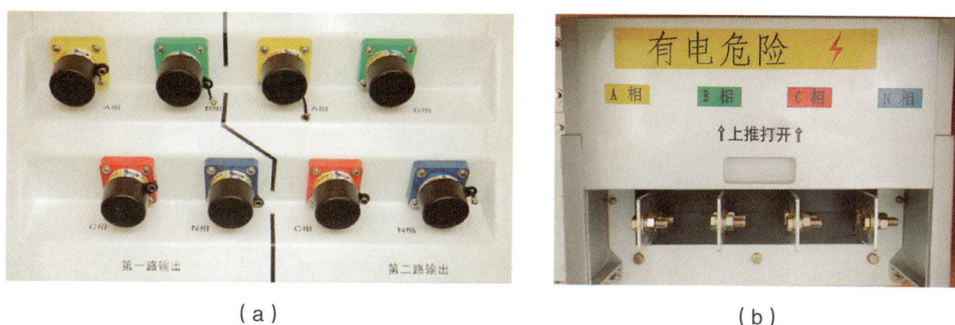

（a）　　　　　　　　　　　　　（b）

图1-15　输出连接器装置
（a）面板插座；（b）输出铜排

（2）电缆快速连接器。输出电缆与发电机组输出端的连接采用MC电缆专用快速连接器连接。每根电缆一端为接线耳，另一端为快速连接器，共8个快速插头。0.4kV柴油机式移动电源车通常安装8个快速插座与电缆端快速插头配合使用。电缆快速连接器卡栓连接如图1-16所示。

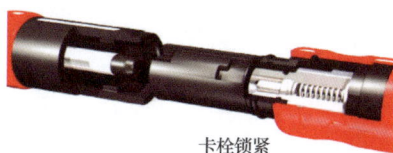

卡栓锁紧

图1-16　电缆快速连接器卡栓连接

（3）电缆及电缆卷盘。根据电源车功率大小进行电缆配置，选用单层或双层电缆卷盘。电缆卷盘安装于电源车后部，用于卷曲、存放主输出电缆。电缆及电缆卷盘如图1-17所示。

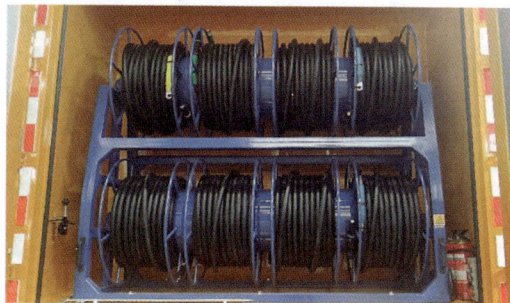

图1-17　电缆及电缆卷盘

6. 10kV柴油机式移动电源车接入装置

10kV柴油机式移动电源车接入装置主要包括连接头、柔性电缆、绝缘支撑横担、液压电缆卷盘等设备。

（1）连接头：一般包括电缆快速插头、电缆中间接头、架空引流线夹、线鼻式户外冷缩终端、环网柜电缆接头五种类型。

1）电缆快速插头固定于柔性电缆一端，用于柔性电缆与移动电源车出线柜的连接。

2）电缆中间接头用于连接两根电缆，通过将两个快插相连，实现电缆延长或转接的目的。

3）架空引流线夹固定于柔性电缆一端，用于柔性电缆与10kV架空导线连接。架空引流线夹如图1-18所示。

4）线鼻式户外冷缩终端固定于柔性电缆一端，用于通过接线耳将柔性电缆与中压设备连接。线鼻式户外冷缩终端如图1-19所示。

5）环网柜电缆接头分为电缆前接头和电缆后接头，固定于柔性电缆一端，用于柔性电缆与环网柜间隔的连接。环网柜电缆接头如图1-20所示。

图1-18 架空引流线夹　　　图1-19 线鼻式户外冷缩终端　　　图1-20 环网柜电缆接头

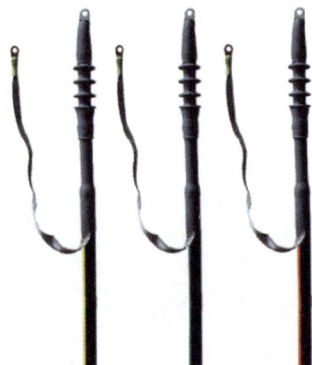

（2）柔性电缆：一种以特种橡胶作为绝缘层、镀锡退火软铜导体作为线芯、镀锡铜丝和纤维混合编织组成屏蔽层的特种电力电缆，具有弯曲半径小、易于收放、可反复使用的特点，可分为架空导线接入柔性电缆（一端为架空引流线夹）、配电柜接入柔性电缆（一端为线鼻式户外冷缩终端）、环网柜接入柔性电缆（一端为环网柜电缆接头）、延长电缆（两端都是电缆快速插头）四种。10kV柴油机式移动电源车同时配备有柔性电缆接口及电缆卷盘。

（3）绝缘支撑横担：安装在线路杆塔上，用于在柔性电缆与10kV架空导线连接时支撑柔性电缆，防止电缆质量过大对10kV架空导线和架空引流线夹造成损伤。

（4）液压电缆卷盘：安装于移动电源车内，液压驱动，用于卷曲、存放柔性电缆。

7. 液压支撑系统

柴油机式移动电源车支腿用于在车辆停驻或设备运行时支撑车体质量，保持平稳，保护轮胎及车桥。支腿分为液压支腿和机械支腿两种类型：Ⅰ型车（二类底盘）安装液压支腿由底盘车发动机带动液压油泵作为动力源；Ⅱ型车（牵引车、半挂车）由于不能为液压油泵提供动力，安装机械支腿，并采用手动操作方式。

（1）液压支腿：设置在厢体下部，安装于底盘车大梁合适位置，分为支腿、底盘车取力器（PTO）、液压油箱及其他控制系统等附件；用于使车辆在停驻或设备运行时保持平稳，同时减轻车轮的负重和减轻车辆弹簧钢板的负荷。

（2）机械支腿：半挂底盘安装六个机械式支撑装置（每个可承载28t），以支座形式固定在汽车大梁合适位置，带有锁定装置，每支均能独立操作；使用手动操作摇杆，支腿向下伸出触地，将车身顶起，使车辆的大部分（或全部）质量由支腿承受，保持车体的平稳，减轻车辆弹簧钢板的负载。

8. 接地系统

保护接地系统包括接地棒、长度不小于20m且外部带透明护套、截面积不小于25mm^{2}软铜线及移动电缆盘。

9.10kV柴油机式移动电源车中压开关柜

10kV柴油机式移动电源车配置有中压开关柜，柜体为共箱式三联柜+电压互感器柜：共箱式三联柜包括一面进线柜、两面出线柜，三联柜上方有电流表、温度控制器、电动分合闸旋钮、故障指示灯等；电压互感器柜上部为低压小室，安装有继电综合保护器、电压表等。电动操动机构电压为DC24V，电压取自机组蓄电池，并设有取自电压互感器的备用电源，有效保证继电保护及电动操动机构电源供应。中压开关柜断路器具备电动和手动操动机构，开关柜设置有微机综合继电保护，具备过载保护、过电流保护、短路保护等，可以现场设置保护参数。开关柜还具有可靠的机械联锁装置，满足运行检修"五防"要求。中压开关柜主要技术参数（仅供参考）见表1-7，中压开关柜面板如图1-21所示。

表1-7　　　　　　　　　中压开关柜主要技术参数

序号	名称		单位	技术参数
1	额定电流		A	630
2	额定负荷开断电流		A	630
3	额定短时耐受电流（有效值）		kA/s	20/3
4	额定峰值耐受电流		kA	50
5	闭环开断电流		A	630
6	接地故障时额定开断电流		A	200
7	机械寿命	真空断路器	次	5000
		隔离开关	次	2000
8	SF_6气体年泄漏率		%	≤0.1
9	操动机构			手动和电动
10	操作电压		V	DC 24V

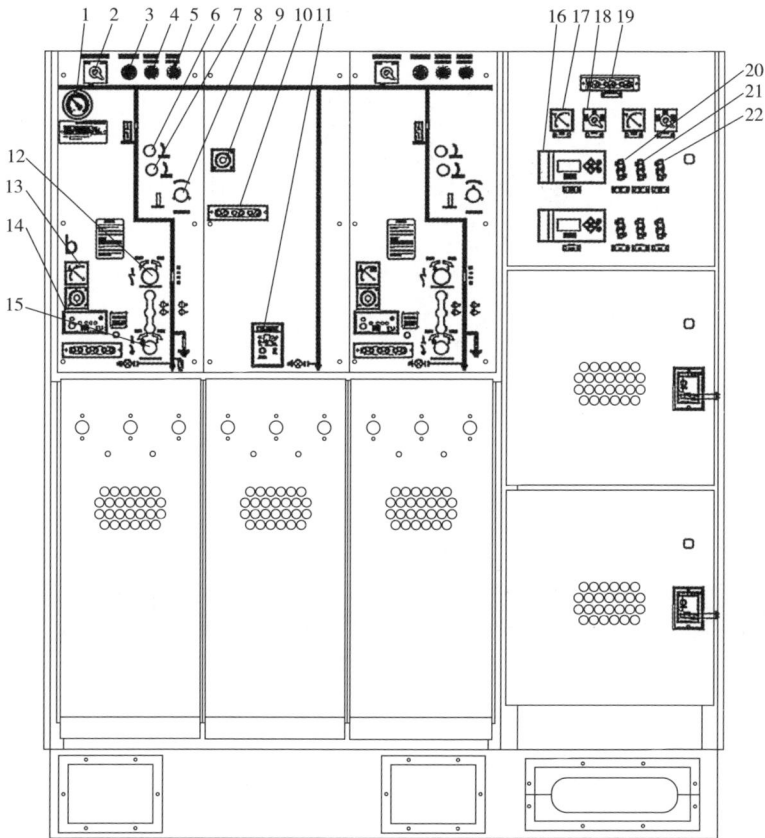

图1-21 中压开关柜面板示意图

1—压力表；2—远程/就地切换；3—故障指示灯；4—合闸按钮/分闸指示；5—分闸按钮/合闸指示；
6—分闸旋钮；7—合闸旋钮；8—弹簧储能；9—温湿度监控仪；10—带电指示；11—户内电磁锁；
12—隔离开关；13—电流表；14—接地开关；15—故障指示器；16—微机综合保护装置；17—电压表；
18—三相电压切换旋钮；19—带电指示；20—保护跳闸连接片；21—保护合闸连接片；
22—欠电压脱扣连接片

10. 10kV柴油机式移动电源车旁路负荷开关

10kV柴油机式移动电源车旁路负荷开关采用SF$_6$气体作为灭弧和绝缘介质，可完成合、分闸操作，可实现快速安装，主要用于断开柜内电压互感器，防止带电挂接柔性电缆时电压互感器产生感应电压，危害人身和设备安全。旁路负荷开关如图1-22所示，其主要技术参数（仅供参考）见表1-8。

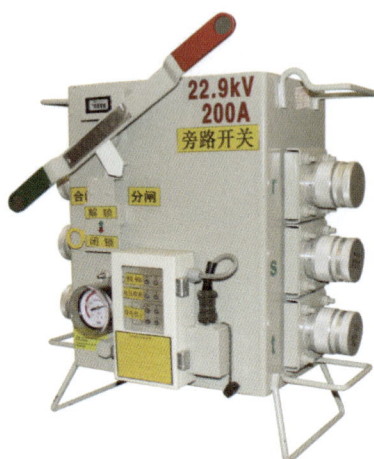

图1-22 旁路负荷开关

表1-8 旁路负荷开关主要技术参数

序号	名称	单位	技术参数
1	额定电压	kV	22.9
2	额定电流	A	200
3	额定频率	Hz	50
4	开合断路电流能力（峰值）	kA	32.5（5次）
5	工频耐受电压	kV/min	40
6	直流耐压	kV/15min	78
7	冲击耐压	kV	125
8	热稳定短路耐受程度	kV/3s	25
9	开关导通的接触电阻	μΩ	＜200
10	三相分断的差异（不同期性能）	ms	＜3

（二）燃气轮机式移动电源车

1.底盘

参考柴油机式移动电源车底盘介绍。

2.厢体

厢体采用精冷板制作，内饰环保吸声棉，具有防雨、防尘、隔声功能；

整个厢体采用防腐蚀处理工艺处理；车厢表面喷聚酯漆，采用汽车喷漆工艺；厢体进排风口采用铝合金百叶窗结构，工作时百叶窗自动打开；车厢壁内外板之间的空腔内填充阻燃微孔型聚氨酯泡沫材料，用于吸声、减震、保暖、隔热。

　　厢体分为主机舱和排气舱，燃气轮机和发电机主要核心部件均安装在主机舱内。进气系统以及机舱通风排风装置固定在厢体的内部，进、排气口均有电动或手动开关装置：进气口是燃气轮机进气和机舱冷却进气的共同入口，具有过滤和消声的功能；排气口位于厢体排气舱顶部，燃气轮机的尾气经过消声器消声后到达机组排气口，最后通过电动排气门排入大气。

3.燃气轮机发电机组

　　燃气轮机发电机组由燃气轮机、交流发电机、控制系统、联轴器、散热器、燃油系统、滑油系统等组成。燃气轮机和发电机之间通过叠片式联轴器连接并一同安装在小底盘上，小底盘通过减震器固定在大底盘上，燃油系统、滑油系统及箱体安装固定在大底盘上，大底盘作为整个机组的承力构件固定于底盘大梁上。燃气轮机发电机组结构组成如图1-23所示。

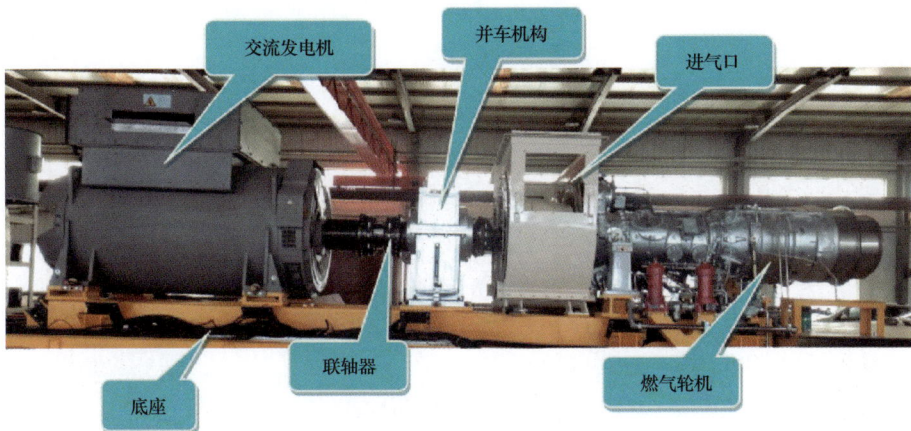

图1-23　燃气轮机发电机组结构组成

　　燃气轮机为单轴前输出、简单循环式燃机，主要由封闭差动游星式体内减速器、带进气道的附件传动装置、单转子10级轴流压气机、带8个头部的混合式环形燃烧室、三级轴流气冷反力式涡轮、带热电偶安装座的不可调排气装置，以及燃油系统、滑油系统和电气系统等组成。燃气轮机剖面图如图1-24所示。

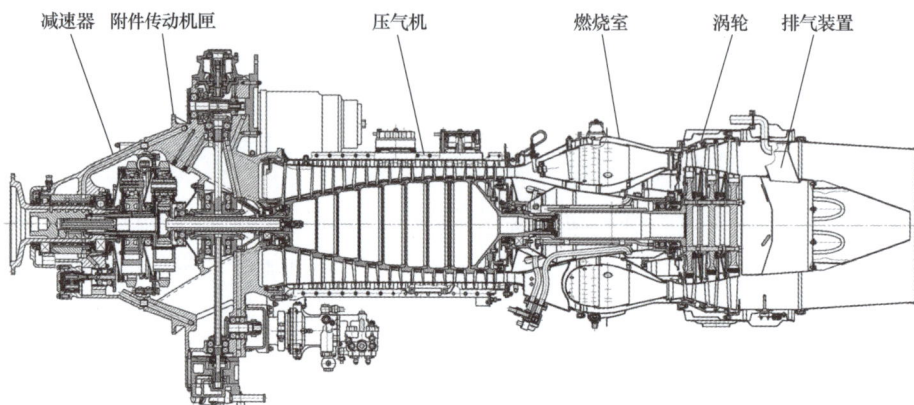

图1-24 燃气轮机剖面示意图

4.控制系统

参考柴油机式移动电源车控制系统介绍。

5.0.4kV燃气轮机式移动电源车接入装置

（1）输出连接器装置。采用六组并联，每组四个插头以颜色区分，带防鼠结构，电缆连接后可以关闭车门实现全封闭作业。输出连接器装置如图1-25所示。

图1-25 输出连接器装置

（2）电缆快速连接器。输出电缆与发电机组输出端的连接采用MC电缆专用快速连接器连接。每根电缆一端为铜鼻子，另一端为快速连接器。连接器适宜野外移动电站与电缆及负载之间的电气连接。

6. 10kV燃气轮机式移动电源车接入装置

参考10kV柴油机式移动电源车接入装置介绍。

7. 其他部件

其他部件如液压支撑系统、接地系统、中压开关柜等，可参考10kV柴油机式移动电源车相关部件介绍。

（三）UPS移动电源车

1. UPS主机系统

UPS主机系统功能：在市电正常运行时，整流器和逆变器同时工作，给负载供电的同时对电池充电；当市电异常时，整流器停止工作，由电池经逆变器向负载供电，同时外接发电机组自动启动，待外接发电机组正常供电后，由外接发电机组向UPS供电，整流器和逆变器同时工作，给负载供电的同时对电池充电；当市电恢复正常时，双电源自动切换开关（ATS）切换回市电供电，实现不间断供电。UPS主机系统操作面板如图1-26所示。

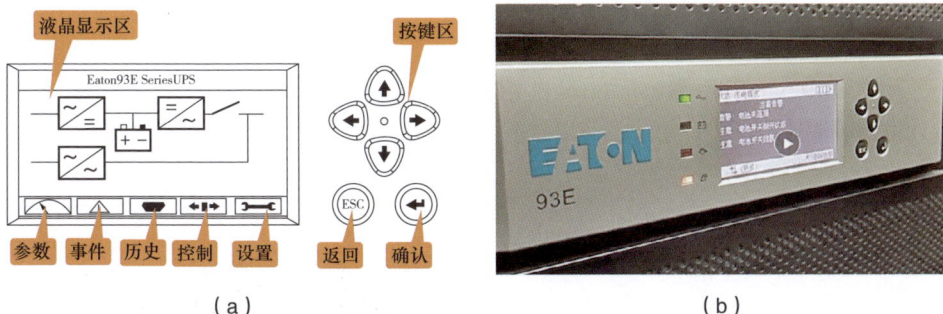

图1-26　UPS主机系统操作面板
（a）示意图；（b）实物图

2. 电缆连接系统

电缆连接采用快速插头，电力输入线（市电和移动电源车接入线）端采用电力联结箱方式连接。电缆室中间用隔板隔断，下端为电力输出电缆及电缆卷盘，输出电缆缠绕在电缆卷盘上，电缆卷盘以电动驱动收放电缆。收放电缆在地面操作，电动驱动电源来自车载24V直流蓄电池，当UPS工作时和市电电源接入时，可通过车上配的自动充电机对24V直流蓄电池进行充电。UPS回路电缆连接系统如图1-27所示。

图1-27 UPS回路电缆连接系统

3.液压支撑系统

液压支撑系统用于车辆在停驻或设备运行时支撑车体质量，保持平稳，保护轮胎及车桥。每个支腿带有锁定及手动功能装置，能独立操作，实现在不平的路面使用时按压力进行调平。使用完毕后，应操作控制开关收起支腿，保证离地高度，确保不影响行驶通过性。

4.噪声控制系统

噪声控制系统采用铝质外蒙皮＋阻尼层（高阻尼隔声材料）＋吸声层（离心玻璃纤维棉）＋无纺布＋多孔铝板组合方式，用于降低UPS电源车噪声。组合吸声体结构如图1-28所示。

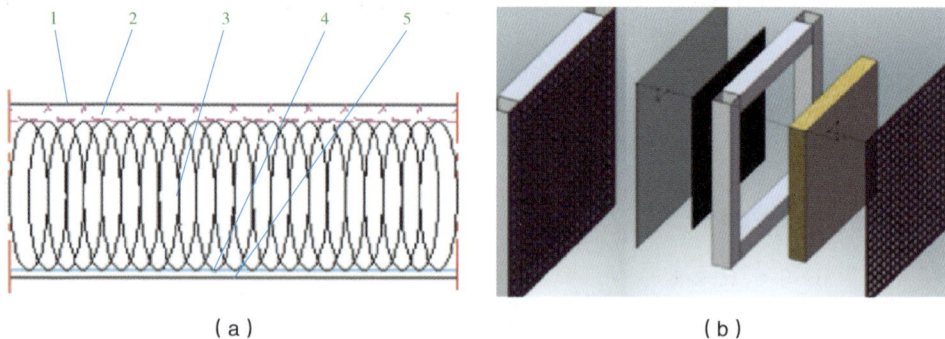

（a）   （b）

图1-28 组合吸声体结构示意图
（a）组合方式；（b）结构示意
1—铝质外蒙皮；2—阻尼层；3—吸声层；4—无纺布；5—多孔铝板

5.通风换气系统

通风换气系统采用迷宫式消声装置，减少噪声从进风口辐射出去。采用可封闭百叶窗，避免粉尘、颗粒进入UPS室，同时防止雨水及灰尘等杂物进入厢体。进、排风系统能保证UPS设备、蓄电池系统工作时有足够的空气吸入。

车厢配置大功率轴流风机、遥控空调用于车内通风和温度控制，针对寒冷地区，配置电加热器，用于厢内温度快速提升。轴流风机及遥控空调如图1-29所示。

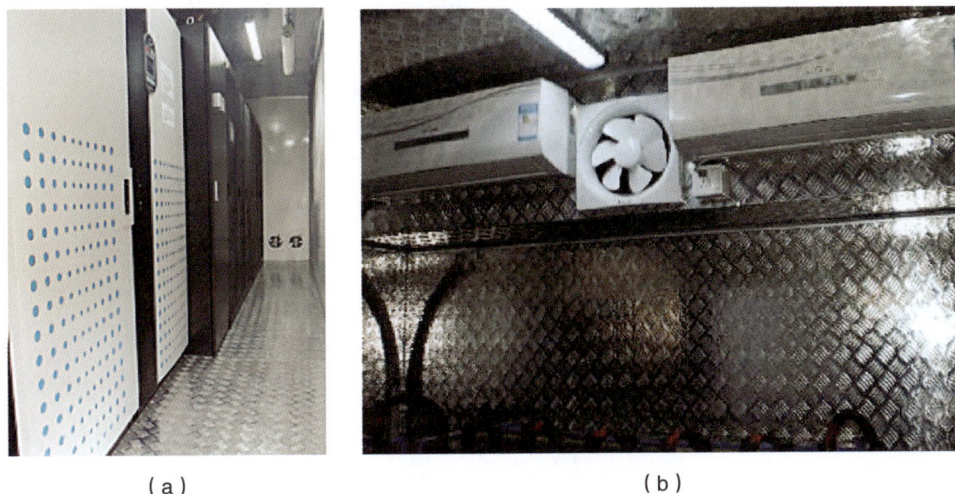

（a）　　　　　　　　　　　　　　　　（b）

图1-29　轴流风机及遥控空调示意图
（a）轴流风机；（b）遥控空调

第三节　车辆使用要点

移动电源车属于专用特种车辆，车辆使用人员应接受相关培训、熟悉车辆产品说明，使用时应严格按照相关规范要求和产品说明操作。移动电源车的使用一般包括液压支腿操作、发电机组操作、连接装置操作、并机并网操作、应急操作等。以下主要对车辆使用要点进行说明，供使用人员参考。

一、柴油机式移动电源车

（一）0.4kV柴油机式移动电源车

1.液压支撑系统操作

（1）液压支腿的操作使用。

1）确认底盘电池打开后，打开支腿控制箱电源开关，进行支腿操作，使车辆保持相对水平状态即可（伸收液压支腿时，前后支腿因油路长短不同，会出现先后动作现象，属正常情况），使用结束后收回支腿。

2）支腿伸收完毕，关闭液压支腿电源开关，移动电源车熄火。

3）液压支腿操作时需要注意：

a.液压支腿为辅助支撑，严禁代替千斤顶用于更换轮胎作业；

b.严禁使用时将轮胎完全顶起；

c.车辆放平后将车辆百叶窗全部打开，保持良好的通风效果（机组停机不用时需关闭百叶窗，防止雨水渗入）。

（2）机械支腿的操作使用。

1）机械支腿设置有双速变速机构，为手动、齿轮变速、丝杆螺母垂直升降式。分别安装在车架左右梁的外侧，通过摇动手把，支腿便能放下或收回，其内筒为方型钢管，外筒由钢板冲压成形并焊接成方管状。其双速齿轮机构采用推、拉式换挡：当支承装置空载时，拨出摇手把时便为高速挡，可使支承装置快速升降；接近地面时，推入摇手把时便为低速挡，可确保具有较高的举升能力。

2）使用机械支腿时，半挂车必须停放在平整的水泥路面或坚实平坦的地面上，不允许在斜坡或松软的泥土路面上使用。

3）不得超越举升高度，一般露出红色刻度线即可。当举升高度不够时，可用矩形枕木将支腿下端垫起，以增加举升高度。

2.接地装置安装

接地棒应按要求插入地下深度不小于60cm，移动电源车未接地严禁启动机组或接入市电，以免造成人员伤害。

3.发电机组检查

（1）检查发电机组各线路、管路，接头应无松动及渗漏。当发现管路及厢体地面有油、水等渗漏痕迹，应排除故障后方可进行后续操作。

（2）检查机组防冻液是否充足，液位应接近上刻度，水箱液位应高于水箱散热芯顶部10～15mm。

（3）检查发动机机油油位，抽出机油标尺检查机油刻度应在上下刻度线之间，尽量接近上刻度线，机油低于下刻度线时严禁启动机组。

（4）检查柴油油箱油位（低于1/4刻度建议加油，以免出现燃油不足导致停机或机组吸入空气）。

4.接入装置操作

开启车厢后部上掀门，将电缆卷盘上的负载连接电缆卸下，将其一端与负载设备连接，再将另一端快速插头和移动电源车"负载输出（A、B、C、N相输出）"连接，再次确认输出连接相序正确。

5.发电机组的启动操作

按下控制屏上的"机组启动按钮"，启动发电机组。如遇天气寒冷，则要先对机组预热，启动时间不要超过7～10s，启动次数一般不超过4次；如4次仍不能着车，需检测发电机启动蓄电池电量是否充足，如电量下降不多，则需等10s后再次启动，否则需对发电机组蓄电池进行及时充电（利用外接市电或车内自备充电机进行补充）。

发电机组启动后，检查电压、电流、油压、频率、水温、转速等参数。

6.合上负载断路器

待发电机组正常运转2～3min后，确认机组输出正常后，合上负载断路器，此时发电机组即向外输出三相动力电。

7.发电机组运行中检查

发电机组运行过程中，应进行如下检查：定时检查交流电流是否正常；观察各个相序间的电流差，最好不要超过10%；定时检查电压是否在正常范围内；定时检查油压是否在正常范围内；定时检查水温是否在正常范围内；定时检查频率是否正常；定时检查直流电压是否在正常范围内；定时检查引擎的转速是否适当；观察三相电压，不平衡度不应超过10%；三相电流输出不平衡度不应超过20%；时刻注意发电机引擎有无异常声音或振动。如遇紧急情况，应使用"机组急停"按钮停机。

8.发电机组退出运行

（1）断开负载断路器，按下控制屏停止键，待机组空载运行冷却后自动关闭发电机组。

（2）利用机组强制降温对机组余温进行散热，时间为3~5min。

（3）关闭前后进出风百叶窗。

（4）拆除负载连接电缆，使用电缆卷盘以自动或手动方式将负载连接电缆均匀地缠绕在电缆卷盘上，端头处用勾绳加以固定，然后关闭所有门窗并锁紧。

（5）收回液压支腿。

（二）10kV柴油机式移动电源车

1.液压支撑系统操作

参考0.4kV柴油机式移动电源车液压支撑系统介绍。

2.接入装置操作

（1）架空引流线夹的使用：架空导线如为绝缘导线，应对绝缘导线进行剥皮，露出约10cm线芯，并使用软毛刷对线芯进行清洁（线路带电时采取带电作业方式），将架空引流线夹悬挂于导线裸露处，并旋紧螺栓。

（2）线鼻式户外冷缩终端的使用：线鼻式户外冷缩终端通过接线耳压接于受电侧环网柜指定间隔铜排，安装时需确保连接可靠。

（3）环网柜电缆接头的使用：环网柜电缆接头与普通环网柜电缆接头相同，压接于受电侧环网柜指定间隔，安装时需确保连接可靠。

（4）柔性电缆的使用：

1）敷设柔性电缆时，地上应采用防潮帆布保护，避免受地面尖锐物的划伤及磨损电缆连接器。

2）柔性电缆长度满足接入点与电源车连接时，无需再使用延长电缆；长度不满足时，可采用中间接头对接延长电缆。

3）架空导线接入电缆挂接应采用绝缘支撑横担固定在电杆上，严禁架空引流线夹过度受力；采用带电并机并网作业时，架空导线接入电缆与延长电缆之间需要采用旁路负荷开关隔离，主要用于断开柜内电压互感器，防止带电挂接架空导线接入电缆时电压互感器产生感应电压，危害人身和设备安全。

4）电源车侧未使用的电缆接口，应采用绝缘堵头进行封堵。

（5）柔性电缆快速插头（连接器）及中间接头的使用。

1）柔性电缆敷设完成，取下连接器（含中间接头、电源车连接器）防尘盖。

2）采用清洁纸清洁连接器各接口，连接器孔内壁可采用螺丝刀包裹清洁纸进行擦拭，要求清洁干净，无粉尘及异物。

3）待清洁纸的清洁剂挥发后，采用绝缘硅脂均匀环形涂抹于连接器树脂表面，严禁涂抹于导体上。

4）按需求将柔性电缆连接器与中间接头或电源车连接器连接，操作步骤如下：

a.按图1-30解锁中间接头或电源车连接器（含旁路负荷开关）限位滑环。

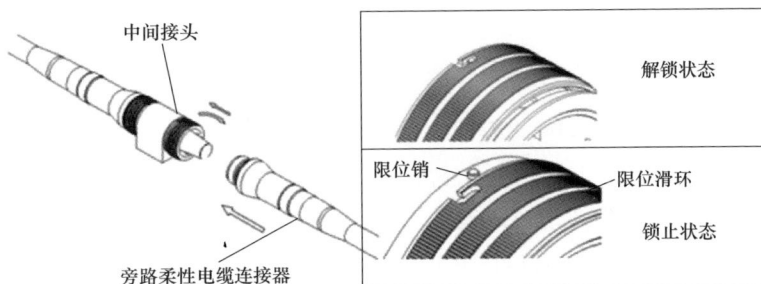

图1-30　连接器使用示意图

b.将柔性电缆连接器插入中间接头或电源车连接器（含旁路负荷开关），插入至底部保持插入力，解锁限位滑环，限位滑环应可滑回图1-30所示的锁止状态位置。

c.确认连接紧固后（可向外施加拉力检查连接器是否已紧固），按图1-30锁止状态使限位滑环与限位锁错位，防止连接器松脱。

（6）绝缘支撑横担的使用：绝缘支撑横担使用时应安装于线杆中上部，并确保支撑架可靠固定。

（7）液压绞盘的使用：

1）液压绞盘分为上下两层，左侧操作杆控制上层电缆绞盘，右侧操作杆控制下层电缆绞盘。

2）操作杆向内为收线，操作杆向外为放线。

3）通过向内或向外压力的力度（行程）可控制绞盘转动速度。

4）可通过拉开配电柜中的"液压绞盘"微型断路器，切断液压系统电源。

3.并机并网操作

由于10kV柴油机式移动电源车广泛应用于重大任务活动保供电和不停电作业检修临时供电等工作场景,其并机、并网操作十分重要,因此重点对车辆单机停电接入发电作业、单机不停电接入发电作业、并机不停电接入发电作业运行操作流程进行简要说明。

(1)并机并网作业前准备。现场作业前,应进行必要的作业条件核实,根据核实情况,确定作业方式,提前制定安全措施,编制操作票并经审批后方可执行。核实内容如下:

1)作业对象是否有源,负载容量及负载功率因数。

2)作业期间的功率变化趋势预判。

3)带载负荷中的台区变压器容量(总容量)。

4)车辆电缆配套情况,是否满足作业需求。

5)发电机组控制器型号、数量、功能是否满足作业需求。

6)环网柜类型和一次系统接线图。

(2)10kV柴油机式移动电源车单机停电接入发电作业。

1)选用原则。10(20)kV线路因故障或检修停电,分段/分界开关后段负荷无法通过联络线路转供。单台10kV柴油机式移动电源车额定功率满足发电区域内最大负荷要求,可选用10kV柴油机式移动电源车单机停电接入发电作业,如图1-31所示。

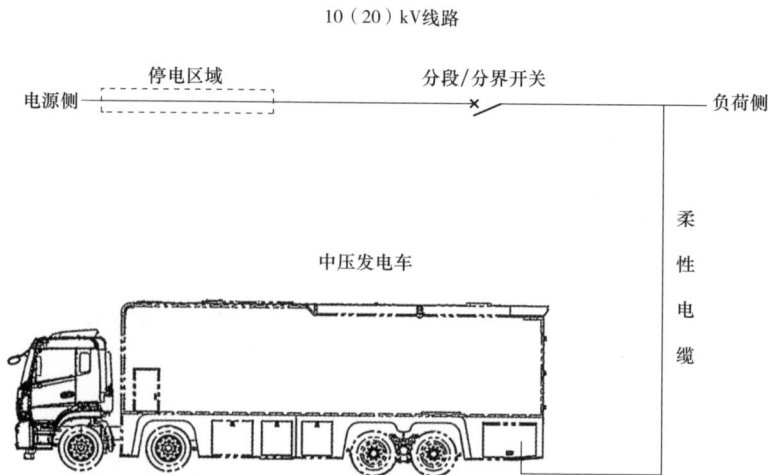

图1-31 单机停电接入发电作业示意图

2）作业流程。

a. 10kV柴油机式移动电源车单机停电接入流程如下：

a）10kV柴油机式移动电源车就位后，检查确认线路分段/分界开关、电源车各断路器和隔离开关处于分闸位置，线路分段/分界开关操作方式调整应为"就地"模式，正确安装电源车接地线。

b）验明分段/分界开关负荷侧线路确无电压，确认负载、核对相序后，使用柔性电缆将10kV柴油机式移动电源车和线路分段/分界开关负荷侧线路连接。

c）按照10kV柴油机式移动电源车操作流程启动发电机组开始发电作业。

b. 10kV柴油机式移动电源车单机停电退出流程如下：

a）发电作业结束后，逐步降低负载，拉开电源车各断路器和隔离开关，关停发电机组。

b）拆除柔性电缆并对地放电，拆除电源车接地线。

c）远程或就地合上线路分段/分界开关，线路恢复正常运行方式。

c. 10kV柴油机式移动电源车单机不停电退出流程如下：

a）发电作业结束后，检查线路分段/分界开关电源侧不停电。

b）按照10kV柴油机式移动电源车操作流程，检同期后由电源车旁路待检修线路，发电机组与电网并列运行。

c）关停发电机组，与电网解列。

d）远程或就地合上线路分段/分界开关，线路恢复正常运行方式。

e）拉开电源车各开关柜断路器和隔离开关，拆除一、二次同期柔性电缆并对地放电，拆除电源车接地线，线路恢复正常运行方式。

3）电气接线图。10kV柴油机式移动电源车单机停电接入发电作业电气接线图如图1-32所示。

（3）10kV柴油机式移动电源车单机不停电接入发电作业。

1）选用原则。10（20）kV线路部分区段计划/临时检修，分段/分界开关后段负荷无法通过联络线路转供。单台10kV柴油机式移动电源车额定功率满足发电区域最大负荷要求，应选用10kV柴油机式移动电源车单机不停电接入发电作业，如图1-33所示。

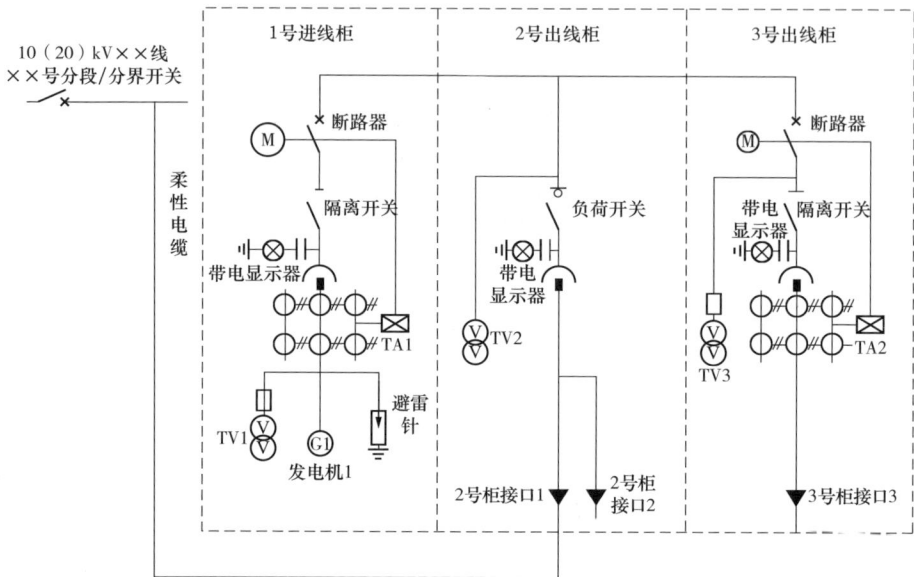

图1-32 单机停电接入发电作业电气接线图

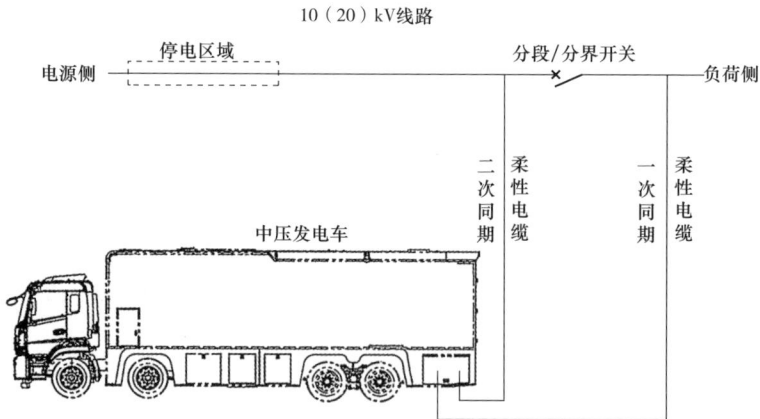

图1-33 单机不停电接入发电作业示意图

2)作业流程。

a. 10kV柴油机式移动电源车单机不停电接入流程如下：

a)10kV柴油机式移动电源车就位后，检查确认线路分段/分界开关处于合闸位置，电源车各断路器和隔离开关处于分闸位置，正确安装电源车接地线。

b)确认负载、核对相序，使用一、二次同期柔性电缆分别将10kV柴油机式移动电源车和线路分段/分界开关负荷侧、电源侧的导线连接。

c）按照10kV柴油机式移动电源车操作流程，电源车内部形成旁路，远程或就地拉开线路分段/分界开关，并将操作模式调整为"就地"，由电源车旁路带检修线路运行。

d）启动发电机组，检同期后与电网并列运行。

e）电源车与电网解列，由电源车独立带分段/分界开关负荷侧线路运行。

b. 10kV柴油机式移动电源车单机不停电退出流程如下：

a）发电作业结束后，检查线路分段/分界开关电源侧不停电。

b）按照10kV柴油机式移动电源车操作流程，检同期后由电源车旁路待检修线路，发电机组与电网并列运行。

c）远程或就地合上线路分段/分界开关，线路恢复正常运行方式。

d）关停发电机组，与电网解列。

e）拉开电源车各开关柜断路器和隔离开关，拆除一、二次同期柔性电缆并对地放电，拆除电源车接地线，线路恢复正常运行方式。

3）电气接线图。10kV柴油机式移动电源车单机不停电接入发电作业电气接线图如图1-34所示。

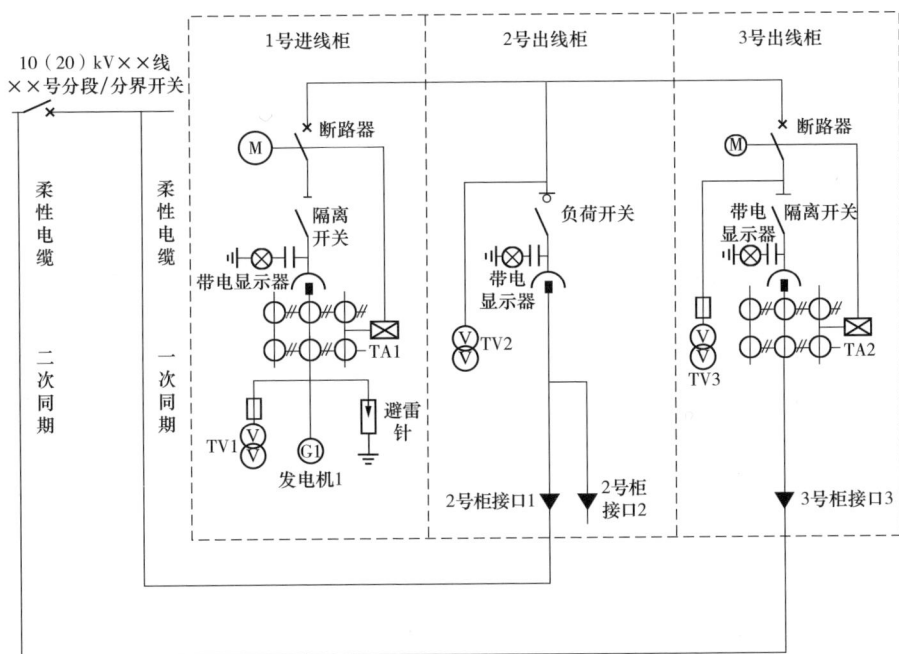

图1-34 单机不停电接入发电作业电气接线图

（4）10kV柴油机式移动电源车并机不停电接入发电作业。

1）选用原则。10（20）kV线路部分区段计划/临时检修，分段/分界开关后段负荷无法通过联络线路转供。单台10kV柴油机式移动电源车额定功率不满足发电区域最大负荷要求，应根据最大负荷要求测算所需10kV柴油机式移动电源车台数和组合方式，选用10kV柴油机式移动电源车并机不停电接入发电作业，如图1-35所示。

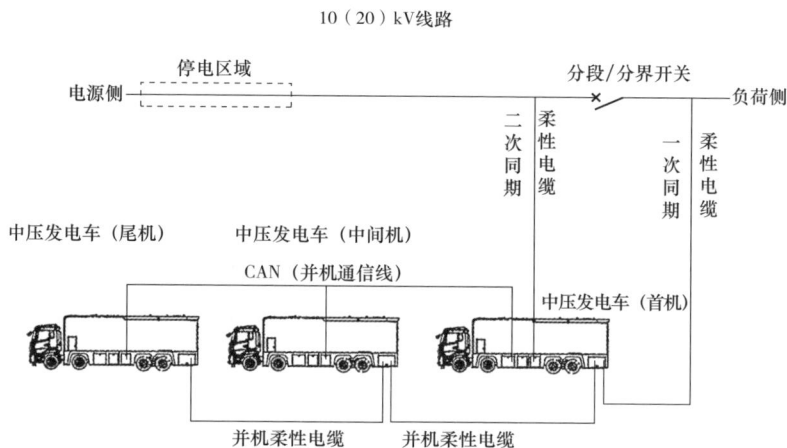

图1-35　并机不停电接入发电作业示意图

2）作业流程。

a.10kV柴油机式移动电源车并机不停电接入流程如下：

a）10kV柴油机式移动电源车就位后，检查确认线路分段/分界开关处于合闸位置，电源车各断路器和隔离开关处于分闸位置，正确安装各电源车接地线。

b）连接各电源车之间并机通信线和柔性电缆。

c）确认负载、核对相序，使用一、二次同期柔性电缆将10kV柴油机式移动电源车首机分别和线路分段/分界开关的负荷侧、电源侧连接。

d）按照10kV柴油机式移动电源车操作流程，电源车内部形成旁路，远程或就地拉开线路分段/分界开关，并将操作模式调整为"就地"，由电源车旁路待检修线路运行。

e）启动各发电机组，检同期后与电网并列运行。

f）电源车与电网解列，由电源车独立带分段/分界开关负荷侧线路运行。

b.10kV柴油机式移动电源车并机不停电退出流程如下：

a）发电作业结束后，检查线路分段/分界开关电源侧不停电。

b）按照10kV柴油机式移动电源车操作流程，检同期后由电源车旁路待检修线路，发电机组与电网并列运行。

c）远程或就地合上线路分段/分界开关，线路恢复正常运行方式。

d）关停发电机组，与电网解列。

e）拉开电源车各开关柜断路器和隔离开关，拆除一、二次同期柔性电缆和各电源车之间柔性电缆并对地放电，拆除各电源车之间并机通信线，拆除电源车接地线，线路恢复正常运行方式。

3）电气接线图。10kV柴油机式移动电源车并机不停电接入发电作业电气接线图如图1-36所示。

二、燃气轮机式移动电源车

1.液压支撑系统操作
参考0.4kV柴油机式移动电源车液压支撑系统操作介绍。

2.接入装置操作
分别参考0.4kV柴油机式移动电源车和10kV柴油机式移动电源车接入装置操作介绍。

3.接地装置操作
按电气规范把机组附带的3根接地钢钎用1m长的电缆线串联，间距保持0.8m，然后使串联后的钢钎与机组接地端子连接，分别在每个钢钎周围浇注20kg含2%盐量的盐水，以改善接地体与土壤间的接触，接地电阻应不大于10Ω。

4.机组启动前检查
（1）将电气间内的断路器置于接通位置，负载断路器置于分断位置。

（2）启动监控计算机，计算机开机后自动开启监控程序。

（3）将动力电缆快速插头按正确的相序连接到机组电力输出箱内对应的插座上。

（4）通过操作辅助控制箱上的按钮逐个打开机组的百叶窗及排气门，直至确认指示灯（绿色）全亮，否则机组控制器不允许启动机组。

（5）检查机组用燃油及滑油应充足，如机组需发电超过1h，建议准备好备用的燃油。

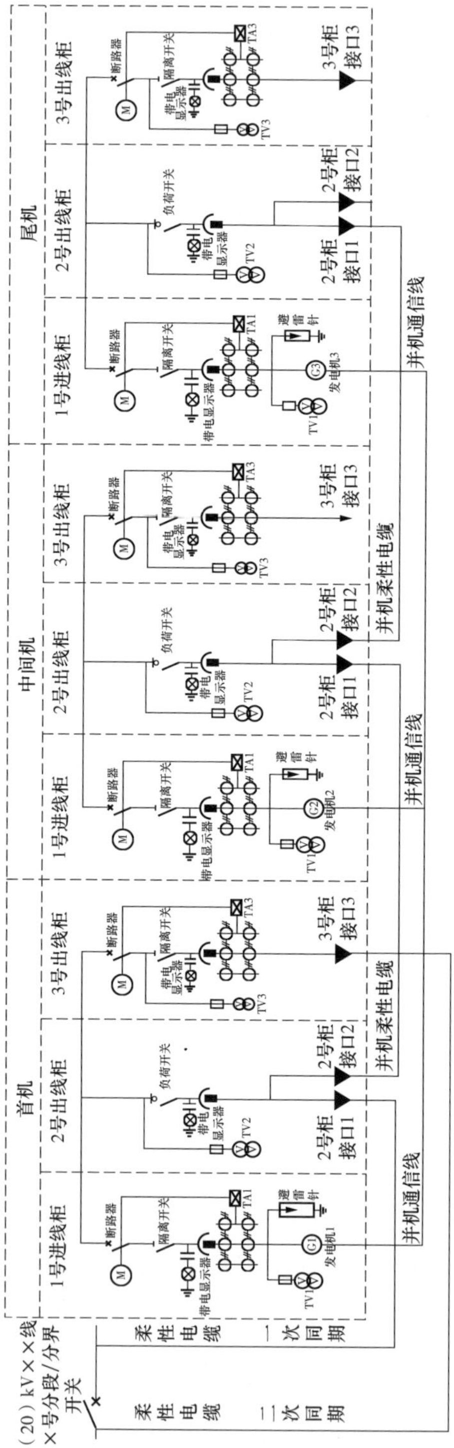

图1-36 并机不停电接入发电作业电气接线图

5.机组启动

（1）释放紧急停机按钮。顺时针转动操作手柄及辅助控制箱上的紧急停机按钮可使紧急按钮弹起。

（2）复位。按下"复位"按钮清除紧急停机信号，复位后紧急停机指示灯灭表明机组一切正常，可以进行启动操作。

（3）冷转。启动机组前一般应冷转一次。按下"冷转"按钮，机组由启动机带转约30s后自动停机，燃机不供油，不点火。在机组热启动过程中点火失败和大功率状态运行时紧急停机，发动机转子停止转动后应马上进行一次冷运转。

（4）启动。按下"启动"按钮，机组将自动启动至额定转速。

6.加载及运行

机组启动达到额定转速后，会自动转为发电状态，合上负载断路器，合闸成功后向负载端供电。无论机组处于停机状态还是启动或运行状态，正常情况下均不应有报警信号或停机信号。在机组工作较长时间后，会出现燃油液位低报警，这时应在10min之内向油箱中加注燃油（不需停机）。

7.并机并网发电

0.4kV燃气轮机式移动电源车通常采用并机发电，在机组与其他同型号机组共同工作时，连接机组并机功率分配线，机组启动成功后依次在并机控制器上进行合闸操作，可实现多台并联运行。10kV燃气轮机式移动电源车并网发电可参照10kV柴油机式移动电源车并网发电流程。

8.停机

停机可分为正常停机与紧急停机。机组正常供电任务完成后应按正常停机程序停机。

（1）正常停机。

1）正常停机之前，要事先分开负载断路器，使机组处于空载运行状态。

2）正常停机时，按动遥控手柄或辅助控制箱上的"正常停机"按钮，遥控手柄和机侧控制箱上的"正常停机"指示灯亮，表明机组开始执行正常停机程序。

3）机组从按下"正常停机"按钮开始计时，继续运行5min后，"正常停机"和"紧急停机"指示灯亮，机组自动停机。如果在5min计时期间按下"启动"按钮1s，则"正常停机"指示灯灭，机组取消5min计时，结束正常停机过程，重新进入运行状态。

（2）紧急停机。

1）在机组的某个（或某些）参数达到紧急停机保护值时，机组将自动执行紧急停机程序。

2）当机组启动或运行中出现异常现象需要紧急停机时，按下遥控手柄或辅助控制箱上的"紧急停机"按钮，机组可立即停机。

3）紧急停机后，遥控手柄和辅助控制箱上的"紧急停机"指示灯保持常亮。

4）"紧急停机"按钮为自锁按钮，故障排除后，需要用手顺时针转动"紧急停机"按钮方可使按钮弹起，再通过按压辅助控制箱或遥控手柄上的"复位"按钮清除"紧急停机"指示信号。

三、UPS移动电源车

1.汽车底盘发动机启动和取力器操作

（1）拉驻车制动器操纵杆，放好车轮轮胎塞块。

（2）确认变速杆在空挡位置、取力器开关处于"OFF"位置。

（3）合上汽车底盘蓄电池总开关。

（4）检查气压是否正常，正常气压应在0.8MPa以上。

（5）将离合器踏板踩到底，启动汽车底盘发动机。

（6）在离合器踏板踩到底的状态下，将挡位挂至三挡，然后按下取力器开关，将取力器开关置于"开"位置，当底盘驾驶室内的取力器指示灯亮，说明取力器已经挂上。

（7）将离合器缓慢复位。

（8）合上配电柜中阀组电源空气开关，可进行支腿及电缆卷盘的操作。

（9）作业结束后，踩住离合器踏板，将取力器开关置于"关"位置后，将离合器踏板复位，关闭底盘发动机。

2.支腿操作

（1）先将移动电源车停放于坚实平整的路面，若不坚固，需采取相应措施硬化地面或放置支腿垫木以增大接触面积。

（2）查看液压油箱中的液压油是否充足。

（3）打开取力器开关。

（4）合上支腿控制电源空气开关。

（5）操作4个液压支腿的升、降。

（6）操作完成后，关闭配电柜中阀组电源空气开关，防止底盘蓄电池电量损耗。

（7）返回驾驶室，将底盘车离合器踏板踩到底，取力器翘板开关复位。

（8）松开离合器踏板，关闭发动机，关闭底盘车蓄电池附件的总开关。

液压支腿为辅助支撑，严禁代替千斤顶用于更换轮胎作业；严禁使用时将轮胎完全顶起；严禁将支腿支撑于无承载能力的地面。

3. 电缆卷盘操作

（1）查看液压油余量是否充足。

（2）打开取力器开关。

（3）合上支腿控制箱内开关。

（4）操作电缆控制面板上三挡旋钮开关，操作旋钮开关指向"正转"或"反转"，对上层电缆卷盘实施收、放缆操作；操作旋钮开关指向"正转"或"反转"，对下层电缆卷盘实施收、放缆操作。

（5）操作完成后关闭电源空气开关，防止底盘蓄电池电量损耗。

4. UPS主机组操作

（1）启机前检查内容：

1）打开通风百叶窗。在使用结束后应确保百叶窗处于关闭状态，防止雨水进入。

2）车体应接地良好。

3）移动电源车负载输出端与负载接线。使用车内配套的电缆连接好负载并检查确认相序无误，连接电缆已全部拉出且无缠绕。

4）启动前需要进一步确认蓄电池室内无人员滞留。

（2）操作UPS主机：

1）合上外部电源，通过双电源自动切换开关（ATS）选择输入电源。

2）合上车厢内交流开关箱中UPS输入断路器。

3）确认UPS显示屏有无异常告警。

4）将操作光标移至"控制"选项，按"确认"键；选择"系统关机"→"正常"，按下"确认"键。

5）待主机整流器与逆变器启动。

6）依次将电池柜1～5电池操作手柄顺时针方向旋转到6点钟方向，按下"DC

start"（直流启动）按钮，系统开始自检开机，确认控制屏显示电池参数正常无告警。

7）确认UPS主机状态，合上直流开关柜内直流开关。

8）合上车厢内交流开关箱中UPS输出断路器，通过UPS控制器检查输出电压及电流。

（3）关机操作：

1）切断车厢内交流开关箱中UPS输出断路器。

2）将操作光标移至"控制"选项，按确认键；选择"正常"→"系统关机"，按下"确认"键；再将光标移至"UPM"，选择"待机模式"→"断开"。

3）依次切断直流开关柜内直流开关，并将每个电池柜内操作手柄往逆时针方向旋转到3点钟方向。

4）断开车厢内开关箱中UPS输入断路器。

5）断开输出箱中输入及输出电缆。

第四节 车辆维护保养要点

移动电源车属于专用特种车辆，车辆维护保养人员应接受相关培训、熟悉车辆产品说明和维护保养手册，使用时应严格按照相关规范要求和产品维护保养手册操作。移动电源车的维护保养一般包括汽车底盘、发电机组、蓄电池组、接入装置等维护。汽车底盘维护可按照车辆底盘维保手册开展。车辆作业部分保养时，应根据厂家提供的使用说明书对作业相关部位进行检查、紧固、润滑、清洁和更换。以下主要对车辆作业部分维护保养要点进行说明，供维保和使用人员参考。

一、日常检查要点

1.柴油机式移动电源车日常检查要点

（1）检查发电机组燃油箱储油量，定期加注燃油。

（2）检查电机机壳上或内部是否放置其他物件，阻碍机组散热，使电机过热；保持发电机外表面及周围环境的清洁，擦净泥、油污和灰尘。

（3）检查是否有油类、水和其他液体滴漏或溅进电机内部，更不能有金属零件（如铁钉、螺丝刀等）或金属碎屑掉进内部；如有异物必须清理干净，否则禁止开机。

（4）检查电机转子的运转声音，每次开机时，在柴油机怠速预热期间，电机转子如存在不正常的杂声，应停机检查。

（5）在正常工作中，检查控制屏上的电流表、频率表和电压表，以及功率因数表和功率表等指示的工作情况。发现仪表指示超过规定值时，应及时加以调整，严重时应认真分析原因，必要时停机检查，排除故障。

（6）检查电机各处的电路连接情况，确保正确、牢靠。

（7）检查机组接地是否可靠。

（8）检查蓄电池上的排气孔，避免其被灰尘、冰水等堵塞，以防排气不畅、外壳变形炸裂。

（9）检查中压开关柜气压表指示，当 SF_6 气体压力不足时，须及时补充 SF_6 气体，禁止在气体压力不足的情况下操作断路器。

2.燃气轮机式移动电源车日常检查要点

（1）检查启动控制系统是否工作正常。

（2）检查系统各部位无渗漏现象发生。

（3）检查燃机进排气、机舱进排风系统是否工作正常。

（4）检查各工作参数是否在正常范围内，观察充电器状态及蓄电池电压、直流电源系统是否工作正常，发电机输出电参数是否正常。

（5）检查燃油、滑油液位是否在报警液位以上。

3. UPS移动电源车日常检查要点

（1）检查风扇：检查UPS风扇运转情况，确认是否有风从背板吹出。

（2）检查进气口（前门上的通气口）和排气口（位于UPS机柜后部），确保不堵塞。

（3）检查防雷器：检查防雷箱指示状态、防雷器外形是否正常，是否失效，接触是否良好。

（4）检查机房：检查机房的空调运行是否正常，机房温度是否较高，温度不能超过40℃；检查机房是否潮湿，如果湿度超过90%，或身体明显感觉到湿度大，应启动抽湿设备。

（5）检查控制面板：检查UPS移动电源车是否在"正常"模式（"正常"状态指示灯亮），确认所有LED指示正常，液晶屏显示的所有参数正常，面板上没有报警。

（6）检查空气过滤网（位于前门后面），必要时清洗或更换。

二、定期维护要点

1.柴油机式移动电源车定期维护要点

（1）燃油喷射系统检查：推荐每月检查燃油喷射系统各机件及油管接头是否良好；每工作500h或每12个月检查喷油器的喷油压力和喷油情况，必要时清洗喷油器并调整；每工作500h或每12个月检查喷油泵的供油量、各缸供油的均匀度，必要时重新调整。

（2）润滑油容量检查：推荐每月检查润滑油容量，保持机油平面接近高位"H"标记处。

（3）冷却液容量检查：推荐每月检查冷却液容量，保持正常液位。

（4）传动皮带检查：推荐每月检查各传动皮带是否良好，皮带是否松弛。

（5）输出电压检查：推荐每月测量0.4kV柴油机式移动电源车输出电压是否满足使用要求（400V/230V）。

（6）负荷开关检查：推荐每月检查负荷开关合分闸是否正常。

（7）定期启动移动电源车：推荐每月对于发电机组进行启动及热身，但空载运行时间不得超过15min。

（8）液压支腿检查：推荐每月检查液压支腿动作是否正常；每年检查一次液压支腿电磁阀、继电器、换向阀、液压油泵是否损坏，及时更换损坏部件；每年检查一次液压管道和接头，油管不得破损，接头不得松动。

（9）电缆卷盘检查：推荐每月检查电缆卷盘动作是否正常，每年检查一次电缆卷盘电机、继电器、变频器、接触器、调压阀是否损坏，及时更换损坏部件。

（10）蓄电池检查：推荐每月（视地方性环境可适当延长或缩短周期）对电源车的底盘车和机组进行启动运行，对于使用过程中因各种原因造成亏电的，应及时进行充电，以防止蓄电池硫酸盐化造成性能下降。

（11）燃油箱检查：推荐每年清洗一次燃油箱，更换柴油滤清器。

（12）润滑油更换：推荐每年更换一次润滑油和润滑油滤清器。

（13）涡轮增压器检查：推荐每工作1000h或每24个月检查涡轮增压器的螺栓松紧度和叶轮转动是否灵活。

2.燃气轮机式移动电源车定期维护要点

（1）推荐每工作500h或两年大检查一次：螺钉是否紧固无松动；电气接

头是否接好无松动；各控制柜、电气柜内接线端子是否接好无松动；传感器接头是否接好无松动；传感器重新校验和校准；机组大底盘与底盘车梁之间连接螺栓是否松动，具体观察螺栓上刻度线与底盘车梁上刻度线是否对齐；各线路、管路是否完好无异常。

（2）推荐每工作500h或2年更换一次润滑油，以先到为准。

（3）推荐每工作250h（或发现油滤压差报警时）清洗一次油滤。

（4）为了保证机组的可靠运行，推荐按产品说明书进行定期检查电气及控制系统。

（5）电动排气门维护：推荐每6个月或连续工作200h更换齿轮箱润滑油。

3. UPS移动电源车定期维护要点

（1）电池放电检查：推荐每6个月对电池进行放电检查，评估电池的健康状况。

（2）检查UPS移动电源车切换功能：推荐每6个月对车辆切换功能进行检查。

（3）检查电容：推荐每年检查电容是否存在漏液、变形等情况。

（4）检查输出电压/电流：推荐每周检查交流供电情况，是否存在超压超频迹象。

（5）检查磁性元件：推荐每年检查磁性元件是否存在过温痕迹，元件紧固程度及有无裂痕。

（6）检查电缆：推荐每年检查电缆是否存在老化、磨损和过温痕迹。

（7）检查印刷电路板：推荐每年检查印刷电路板接头是否牢固，是否清洁和完整。

三、周期试验要点

移动电源车可以依据《电源车》（QC/T 911）等相关标准开展试验，在日常使用过程中，按需开展标准中试验项目，如绝缘电阻测量、耐电压试验、启动性能测试、带载试验等，确保车辆性能可靠安全。

四、存放保管要点

（1）车辆可以停放在户外，有辅助支撑系统的车辆停放时，应将支撑系统撑起，减轻底盘钢板弹簧负重。当长期不使用车辆时，应将车辆停放到车库内。

（2）车辆应停放在通风、防潮、防暴晒、无腐蚀气体侵害及有消防设施的场所。

（3）移动电源车长期不使用时，需通过市电充电装置定期对发电机组启动蓄电池进行充电。

第二章　绝缘斗臂车

绝缘斗臂车是由绝缘高架装置（包括绝缘工作斗和绝缘臂）、定型道路车辆和有关设备组成，用于开展高空带电作业的特种车辆，其主要功能是将作业人员、作业机器人、工具等通过绝缘工作平台举升到空中作业点开展带电安装、检修等作业，主要用于10kV配电网架空线路不停电作业、输电线路带电作业等场景。

第一节　车辆简介

一、车辆分类及款式

1.按伸展结构的类型分类

按绝缘高架装置的伸展结构的类型不同，绝缘斗臂车可分为伸缩臂式、折叠臂式和混合臂式三种基本型式，如图2-1所示。部分车辆在伸缩臂式、

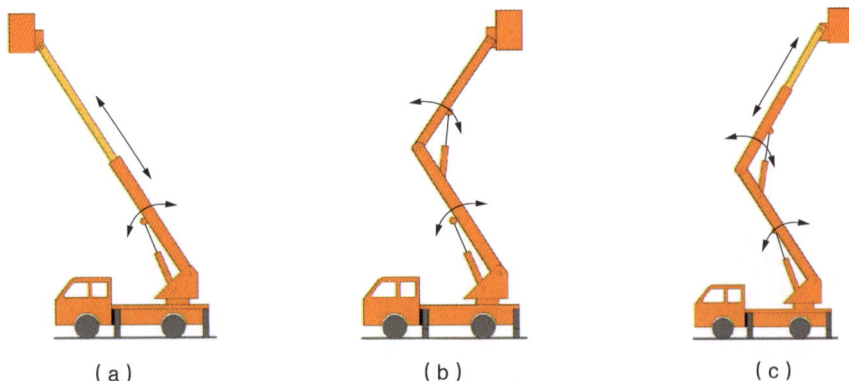

图2-1　绝缘斗臂车分类示意图

（a）伸缩臂式；（b）折叠臂式；（c）混合臂式

混合臂式绝缘斗臂车的基础上，在工作斗加装了绝缘小拐臂，提高了工作斗的空间适用性以及作业灵活性。

（1）伸缩臂式绝缘斗臂车。伸缩臂式绝缘斗臂车臂架采用多节（一般为3节）伸缩式结构，最后一节为绝缘臂，各工作臂之间的相对运动只能进行伸缩，伸缩方式有顺序伸缩和同步伸缩两种方式。伸缩臂式绝缘斗臂车外观如图2-2所示。

图2-2　伸缩臂式绝缘斗臂车外观

特点：臂架采用液压驱动伸出，作业臂伸出和收回时间短，平稳性好，操作时具有较好的作业目标指向性，较精准伸缩至作业点，回转时占用空间小；但受臂架形式限制，导致跨越障碍能力相对较差，易受到下方其他线路等设施阻碍。

（2）折叠臂式绝缘斗臂车。折叠臂式绝缘斗臂车的臂架采用上下折叠式结构，工作臂之间的连接全部采用铰接型式，又称为铰接式绝缘斗臂车。一般在上、下臂均有绝缘段，下部绝缘段是上装升降机构金属部分误碰带电体时的后备保护。折叠臂式绝缘斗臂车外观如图2-3所示。

特点：操作时跨越障碍能力相对较强，但回转时占用空间大，臂架仅能对折导致同等作业高度下车长较长，对作业空间要求大。由于驱动关节较伸缩臂式多导致人员操作时目标指向性一般，在电力行业应用较少，本文后续不做详细介绍。

（3）混合臂式绝缘斗臂车。混合臂式绝缘斗臂车的工作臂之间既有铰接，

图2-3 折叠臂式绝缘斗臂车外观

也有伸缩，是折叠臂式和伸缩臂式绝缘斗臂车的结合。一般在上、下臂均有绝缘段，下部绝缘段是上装升降机构金属部分误碰带电体时的后备保护。混合臂式绝缘斗臂车外观如图2-4所示。

图2-4 混合臂式绝缘斗臂车外观

特点：人员操作时目标指向性介于伸缩臂与折叠臂之间，受到关节数量的影响，操作较伸缩式复杂；但是其跨越障碍能力很强，不易受到下方其他线路、设施阻碍，同等作业高度下车辆体积较折叠臂式更小，应用场景灵活。

2. 按有无支腿分类

（1）有支腿。支腿型式可以分为H型支腿和A型支腿（见图2-5）。

（a）　　　　　　　　　　　　　　　　（b）

图2-5　不同支腿型式绝缘斗臂车
（a）H型支腿；（b）A型支腿

（2）无支腿。无支腿绝缘斗臂车具有发动机功率扭矩高、车身相对较小的特点，其路面通过性较好，有利于在狭窄道路开展带电作业。目前国内常用的无支腿绝缘斗臂车主要为整车进口产品。无支腿绝缘斗臂车如图2-6所示。

图2-6　无支腿绝缘斗臂车

3. 车辆款式

按照平台高度、臂架型式和支腿设置，绝缘斗臂车可分为多个款式，以满足不同现场作业需求。近年国网公司采购的绝缘斗臂车主要款式见表2-1，按照平台高度进行排序。

表2-1 国网公司采购绝缘斗臂车主要款式

序号	平台高度范围（m）	臂架型式	有无支腿情况	是否带电作业机器人用
1	11≤平台高度<13	混合臂	无	否
2	14≤平台高度<16	混合臂	有	否
3	14≤平台高度<16	混合臂带小拐臂	有	否
4	14≤平台高度<16	伸缩臂	有	否
5	16≤平台高度<18	混合臂	有	否
6	16≤平台高度<18	伸缩臂	有	否
7	16≤平台高度<18	伸缩臂	有	是
8	18≤平台高度<20	混合臂	有	否
9	18≤平台高度<20	混合臂	有	是
10	20≤平台高度<23	混合臂	有	否
11	平台高度≥23	混合臂	有	否

二、车辆应用场合

绝缘斗臂车主要用于开展10kV配电网架空线路不停电作业，其通过绝缘臂和绝缘斗将作业人员、作业机器人、工具等移动、提升至作业位置并保持稳定，能依靠绝缘臂和绝缘斗所具有的绝缘性能，保护斗内作业人员（机器人）免受电气伤害。绝缘斗臂车现场应用如图2-7所示。

（a）　　　　　　　　　　（b）

图2-7　绝缘斗臂车现场应用
（a）机器人作业；（b）更换直线杆横担及绝缘子

　　在选配绝缘斗臂车时，应综合考虑其目标作业点高度和周围环境因素：首先应确保车辆工作平台高度大于目标作业点高度；然后应选择合理的车辆臂架型式，混合臂车型适用作业点周围（特别是下方）障碍较多的场合，能够实现较远距离障碍跨越；伸缩臂车型适用作业点周围较为空旷的场合，能够快速指向目标、高效到达作业位置开展作业。

三、车辆典型参数

1.伸缩臂式绝缘斗臂车

　　以平台高度16～18m的伸缩臂式绝缘斗臂车为例，国网公司对其关键参数要求见表2-2，其他平台高度车辆参数要求可参考附录E。

表2-2　　　　　　　　　16～18m伸缩臂式绝缘斗臂车关键参数

序号	关键参数名称	关键参数要求
1	适用电压等级*（kV）	≥10
2	工作斗额定载荷*（kg）	≥270
3	工作斗类型	双人单斗
4	工作外斗沿面耐电压*（0.4m，50kV）（1min）	无闪络或击穿
5	工作内斗层向耐电压*（50kV）（1min）	无闪络或击穿
6	工作斗长（m）	≥1
7	工作斗宽（m）	≥0.6
8	工作斗高*（m）	≥0.9
9	工作斗摆动角度*（°）	≥160
10	最大平台高度*（m）（最大平台高度=工作斗最大作业高度−1.7m）	≥16
11	工作斗最大作业高度时作业半径（m）（工作斗最大作业高度时作业半径=工作斗最大作业高度时作业幅度−0.6m）	≥2.4
12	工作斗最大作业半径*（m）（工作斗最大作业半径=工作斗最大作业幅度−0.6m）	≥9

续表

序号	关键参数名称	关键参数要求
13	上绝缘臂有效长度*（m）	≥1
14	回转角度	360°连续任意回转
15	支腿型式	A型/H型
16	绝缘臂工频耐压*（0.4m，100kV）（1min）	无闪络或击穿
17	操作系统	工作斗和下部两组操作系统
18	应急动力系统	电动应急泵
19	安全装置*	整车作业时防倾翻系统；支腿和臂架操作互锁；整车水平仪
20	车体调平系统	自动调平
21	车体接地装置	
21.1	接地线*	透明护套多股软铜线，带接地钎
21.2	接地线长度*（m）	≥20
21.3	接地线截面积*（mm^2）	≥25
22	整车泄漏电流*（μA）（1m，20kV）（1min）	≤500
23	工作斗具有液压工具接口	有
24	工作斗调平方式*	液压调平
25	工作斗落地*	具备
26	工作斗积水倾倒*	液压操作
27	工作斗提升高度（m）	≥0.5
28	工作斗额定载荷状态下，小吊臂最大起吊质量（kg）	≥180

* 项目参数为必须满足的重要参数。

2.混合臂式绝缘斗臂车

以平台高度20～23m混合臂式绝缘斗臂车和平台高度18～20m带电作业机器人用绝缘斗臂车为例，国网公司对其关键参数要求分别见表2-3和表2-4，其他作业高度车辆参数要求可参考附录E。

表2-3 20~23m混合臂式绝缘斗臂车关键参数

序号	关键参数名称	关键参数要求
1	适用电压等级*（kV）	≥10
2	工作斗额定载荷*（kg）	≥270
3	工作斗类型	双人单斗
4	工作外斗沿面耐电压*（0.4m，50kV）（1min）	无闪络或击穿
5	工作内斗层向耐电压*（50kV）（1min）	无闪络或击穿
6	工作斗长（m）	≥1
7	工作斗宽（m）	≥0.6
8	工作斗高*（m）	≥0.9
9	工作斗摆动角度*（°）	≥160
10	最大平台高度*（m）（最大平台高度=工作斗最大作业高度-1.7m）	≥20
11	工作斗最大作业高度时作业半径（m）（工作斗最大作业高度时作业半径=工作斗最大作业高度时作业幅度-0.6m）	≥2.4
12	工作斗最大作业半径*（m）（工作斗最大作业半径=工作斗最大作业幅度-0.6m）	≥10
13	上绝缘臂有效长度*（m）	≥1
14	下绝缘臂有效长度（m）	≥0.4
15	回转角度	360°连续任意回转
16	支腿型式	A型/H型
17	绝缘臂工频耐压*（0.4m，100kV）（1min）	无闪络或击穿
18	操作系统	工作斗和下部两组操作系统
19	应急动力系统	电动应急泵
20	安全装置*	整车作业时防倾翻系统；支腿和臂架操作互锁；整车水平仪

序号	关键参数名称	关键参数要求
21	车体调平系统	自动调平
22	车体接地装置	
22.1	接地线*	透明护套多股软铜线，带接地钎
22.2	接地线长度*（m）	≥20
22.3	接地线截面积*（mm²）	≥25
23	整车泄漏电流*（μA）（1m，20kV）（1min）	≤500
24	工作斗具有液压工具接口	有
25	工作斗调平方式*	液压调平
26	工作斗落地*	具备
27	工作斗积水倾倒*	液压操作
28	工作斗提升高度（m）	≥0.5
29	工作斗额定载荷状态下，小吊臂最大起吊质量（kg）	≥180

* 项目参数为必须满足的重要参数。

表2-4　　　18~20m混合臂带电作业机器人用绝缘斗臂车关键参数

序号	关键参数名称	关键参数要求
1	适用电压等级*（kV）	≥10
2	工作斗额定载荷*（kg）	机器人斗≥200；载人斗≥200
3	工作外斗沿面耐电压（机器人斗和载人斗）*（0.4m，50kV）（1min）	无闪络或击穿
4	工作内斗层间耐电压（机器人斗和载人斗）*（50kV）（1min）	无闪络或击穿
5	工作斗类型	机器人斗+载人斗
6	工作斗配置	单臂机器人斗+单人斗；双臂机器人斗+单人斗
7	工作斗尺寸（长×宽×高）（m）	机器人斗尺寸≥0.6×0.6×0.9并满足机器人安装要求；载人斗尺寸≥0.6×0.6×0.9

续表

序号	关键参数名称	关键参数要求
8	工作斗摆动角度*（°）	单斗独立旋转≥90；双斗同步旋转≥150（左右各≥75）
9	工作斗提升高度*（m）	机器人斗及载人斗提升高度≥0.5
10	最大平台高度*（m）（最大平台高度＝工作斗最大作业高度−1.7m）	≥18
11	工作斗最大作业高度时作业半径（m）（工作斗最大作业高度时作业半径＝工作斗最大作业高度时作业幅度−0.6m）	≥2.4
12	工作斗最大作业半径*（m）（工作斗最大作业半径＝工作斗最大作业幅度−0.6m）	≥10
13	上绝缘臂有效长度*（m）	≥1
14	下绝缘臂有效长度*（m）	≥0.4
15	回转角度	360°连续任意回转
16	支腿型式	A型/H型
17	绝缘臂工频耐压*（50kV）（1min）	无闪络或击穿
18	操作系统	工作斗和下装两组操作系统
19	紧急停止功能	绝缘斗操作平台和下部操作平台均具有一键紧急停止功能
20	应急动力系统	电动应急泵
21	安全装置*	整车作业时防倾翻系统；支腿和臂架操作互锁；整车水平仪
22	车体调平系统	自动调平
23	车体接地装置*	接地线长度≥20m、截面积≥25mm²，透明护套多股软铜线，带接地钎
24	整车泄漏电流*（μA）	≤500
25	上部具有液压工具接口	有
26	工作斗调平方式*	液压调平

续表

序号	关键参数名称	关键参数要求
27	工作斗自动调平*	机器人斗≤5°；载人斗≤3°
28	工作斗落地*	具备
29	工作斗积水倾倒*	液压操作
30	工作斗配件	载人斗内配置人员使用平板操作机器人的固定支架
31	工作斗操作	工作斗旋转、起升、下降等动作应可由地面控制人员实现，其动作速度应安全、可控
32	具备机器人控制斗臂车接口*	无线接口/光电接口
33	具备机器人和斗臂车的联动控制功能*	通信抗干扰能力满足GB/T 9254.2要求；可实现机器人对发动机启停、斗臂车紧急停止、上装各关节的控制；可实现多个上装关节同时动作；可实现机器人对上装动作速度的控制；具有后备保护功能，可实现机器人与上装停止工作时，由地面作业人员接管控制权进行操作和机器人回收
34	状态上报功能	具备/不具备
35	机器人控制系统供电功能*	满足机器人控制系统供电要求
36	车载应急充电接口*	充电功率满足对机器人应急短时快充要求
37	机器人夜间作业辅助照明装置	配备夜间作业辅助照明灯（灯组）
38	初始位置标定	具备/不具备
39	位置控制功能	支持无线终端位置控制，控制精度为，人/机斗旋转≤±3°，臂伸缩≤±30mm，人/机斗升降≤±20mm，上/下臂起伏≤±1°，回转≤±1°

* 项目参数为必须满足的重要参数。

四、车辆主要制造商

近年来，有支腿绝缘斗臂车常见制造商包括山东泰开、许继三铃、武汉里得、杭州爱知、青岛索尔、青特、徐工随车、徐州海伦哲等；无支腿绝缘斗臂车主要为纯进口车型，常见进口商包括许继三铃、武汉里得、武汉南瑞等公司。

第二节 车辆结构与主要部件

一、车辆结构

以混合臂式和伸缩臂式绝缘斗臂车为例，其结构主要包括底盘、副车架、支腿、转台、回转机构、臂架、工作斗、操作装置、机器人（按需要配置）等，无支腿绝缘斗臂车不具有副车架和支腿。

1.伸缩臂式绝缘斗臂车

伸缩臂式绝缘斗臂车典型结构布置如图2-8所示。绝缘斗前置（处于驾驶室上方）时，车辆整体较小，具有较强的机动性。

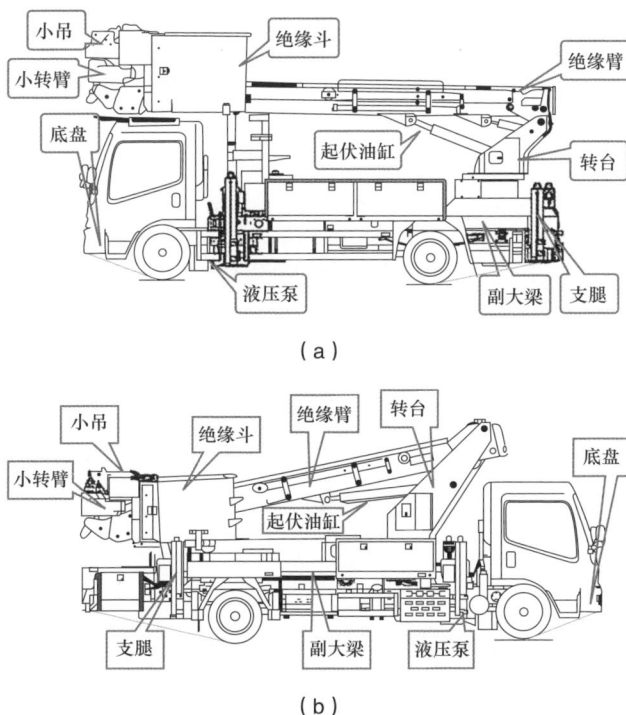

（a）

（b）

图2-8 伸缩臂式绝缘斗臂车典型结构布置示意图
（a）绝缘斗前置；（b）绝缘斗后置

2.混合臂式绝缘斗臂车

混合臂式绝缘斗臂车典型结构布置如图2-9所示。

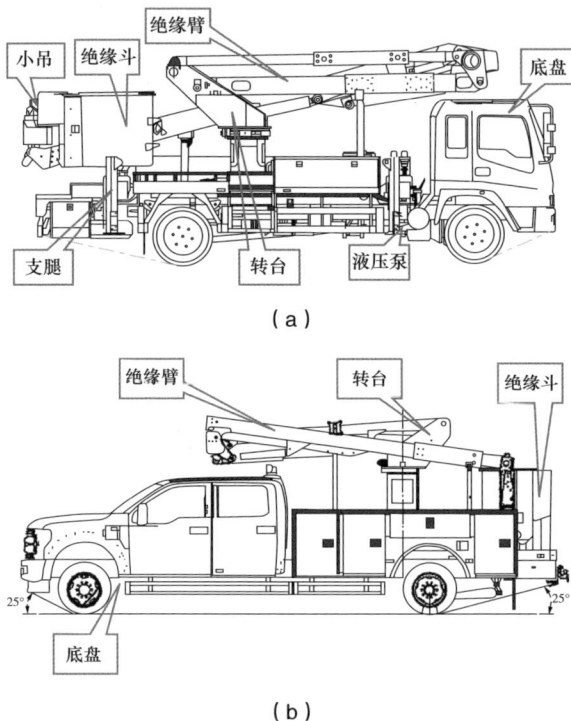

（a）

（b）

图2-9　混合臂式绝缘斗臂车典型结构布置示意图
（a）有支腿；（b）无支腿

二、车辆主要部件

1.底盘

有支腿绝缘斗臂车底盘一般采用载重汽车底盘，无支腿绝缘斗臂车底盘常选用大排量皮卡车辆底盘。

2.副车架

副车架行驶时将上部作业装置与底盘牢固连接，高空作业时将上部作业装置所产生的全部载荷通过支腿传入大地。副车架的结构形式有两种，一种是封闭箱型结构；另一种为类似汽车底盘大梁的双纵梁形式，采用两根槽钢作为纵梁，两根纵梁之间用横梁连接。

3.支腿

一般车型在副车架前后两端设有支腿，支腿由水平支腿、垂直支腿和支腿油缸构成。支腿水平伸出的目的在于加大跨距，以满足作业稳定性；支腿垂直起升的目的是撑起车体，使轮胎脱离地面。

4.转台

转台总成固定在回转支承上，在回转机构的驱动下带动与之相连的臂架结构进行回转。

5.臂架

绝缘斗臂车依靠臂架结构的变幅或伸缩实现高空作业，同时主绝缘段也设置在臂架结构中，为绝缘斗臂车核心关键部件。

（1）绝缘臂。以混合臂式绝缘斗臂车为例，绝缘臂包括上臂绝缘区域、下臂绝缘区域以及穿过绝缘臂的绝缘油管、光纤、气路等部件。绝缘臂材质一般采用玻璃钢，油管为树脂管。作为绝缘斗臂车主绝缘，对于不同电压等级绝缘臂具有的最小有效绝缘长度要求见表2-5。

表2-5　　　　　　　　　　　绝缘臂最小有效绝缘长度

电压等级（kV）	10	20	35	66	110	220	500
长度（m）	1.0	1.2	1.5	1.5	2.0	3.0	4.0

注　高海拔地区应进行海拔修正。

（2）绝缘小拐臂。绝缘小拐臂两端通过回转机构分别与主臂、工作斗托架连接，可进行摆动，并结合平台升降功能，在不动主臂情况下，可在圆柱区域内到达任意作业点，灵活安全应对各种复杂环境。绝缘小拐臂如图2-10所示。

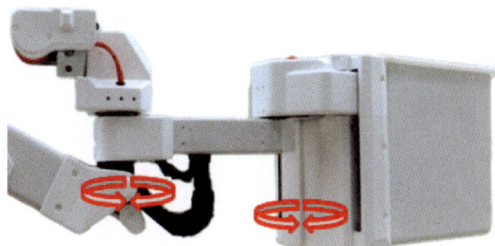

图2-10　绝缘小拐臂

（3）液压小吊。绝缘斗臂车一般配有小吊装置，吊臂滑轮可拆卸，具备起吊电缆、临时支撑导线等功能；吊臂长度可根据起重量进行调节，通过吊臂俯仰、左右回转，可增加作业范围。液压小吊如图2-11所示，应在安全范围内使用。

图2-11　液压小吊

6.绝缘工作斗

绝缘工作斗是承载作业人员（机器人）、工具开展带电作业的装置，一般包括外绝缘平台和绝缘平台内衬，外绝缘平台一般由玻璃钢做成，主要起到承载的作用；绝缘平台内衬一般由聚乙烯做成，起到绝缘的作用。绝缘工作斗如图2-12所示。

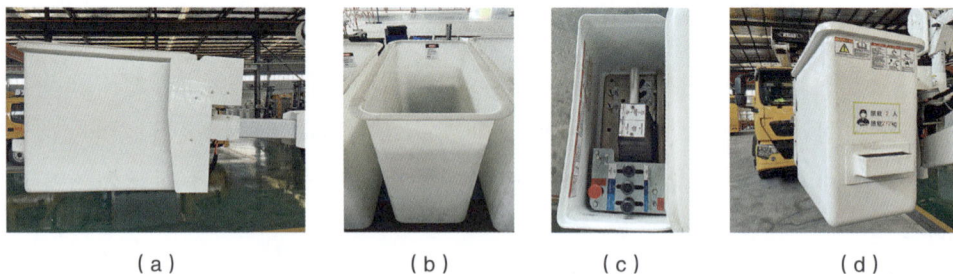

| （a） | （b） | （c） | （d） |

图2-12　绝缘工作斗
（a）绝缘外斗；（b）绝缘内斗；（c）斗内操作手柄；（d）整体图

7.配电网不停电作业机器人（按需配置）

机器人整体结构主要由机械臂、视觉识别系统、监控系统、工具台等部分组成（见图2-13）。机器人本体安装在绝缘斗臂车上，通过更换末端工器具实现不同作业。

（a）　　　　　　　　　　　　　　　　（b）

图2-13　配电网不停电作业机器人

（a）单臂辅助作业机器人；（b）双臂自主作业机器人

第三节　车辆使用要点

绝缘斗臂车属于专用特种车辆，车辆使用人员应接受相关培训、熟悉车辆产品说明，使用时应严格按照相关规范要求和产品说明操作。在开展作业时，应选用相应电压等级的绝缘斗臂车。绝缘斗臂车的操作主要包括驾驶室取力操作、支腿操作和上装操作等。以下主要对车辆使用要点进行说明，供使用人员参考。

一、驾驶室取力操作

在驾驶室内进行取力操作，启动发动机后要确认挡位处于空挡状态，踩下离合器，按下取力开关，缓慢松开离合器，将车辆底盘动力输出至上装升降机构。

二、支腿操作

支腿操作位置一般位于车辆尾部或车辆右侧，按支腿操作指示标志选择支腿和支腿动作方向，支腿伸出前需确认支腿伸出空间内无人员和障碍物。

支腿操作步骤：先伸水平支腿，水平支腿完全伸出后，水平支腿指示灯点亮，布置水平支腿完全伸出后，在垂直支腿正下方放置垫板；伸出垂直支腿，垂直支腿完全伸出后，检查水平仪，确认车身是否处于水平状态；检查前后车轮，确认已离开地面；检查垂直支腿指示灯，确认指示灯已点亮。部分车型设置有支腿一键收伸、支腿分级与自动调平功能，可根据场地情况进行选择。

三、上装操作

操作人员穿着全套个人防护用具进入工作平台，将安全带挂入安全带挂接点。平台操作面板如图2-14所示，一般设置有主动作多功能手柄、辅助动作手柄、急停按钮、发动机启停开关、应急辅助动力开关、高低速油门切换开关、平台调平开关、液压工具开关、平台总电源开关、电源指示灯和通信状态指示灯等。操作前，应认真阅读操作面板上的各项操作标识、安全警示标识，按标识要求进行各动作的操作。

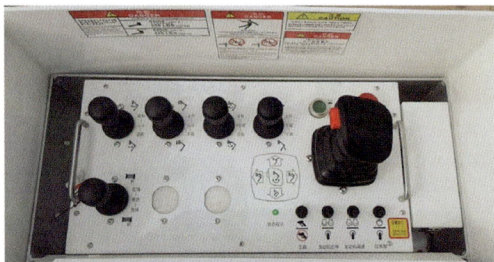

图2-14 平台操作面板

多功能手柄一般为比例手柄，可控制上臂升降、上臂伸缩和转台回转等主要动作。操作此手柄时需先按下手柄上的红色按钮，并按照标识指示的方向缓慢地扳动手柄，手柄扳动角度越大，相应运动速度越快。

四、带电作业机器人用斗臂车操作

带电作业机器人用斗臂车可以通过带电作业机器人和斗臂车本体操控器分别独立控制斗臂车的操作，完成带电作业需要的所有功能。控制双方具备操作命令互锁功能，同时操作时只能有一个控制命令生效。机器人控制端界面如图2-15所示，界面主要包括环境感知、一键调整、非避障控制、避障控制、斗臂车状态信息展示五部分内容。

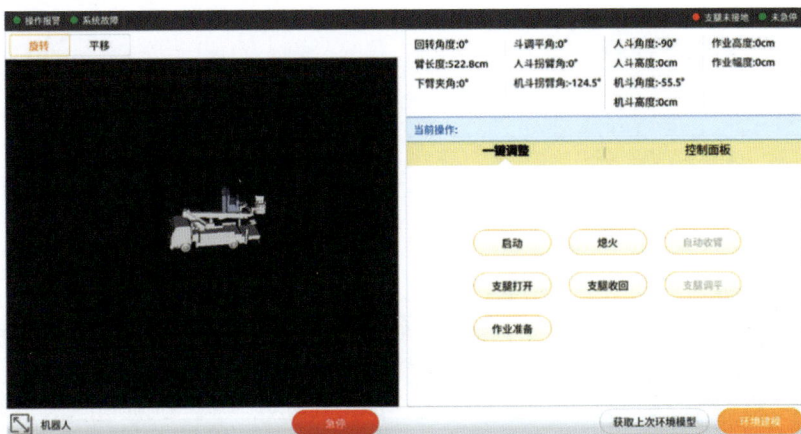

图2-15　机器人控制端界面

五、应急操作

当上装电控系统失效时，可通过操作转台处的液压阀组手动控制臂架动作。操作方法为：确认选择动作正确后，先按下阀组按钮，再操作相应动作阀组应急操作按钮/手柄。

六、冬季作业前预热运转

冬季或天气较冷时，需要预热运转后再开始作业；如不预热，将缩短车辆的使用寿命或引起动作不良。作业开始前，需把取力器开关置于相应挡位进行预热运转。

第四节　车辆维护保养要点

绝缘斗臂车属于专用特种车辆，车辆维护保养人员应接受相关培训、熟悉车辆产品说明和维护保养手册，使用时应严格按照相关规范要求和产品维护保养手册操作。绝缘斗臂车的维护保养一般包括汽车底盘维护和上装作业部分维护：汽车底盘维护可按照车辆底盘维保手册开展；车辆作业部分保养时，应根据厂家提供的使用说明书对作业相关部位进行检查、紧固、润滑、清洁和更换。以下主要对车辆作业部分维护保养要点进行说明，供维保和使用人员参考。

一、日常检查要点

1.臂架关节结构检查

检查臂架关节是否松动、缺少，避免作业时臂架销脱落造成机械事故。臂架关节结构检查内容如图2-16所示。

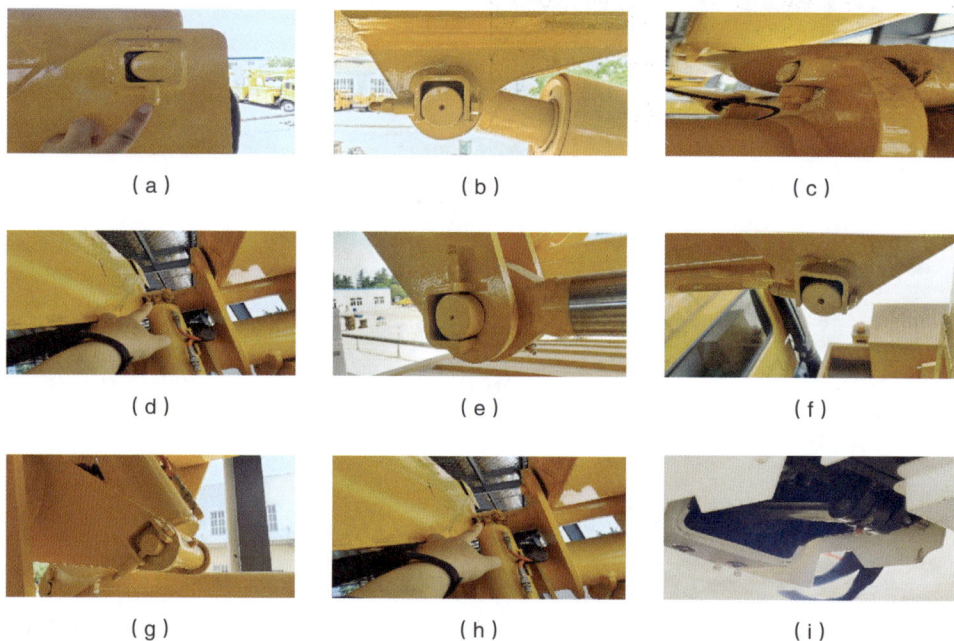

图2-16　臂架关节结构检查内容

（a）下臂与转台轴销检查；（b）下臂油缸前轴销检查；（c）下臂油缸后轴销检查；
（d）上臂与关节轴销检查；（e）上臂油缸前轴销检查；（f）上臂油缸后轴销检查；
（g）主调平油缸下轴销检查；（h）主调平油缸上轴销检查；（i）从动（平台）调平油缸轴销检查

2.上装液压部件检查

检查上装各关键液压部件是否渗漏油，避免作业时渗漏油点在高压冲击下液压油大量流失，造成车辆无法动作。上装液压部件检查内容如图2-17所示。

3.绝缘臂、绝缘外斗检查

检查上臂主绝缘、下臂辅助绝缘、绝缘外斗是否清洁，避免污染堆积物影响绝缘材料性能，导致泄漏电流增大，造成安全隐患。绝缘臂、绝缘外斗检查内容如图2-18所示。

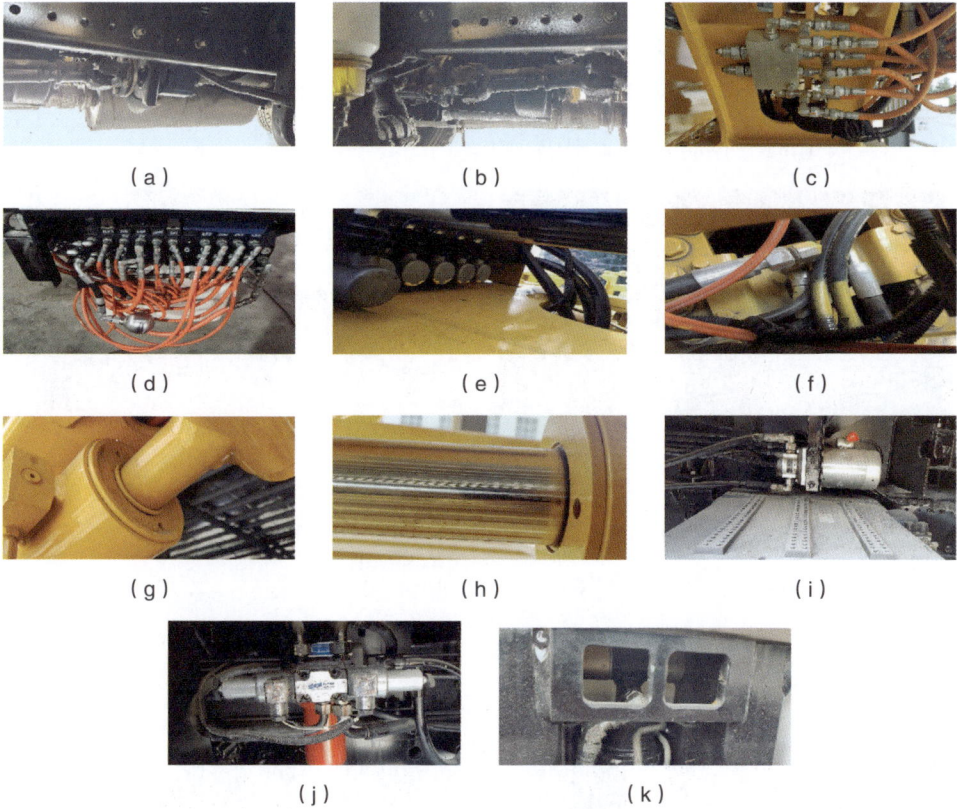

图2-17　上装液压部件检查内容

（a）取力器检查；（b）齿轮泵检查；（c）转台多路阀及油管接头检查；（d）平台多路阀及油管接头检查；
（e）转台调平平衡阀及管路接头检查；（f）转台中心回转体及油管接头检查；（g）下臂油缸杆封检查；
（h）上臂油缸杆封检查；（i）应急电动泵油管接头检查；（j）上下车互锁电磁换向阀及接头检查；
（k）斗提升油缸及接头检查

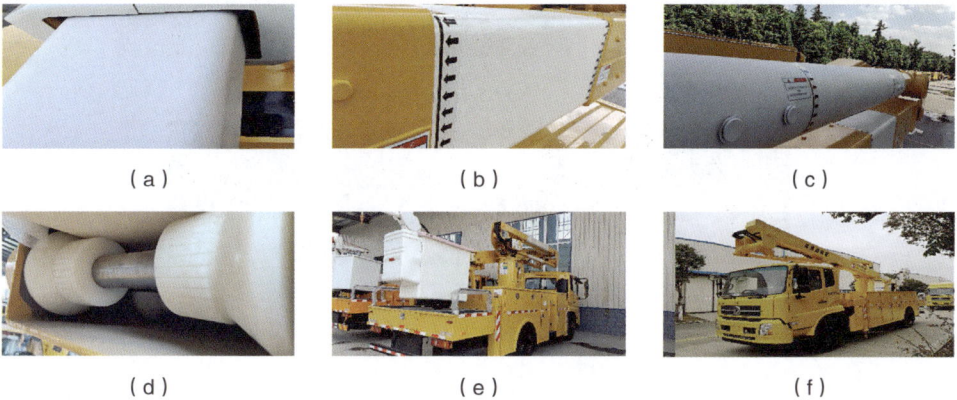

图2-18　绝缘臂、绝缘外斗检查内容

（a）上臂主绝缘段目测检查；（b）下臂辅助绝缘段目测检查；（c）下臂拉杆辅助绝缘段目测检查；
（d）上臂下滚轮目测检查；（e）绝缘外斗目测检查；（f）车辆臂架整体目测检查

4.小吊绳索小吊检查

检查小吊绳索是否有磨损、扯断、切割或其他缺陷，确保使用小吊时起重安全。小吊检查内容如图2-19所示。

（a）　　　　　　　　　　　　（b）

图2-19　小吊检查内容
（a）小吊钩完好无缺损；（b）吊绳清洁无磨损

5.标识检查

检查各操作标识是否丢失、损坏或无法辨认，避免误操作造成的安全隐患。标识检查内容如图2-20所示。

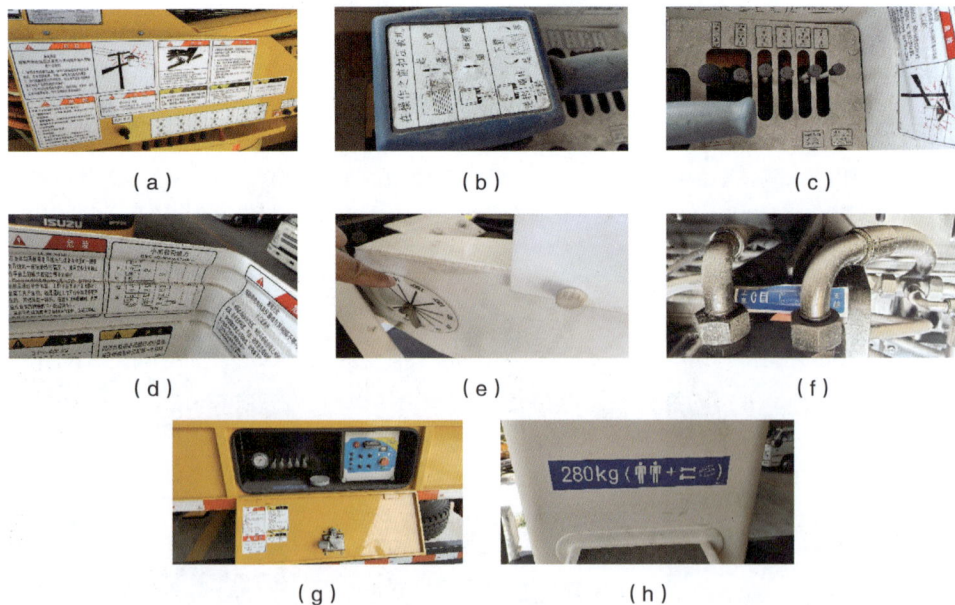

（a）　　　　　　　　　　（b）　　　　　　　　　　（c）

（d）　　　　　　　　　　（e）　　　　　　　　　　（f）

（g）　　　　　　　　　　（h）

图2-20　标识检查内容
（a）目测转台各标识完整；（b）目测平台操作手柄标识清晰；（c）平台辅助操作手柄标识清晰；
（d）平台小吊载荷能力标识清晰；（e）上臂仰角标识清晰；（f）上下车互锁应急标识清晰；
（g）下车操作及警示标识清晰；（h）工作平台额定载荷标识清晰

6.绝缘内斗检查

检查绝缘内斗有无明显（深度超过1mm）划痕，避免绝缘内斗因未达到有效绝缘强度而造成安全隐患。绝缘内斗检查如图2-21所示。

图2-21　绝缘内斗检查

7.液压油油位检查

液压油油位应处于上油标，液压油无变质乳化现象，避免工作中因液压油缺失而使齿轮泵吸入空气进入管路，造成绝缘强度降低、动作出现抖动、臂架自动下沉等安全隐患。液压油油位检查如图2-22所示。

图2-22　液压油油位检查

8.主油泵压力检查

通过操作下车多路阀手柄使液压系统处于溢流状态，观察压力表应达到规定值，确保上装压力正常，保证液压系统满足使用要求，避免速度过慢。主油泵压力检查如图2-23所示。

图2-23　主油泵压力检查

9.其他

检查紧固件有无松动现象、销轴紧固情况是否良好；通过仪表盘检查有无缺少防冻液，如缺少应及时进行补充。

二、定期维护要点

（1）蓄电池检查：推荐每月检查底盘蓄电池，查看蓄电池电压。

（2）应急电动泵检查：推荐每月通过操作下车应急泵按钮确认应急电动泵工作正常，保证在作业中应急时可以启用应急电动泵。应急电动泵检查测试如图2-24所示。

（a）

（b）

图2-24　应急电动泵检查测试
（a）下车应急电动泵；（b）绝缘斗应急电动泵

（3）中心回转体电刷检查：推荐每月检查中心回转体电刷，确认没有损坏或过度磨损。

（4）管路和接头检查：推荐每月检查管路和接头，确认液压管路和接头没有损坏，没有液压油泄漏。

（5）臂/支腿互锁装置检查：推荐每月检查臂/支腿互锁装置功能是否正常。

（6）油漆检查：推荐每月检查是否有油漆脱落现象，如有应及时修理漆面，以防生锈。

（7）安全检测开关检查：推荐每3个月检查臂架、支腿处检测开关，检查力矩限制、长角传感器等是否工作正常。

（8）控制装置检查：推荐每3个月检查所有的控制装置工作是否正常，开关等是否接触良好，运动和工作速度是否平稳。

（9）回转减速机和卷扬减速机检查：推荐每3个月检查减速机润滑油是否有泄漏，是否有不正常噪声，是否存在壳体温升过快现象；发现润滑脂不足，应加注润滑脂；发现有不正常声响和温升过快现象，应及时修理。

（10）伸缩机构检查：推荐每3个月检查伸缩链条是否松动，两侧是否平衡，滑块是否松动。

（11）控制箱检查：推荐每6个月检查控制箱，确认转台及平台处阀体、油管固定牢固、连接可靠，无漏油、渗油现象，确保控制箱电气接线完好、固定牢固、无破损，控制箱内部干燥清洁。

（12）线缆检查：推荐每6个月检查作业车上所有的线缆，确认其没有损坏，特别是没有挤伤、裂缝、磨损等；检查是否有线缆与运动部件发生干涉。

（13）油泵和取力器检查：推荐每6个月检查发动机变速箱、取力器与油泵的紧固情况，确认结合面处无漏油、渗油现象；拆检油泵齿轮是否磨损严重。

（14）油缸检查：推荐每6个月检查活塞杆有无深拉伤、镀铬层有无剥落，或有无接头漏油，以及油缸铰接处运动情况。

（15）工作平台检查：推荐每6个月检查内、外绝缘工作平台上各部位，出现裂纹或损伤时应修理或更换。

（16）副车架检查：推荐每6个月检查副车架上支腿箱、主副车架连接件等处焊缝。

（17）液压油更换：推荐每6个月清洗油箱，更换液压油。

（18）其他零部件检查：推荐每6个月检查其他零部件有无损坏或过度

磨损。

（19）机油及滤芯更换：推荐每年进行机油及滤芯更换。

三、周期试验要点

绝缘斗臂车可依据《10kV带电作业用绝缘斗臂车》（GB/T 37556）、《带电作业用绝缘斗臂车使用导则》（DL/T 854）等标准开展周期试验。在日常使用过程中，按需开展标准中试验项目，如绝缘内斗层向耐压试验、绝缘外斗工频耐压试验、绝缘外斗泄漏电流试验、绝缘臂工频耐压和泄漏电流试验等，确保车辆性能可靠安全。

四、存放保管要点

绝缘斗臂车可依据《10kV带电作业用绝缘斗臂车》（GB/T 37556）、《带电作业用绝缘斗臂车使用导则》（DL/T 854）等标准要求进行存放；如长期存放，应停放在防盗、防潮、通风和具有消防设施的专用场地。绝缘斗臂车车库应符合《带电作业用工具库房》（DL/T 974）要求。

第三章　高空作业车

高空作业车是由高架装置（包括工作平台和臂架）、定型道路车辆和有关设备组成，用于开展高空作业的特种车辆，其主要功能是将作业人员、工具、材料等通过工作平台举升到空中作业点进行安装、检修等作业，适用于架空线路检修、高空设备安装维护等场景。

第一节　车辆简介

一、车辆分类及款式

1.车辆分类

按伸展结构的不同，高空作业车可分为伸缩臂式、折叠臂式、混合臂式和垂直升降式四种类型，如图3-1所示。

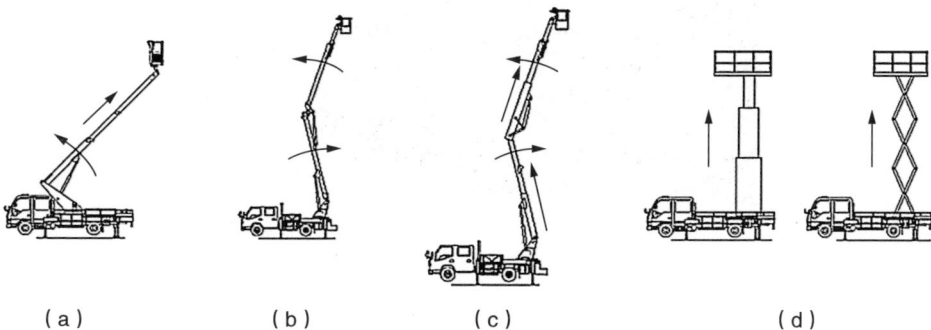

（a）　　　　　（b）　　　　　（c）　　　　　（d）

图3-1　高空作业车类型
（a）伸缩臂式；（b）折叠臂式；（c）混合臂式；（d）垂直升降式

（1）伸缩臂式高空作业车。伸缩臂式高空作业车各工作臂间通过伸缩进行相对运动。伸缩臂式高空作业车外观如图3-2所示。

图3-2　伸缩臂式高空作业车外观

特点：臂架采用液压驱动伸出，作业臂伸出和收回时间短，平稳性好，操作时具有较好的作业目标指向性，可较精准伸缩至作业点，回转时占用空间小；但是受到臂架形式限制导致跨越障碍能力相对较差，容易受到下方其他线路等设施阻碍。

（2）折叠臂式高空作业车。折叠臂式高空作业车的臂架采用上下折叠式结构，工作臂之间的连接全部采用铰接型式，又称为铰接式高空作业车。折叠臂式高空作业车外观如图3-3所示。

图3-3　折叠臂式高空作业车外观

特点：操作时跨越障碍能力相对较强，回转时占用空间大，臂架仅能对折导致同等作业高度下车长较长，对作业空间要求大；由于驱动关节较伸缩臂式多导致人员操作时目标指向性一般，控制相对烦琐。

（3）混合臂式高空作业车。混合臂式高空作业车的工作臂之间既有铰接，也有伸缩，是折叠臂和伸缩臂的结合。混合臂式高空作业车外观如图3-4所示。

图3-4　混合臂式高空作业车外观

特点：人员操作时目标指向性介于伸缩臂与折叠臂之间，受到关节数量的影响，操作较伸缩式、折叠式复杂；但是其跨越障碍能力很强，不易受到下方其他线路、设施阻碍。

（4）垂直升降式高空作业车。垂直升降式高空作业车只能在垂直方向上进行运动，电力行业应用场景较少，本书不做重点介绍。

特点：结构简单，承载能力大，作业高度低，作业范围固定，作业易受限制。

2. 车辆款式

按照工作平台作业高度，高空作业车可分为多个款式，以满足不同高度作业需求。近年国网公司采购的高空作业车主要款式见表3-1，按照工作平台高度进行排序。

表3-1　　　　　　国网公司采购高空作业车主要款式

序号	平台高度范围（m）	臂架型式
1	6≤平台高度<12	折叠臂
2	12≤平台高度<16	伸缩臂
3	16≤平台高度<18	伸缩臂

续表

序号	平台高度范围（m）	臂架型式
4	18≤平台高度<19	折叠臂
5	19≤平台高度<23	混合臂
6	19≤平台高度<23	伸缩臂
7	23≤平台高度<28	混合臂

二、车辆应用场合

高空作业车具有通过性好、机动灵活、可快速转移等优点，在电力行业被广泛应用于多种场合，如输配电线路检修、变电站母线或设备维护、高空试验布置等。高空作业车的典型应用场合如图3-5所示，图中为作业人员利用车辆高空作业平台对变电站内设备进行高空检修。

图3-5 高空作业车典型应用场合

在选配高空作业车时，应综合考虑其目标作业点高度和周围环境因素：首先应确保车辆工作平台高度大于目标作业点高度；其次应选择合理的车辆臂架型式，混合臂或折叠臂车型适用于作业点周围（特别是下方）障碍较多的场合，能够实现较远距离障碍跨越；伸缩臂车型适用于作业点周围相对空旷的场合，能够实现快速高效作业。

三、车辆典型参数

1. 伸缩臂式高空作业车

以工作平台高度19～23m的伸缩臂式高空作业车为例，国网公司对其关键参数要求见表3–2，其他作业高度车辆参数要求可参考附录E。

表3–2　　　　　　　　19～23m伸缩臂式高空作业车关键参数

序号	关键参数名称	关键参数要求
1	工作斗额定载荷*（kg）	≥220
2	工作斗类型	单人单斗
3	工作斗长（m）	≥1.4
4	工作斗宽（m）	≥0.6
5	工作斗高（m）	≥1.1
6	最大平台高度*（m）（最大平台高度＝工作斗最大作业高度–1.7m）	≥19
7	工作斗最大作业高度时作业半径（m）（工作斗最大作业高度时作业半径＝工作斗最大作业高度时作业幅度–0.6m）	≥2.7
8	工作斗最大作业半径*（m）（工作斗最大作业半径＝工作斗最大作业幅度–0.6m）	≥11.7
9	回转角度	360°连续任意回转
10	支腿型式	A型/H型
11	支腿调整方式*	液压自动调平（单独可调）
12	操作系统	工作斗和下装两组操作系统
13	应急动力系统	手动/电动应急泵
14	安全装置*	整车作业时防倾翻系统；支腿和臂架操作互锁；整车水平仪

续表

序号	关键参数名称	关键参数要求
15	车体调平系统	自动调平
16	车体接地装置	
16.1	接地线*	透明护套多股软铜线，带接地钎
16.2	接地线长度*（m）	≥20
16.3	接地线截面积*（mm²）	≥25
17	工作斗调平方式*	机械/液压调平

* 项目参数为必须满足的重要参数。

2.折叠臂式高空作业车

以工作平台高度18~19m的折叠臂式高空作业车为例，国网公司对其关键参数要求见表3-3，其他作业高度车辆参数要求可参考附录E。

表3-3   18~19m折叠臂式高空作业车关键参数

序号	关键参数名称	关键参数要求
1	工作斗额定载荷*（kg）	≥200
2	工作斗类型	单人单斗
3	工作斗长（m）	≥1
4	工作斗宽（m）	≥0.6
5	工作斗高（m）	≥1.1
6	最大平台高度*（m）（最大平台高度=工作斗最大作业高度-1.7m）	≥18
7	工作斗最大作业高度时作业半径（m）（工作斗最大作业高度时作业半径=工作斗最大作业高度时作业幅度-0.6m）	≥2.8
8	工作斗最大作业半径*（m）（工作斗最大作业半径=工作斗最大作业幅度-0.6m）	≥8.3
9	回转角度	360°连续任意回转
10	支腿型式	A型/H型

续表

序号	关键参数名称	关键参数要求
11	支腿调整方式*	液压自动调平（单独可调）
12	操作系统	工作斗和下装两组操作系统
13	应急动力系统	手动/电动应急泵
14	安全装置*	整车作业时防倾翻系统；支腿和臂架操作互锁；整车水平仪
15	车体调平系统	自动调平
16	车体接地装置	
16.1	接地线*	透明护套多股软铜线，带接地钎
16.2	接地线长度*（m）	≥20
16.3	接地线截面积*（mm²）	≥25
17	工作斗调平方式*	机械/液压调平

* 项目参数为必须满足的重要参数。

3.混合臂式高空作业车

以工作平台高度23～28m的混合臂式高空作业车为例，国网公司对其关键参数要求见表3-4，其他作业高度车辆参数要求可参考附录E。

表3-4 23～28m混合臂高空作业车关键参数

序号	关键参数名称	关键参数要求
1	工作斗额定载荷*（kg）	≥200
2	工作斗类型	单人单斗
3	工作斗长（m）	≥1.4
4	工作斗宽（m）	≥0.6
5	工作斗高（m）	≥1.1
6	最大平台高度*（m）（最大平台高度=工作斗最大作业高度-1.7m）	≥23
7	工作斗最大作业高度时作业半径（m）（工作斗最大作业高度时作业半径=工作斗最大作业高度时作业幅度-0.6m）	≥5.8

序号	关键参数名称	关键参数要求
8	工作斗最大作业半径*（m）（工作斗最大作业半径=工作斗最大作业幅度-0.6m）	≥ 13.4
9	回转角度	360°连续任意回转
10	支腿型式	A型/H型
11	支腿调整方式*	液压自动调平（单独可调）
12	操作系统	工作斗和下装两组操作系统
13	应急动力系统	手动/电动应急泵
14	安全装置*	整车作业时防倾翻系统；支腿和臂架操作互锁；整车水平仪
15	车体调平系统	自动调平
16	车体接地装置	
16.1	接地线*	透明护套多股软铜线，带接地钎
16.2	接地线长度*（m）	≥ 20
16.3	接地线截面积*（mm^2）	≥ 25
17	工作斗调平方式*	机械/液压调平

＊ 项目参数为必须满足的重要参数。

四、车辆主要制造商

近年来，高空作业车常见制造商包括杭州爱知、青特、徐工随车、徐州海伦哲、湖北润力等。

第二节 车辆结构与主要部件

一、车辆结构

各类型高空作业车车辆结构差异不大，以折叠臂式高空作业车为例，其典型结构布置如图3-6所示，主要包括底盘、取力装置、回转机构、变幅机构、伸缩机构、调平机构、起升机构、机械结构、控制系统、电气系统等。

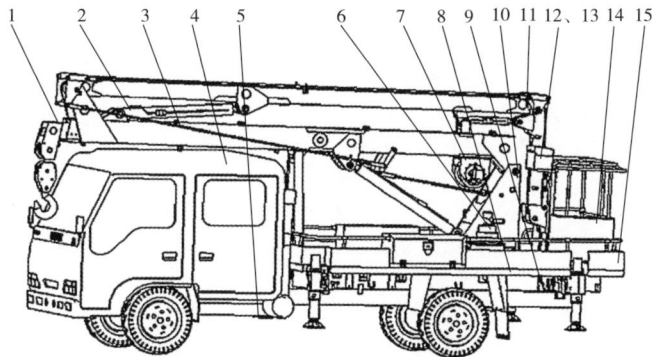

图3-6　高空作业车典型结构布置示意图

1—底盘；2—取力装置；3—回转机构；4—变幅机构；5—伸缩机构；6—调平机构；7—起升机构；
8—副车架；9—支腿结构；10—转台结构；11—臂架结构；12—平台结构；13—围板及走台板；
14—液压系统；15—电气系统

二、车辆主要部件

1.底盘

高空作业车底盘一般采用载重汽车底盘。

2.取力装置

取力装置的功能是将汽车底盘的动力取出，作为动力源提供给上装部分。高空作业车一般采用变速箱取力，即取力器安装在底盘变速箱专门设计的取力口上，取力器齿轮在工作时与变速箱内相应输出齿轮啮合，从而将动力取出；上装部分不工作时，取力器齿轮与变速箱输出齿轮脱开，以避免不必要的功耗。推动取力器齿轮啮合或脱开的机构称为取力操作机构，取力操作包括气动操作和机械操作两种形式。取力装置通过传动轴或与液压油泵直接连接的方式，将动力转化为液压动力。取力装置如图3-7所示。

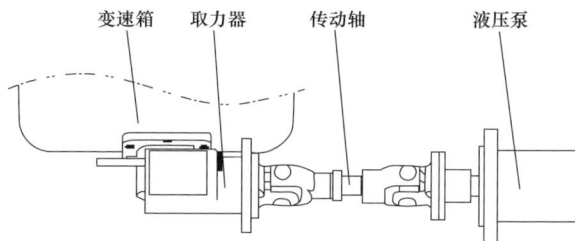

图3-7　取力装置示意图

3.回转机构

回转机构是实现高空作业车上装部分相对于底盘部分旋转运动的装置，由液压机、回转减速机、回转支承、中心回转接头、转台等组成。回转机构如3-8所示。

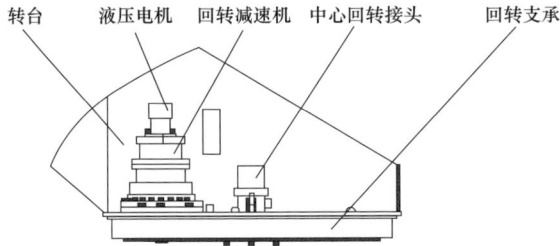

转台　液压电机　回转减速机　中心回转接头　回转支承

图3-8　回转机构示意图

4.变幅机构

变幅机构是改变高空作业车与回转中心距离的装置，主要由变幅油缸及其连杆机构组成；通过液压油推动变幅油缸伸缩，实现臂架结构的俯仰，从而改变平台的作业幅度。变幅机构如图3-9所示。

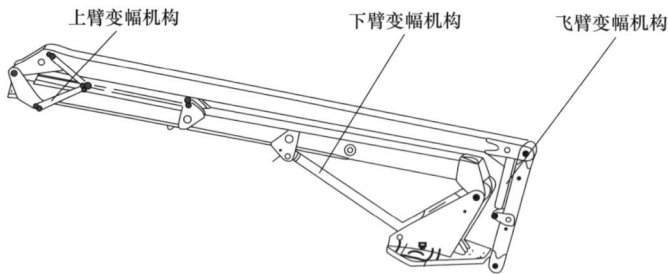

上臂变幅机构　　下臂变幅机构　　飞臂变幅机构

图3-9　变幅机构示意图

5.伸缩机构

伸缩机构是为实现臂架的伸缩，从而达到需求的臂架长度而设置的，一般包括伸缩油缸、伸缩臂架、伸缩链条（或伸缩钢丝绳）。伸缩机构如图3-10所示。

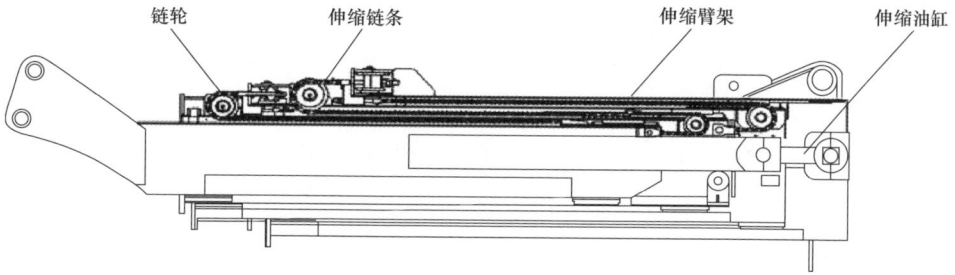

图3-10　伸缩机构示意图

6.机械结构

高空作业车的工作臂、回转平台、副车架等金属机械结构是高空作业车的重要组成部分，各工作机构的零部件都是安装或支承在这些金属结构上的。机械结构是高空作业车的骨架，它承受高空作业车的自重以及作业时的各种外载荷。高空作业车的主要机械结构如副车架、支腿、臂架、平台的结构分别如图3-11~图3-14所示。

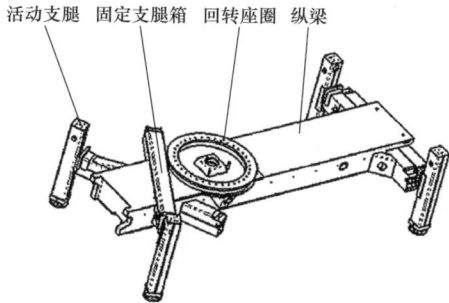

图3-11　副车架结构示意图

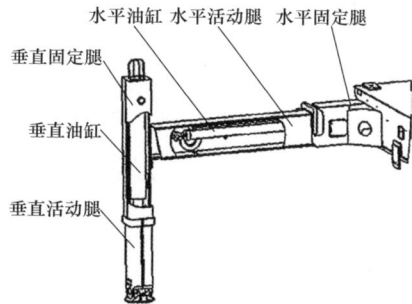

图3-12　支腿结构示意图

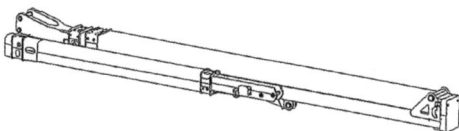

图3-13　臂架结构示意图

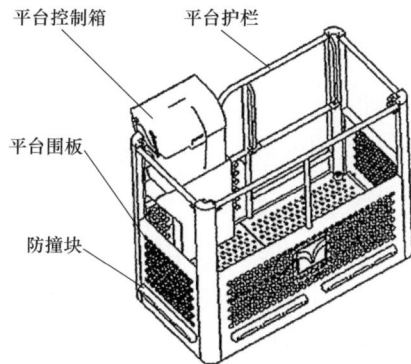

图3-14　平台结构示意图

7.控制系统

控制系统是控制车辆各机构按需运动的中枢，包括液压控制系统和电气控制系统。

（1）液压控制系统。液压控制系统是按照高空作业车工作装置和各个机构的传动要求，把各种液压元件通过管路有机连接起来的组合体。其功能是以油液为工作介质，利用液压泵将发动机的机械能转变为液压能并进行传递，然后通过液压油缸和液压电动机等将液压能再转换为机械能，实现高空作业的各种动作。

（2）电气控制系统。电气控制系统主要是通过对液压阀的流量、方向等的控制，来实现将工作平台举升到指定位置，此外还包括照明、通信、安全位置检测等辅助功能。车辆下部电气控制主要包括对支腿撑实后底盘水平状态的检测和支腿状态的检测及操作；车辆上装控制可以分成转台控制和平台控制两个部分，主要是对工作臂的操作，如工作臂变幅角度、工作臂回转角度和工作臂长度等。

第三节 车辆使用要点

高空作业车属于专用特种车辆，车辆使用人员应接受相关培训、熟悉车辆产品说明，使用时应严格按照相关规范要求和产品说明操作。高空作业车的使用一般包括驾驶室取力操作、支腿操作、上装操作、工作平台操作、应急操作等。以下对车辆使用要点进行说明，供使用人员参考。

一、驾驶室取力操作

在驾驶室内进行取力操作，主要操作步骤如下：

（1）车辆停稳后，拉紧手刹车，车辆轮胎处垫上三角木。

（2）变速器置于空挡，取力操作开关处于断开位置。

（3）启动发动机钥匙开关，踩下离合器踏板。

（4）踩住离合器踏板不松开，推动取力操纵杆或将取力开关打到接通状态，使取力箱取力齿轮与变速箱内的齿轮啮合，然后慢慢松开离合器踏板，使油泵运转。

二、支腿操作

高空作业车支腿操作的方式有很多种，可以是手柄操作、开关操作或遥控操作，但均包含四条支腿的水平伸缩和垂直升降。支腿操作一般设置在车辆右边或者车辆尾部的控制箱内。操作时，根据操作手柄处的标识指示完成对应的选择，平时不操作作业车时手柄置于中位。手柄操作平台如图3-15所示。

图3-15　手柄操作平台

支腿操作时需要注意：

（1）支腿在伸出过程中注意要留出足够的空间，防止与周围物品发生碰撞。

（2）在高低不平场地或地基较软时，要用垫板（或枕木）垫在支腿下。

（3）禁止非工作人员、车辆进入作业区域，工作人员同样要远离支腿可能接触的空间区域，防止发生危险。

（4）支腿完全伸到位后，观察水平仪（水平器），确认车体处于水平状态，方可进行下一步工作。如果是在斜坡上工作，应尽量用支腿垫木将车体垫平，并且斜坡的角度不能超过5°。水平仪及斜坡角度指示如图3-16所示。

（a）

（b）

图3-16　水平仪及斜坡角度指示

（a）水平仪；（b）斜坡角度指示

三、上装操作

上装操作包括转台左右回转、臂架起落变幅、臂架伸缩、工作平台左右回转、工作平台前后倾等，带有起吊功能的作业车还有吊钩的操作，有的高空作业车还包括工作平台伸缩操作。一般情况下，这些动作都集成在同一操作面板内，操作开关都设有三个位置，上下或左右为两个操作位置，中间为停止位置。

1.上装操作主要内容

（1）转台左右回转操作：开关操作到上位置时，转台右回转；开关操作到下位置时，转台左回转；开关回到中位时，停止转台回转操作。

（2）臂架起落变幅操作：开关操作到上位置时，臂架起向上变幅；开关操作到下位置时，臂架落向下变幅；开关回到中位时，停止臂架变幅操作。

（3）臂架伸缩操作：开关操作到上位置时，臂架缩；开关操作到下位置时，臂架伸；开关回到中位时，停止臂架伸缩操作。

（4）工作平台左右回转操作：开关操作到上位置时，平台右回转；开关操作到下位置时，平台左回转；开关回到中位时，停止平台回转操作。

（5）工作平台前后倾操作：该操作不是所有车型均具备，只有液压调平或电调平的高空作业车才会设置该操作，一般情况下只用于车辆经过多次循环出现调平误差后，用于纠正误差累积，或者在紧急情况下使用。

（6）急停装置操作：在转台操作处，设有急停装置开关，当出现紧急情况时，可将急停按钮按下，发动机电源切断，所有动作停止；需要恢复动作时，将按钮沿着开关箭头方向旋转即可。

（7）发动机点火/熄火操作：在转台操作处，设有发动机点火/熄火开关，能远程控制发动机的启动和关闭；在发动机处于工作状态时不能操作发动机点火，否则对发动机会造成损坏。

2.上装操作注意事项

（1）转台回转半径内禁止站人。

（2）斜坡上操作时禁止将转台回转到易于倾翻的方向。

（3）确认操作转台回转时臂架已脱离臂支架。

（4）臂伸缩区域一定要遵循作业车规定的幅度范围。

（5）平台回转过程中防止与周围物品发生碰撞。

（6）平台回转过程中防止与车体臂架发生碰撞。

四、工作平台操作

工作平台应有上、下两套控制装置，上控制装置应设在工作平台上；下控制装置应具有上控制装置的功能，设置在操作者能够清楚地看到伸展过程全貌的地方。一般情况下，上控制装置为主操作，下控制装置为辅操作；从安全角度考虑，下控制装置优先级设置高于上控制装置。工作平台操作需要注意：

（1）工作人员进入平台前必须穿戴个人安全防护装备，如安全帽、安全带等。

（2）禁止用平台起吊重物到高空。

（3）高空作业过程中，严禁工作人员攀爬或翻越平台。

五、其他操作

1.应急操作

所有的高空作业车均设有应急操作。当发动机不能正常供电，导致油泵不能正常工作时，启用应急操作将工作人员安全送回到地面。应急操作一般由地面工作人员完成。应急操作需要注意：

（1）应急操作不是常规操作，应急泵不能作为正常工作时的动力源。

（2）使用电动泵应急时，不能长时间连续进行，每两次启动间隔时间不得低于30s。

2.收回车辆

工作完毕后,按照先收回工作装置(上装),再收回支腿,最后断开取力器的顺序进行操作。确认上装臂架已收回到支架上后,方可收回支腿;确认上装、支腿完全收回并断开取力器后,方可行驶车辆。

第四节 车辆维护保养要点

高空作业车属于专用特种车辆,车辆维护保养人员应接受相关培训、熟悉车辆产品说明和维护保养手册,使用时应严格按照相关规范要求和产品维护保养手册操作。高空作业车的维护保养一般包括汽车底盘维护和上装作业部分维护:汽车底盘维护可按照车辆底盘维保手册开展;车辆上装部分保养时,应根据厂家提供的使用说明书对相关部位进行检查、紧固、润滑、清洁和更换。以下对车辆作业部分维护保养要点进行说明,供维保和使用人员参考。

一、日常检查要点

(1)检查作业车的外观,特别是结构件的断裂或损坏情况,如果出现问题,不能使用作业车辆,须立即联系生产厂修理。

(2)检查连接螺钉和螺栓有无松动,尤其对于关键紧固件应着重检查。关键紧固件包括连接工作平台与其支架的紧固件、连接转台与回转支承的紧固件、连接回转支承与副车架的紧固件、连接主副车架的紧固件、平衡拉杆上各紧固件、各销轴上的紧固件。关键紧固件位置如图3-17所示。

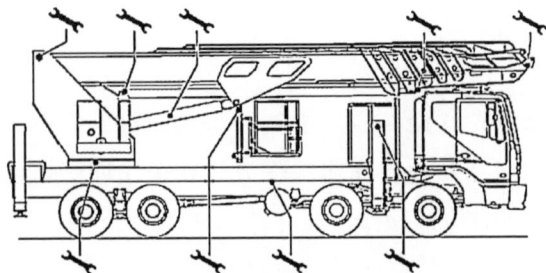

图3-17 关键紧固件位置示意图

（3）检查所有的销轴紧固情况（见图3-18），发现异常立即停止使用，联系生产厂修理。

图3-18　销轴紧固情况示意图

（4）检查是否有漏油现象，如有必须加以解决。

（5）检查油管是否有损坏，必要时进行更换；检查管路时应注意安全。

（6）检查蜂鸣器，按动蜂鸣器按钮，确认鸣笛正常，确保其具备蜂鸣提醒周围人员和工作平台内人员的功能。

（7）检查蓄电池电量，特别注意在对蓄电池进行维护之前必须切断电源，注意避免蓄电池溶液喷出灼烧伤人。

（8）检查主油泵工作情况，在伸支腿时，检查压力表是否达到了最大工作压力。如果不能达到调定溢流压力，不可使用作业车，应对液压系统中的滤油器是否堵塞、系统是否漏油等问题进行必要的检查，或进行必要的修理。

（9）检查液压油油位，车辆水平停放时液压油箱中的油位应不低于油标的3/4；如果油位不够，应加注与原来同样牌号的液压油（为避免损坏液压系统，禁止混用不同品牌、不同性质的油）。

二、定期维护要点

（1）手动泵的工作情况检查：推荐每月按手动泵的使用方法检查手动泵能否正常工作；如果手动泵不能工作正常，应及时修理。

（2）管路和接头检查：推荐每月对整个作业车的管路进行检查，确认液压管路和接头没有损坏，没有液压泄漏；否则，使用原装备件更换损坏的管件。

（3）电缆检查：推荐每月检查作业车上所有的电缆，确认其没有损坏，特别是检查有没有挤伤、裂缝、磨损等；检查是否有电缆与运动部件发生干涉。

（4）润滑：作业车辆在润滑不良的情况下工作，会有严重的危险并可能导致作业车的功能失常和结构损坏，推荐每月根据说明书提供的高空作业车润滑部位表对作业车进行润滑，润滑部位如图3-19所示；在工作负荷重、环境条件恶劣情况下，应增加润滑的频次。

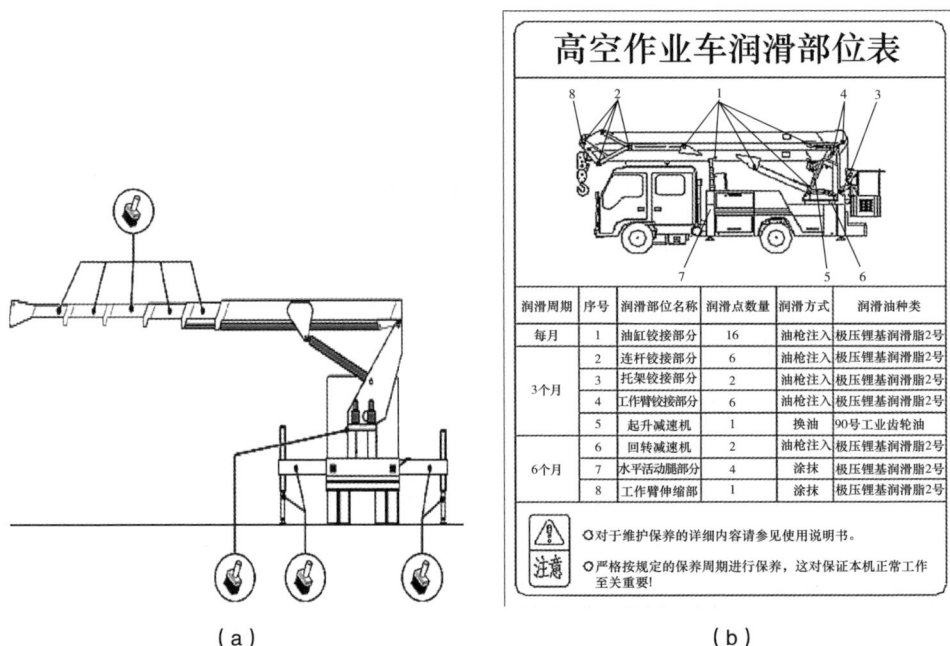

高空作业车润滑部位表

润滑周期	序号	润滑部位名称	润滑点数量	润滑方式	润滑油种类
每月	1	油缸铰接部分	16	油枪注入	极压锂基润滑脂2号
3个月	2	连杆铰接部分	6	油枪注入	极压锂基润滑脂2号
	3	托架铰接部分	2	油枪注入	极压锂基润滑脂2号
	4	工作臂铰接部分	6	油枪注入	极压锂基润滑脂2号
6个月	5	起升减速机	1	换油	90号工业齿轮油
	6	回转减速机	2	油枪注入	极压锂基润滑脂2号
	7	水平活动腿部分	4	涂抹	极压锂基润滑脂2号
	8	工作臂伸缩部	1	涂抹	极压锂基润滑脂2号

⚠️ 注意
◇对于维护保养的详细内容请参见使用说明书。
◇严格按规定的保养周期进行保养，这对保证本机正常工作至关重要！

（a）   （b）

图3-19 润滑部位示意图
（a）润滑部位示意；（b）润滑部位表

（5）臂/支腿互锁装置检查：推荐每月检查臂/支腿互锁装置，确认在臂离开初始位置后，支腿操作不能动作。

（6）行程开关检查：推荐每6个月检查转台处、臂架支架处、工作平台处行程开关。检查内容包括：①检查每一只行程开关，有无损坏；②检查接触点内是否潮湿、是否有积水；③确认紧固件无损坏或松动。如果查到了故障，需进行必要的修理或更换。

（7）控制装置检查：推荐每6个月检查控制装置工作是否正常，开关和调速器是否接触良好，运动和工作速度是否平稳，显示是否正常等。

（8）回转减速机检查：推荐每6个月检查回转减速机润滑油是否有泄漏，是否有不正常噪声，是否有壳体温升过快现象；发现有漏油现象，应检查壳体内油量，润滑油不足时加注润滑油；若发现有不正常声响和温升过快现象，应及时修理。

（9）回转支承检查：推荐每6个月检查回转的润滑脂情况，检查回转支撑齿轮情况，发现异常应立即处理。

（10）油泵和取力器检查：推荐每12个月检查发动机变速箱、取力器与油泵的紧固情况，确认结合面处无漏油、渗油现象。

（11）液压滤油器检查：推荐每12个月检查、清洗或更换液压油箱上安装的吸油滤油器和回油滤油器的滤芯。

（12）油缸检查：推荐每12个月检查活塞杆有无深拉伤，镀铬层有无剥落或有无接头漏油；检查油缸铰接处运动情况。油缸如图3-20所示。

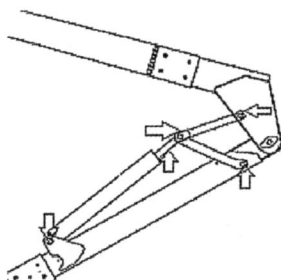

图3-20　油缸示意图

（13）清洗油箱，更换液压油：推荐每12个月一次，将油箱清洗晾干后，装入新油，将回油管拆下，接入另一容器，使油泵工作，依次操作各机构，用新油将旧油顶出，使整个油路都充满新油后，再将回油管接至油箱上，同时补充新油至规定位置。

（14）更换回转减速机和卷扬减速机的润滑油：推荐每12个月一次，更换的润滑油应采用90号工业齿轮油。

（15）更换易损件：推荐每12个月全面检修车辆的关键结构件和关键连接部位，如主副车架连接处、回转支撑连接处、工作平台与臂架连接处等，对于磨损严重的滑块及时进行更换。更换易损件如图3-21所示。

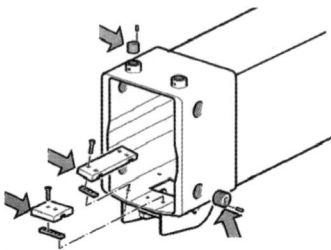

图3-21 更换易损件示意图

三、周期试验要点

高空作业车可以依据《高空作业车》（GB/T 9465）开展试验。在日常使用过程中，按需开展标准中试验项目，如额定载荷试验（工作平台下沉量）、动载试验、静载试验（工作平台下沉量）等，确保车辆性能可靠安全。

四、存放保管要点

（1）高空作业车一般应存放于专用车库内，并使车库处于良好的通风状态。

（2）存放时应将垂直支腿支撑于地面，以释放钢板弹簧负载、轮胎负载，使钢板弹簧和轮胎处于卸荷状态，提高车辆使用寿命。

（3）确认车辆门、窗均关闭完好。

（4）当长期不使用时，应定期发动汽车，并进行相应的保养，以确保再次使用时各设备可正常工作。

低压带电作业车是由车辆底盘、臂架和绝缘工作斗等组成的特种车辆，其主要功能是利用绝缘工作斗将作业人员举升至高空作业点进行带电安装、检修抢修，适用于0.4kV及以下低压架空配电线路带电作业、检修抢修等场景。

第一节 车辆简介

一、车辆分类及款式

1.车辆分类

低压带电作业车目前主要为皮卡车辆底盘承载的混合臂架车型，平台高度为10~12m，其外观如图4-1所示。

图4-1 低压带电作业车外观

2.车辆款式

低压带电作业车目前常采用皮卡车辆底盘，配备混合臂架，近年国网公司采购的低压带电作业车以10m平台高度款式为主，见表4-1。

表4-1 国网公司采购低压带电作业车主要款式

车辆名称	底盘	主要参数
低压带电作业车	皮卡型	AC 400V，平台高度≥10m，绝缘斗

二、车辆应用场合

低压带电作业车灵活性高，在现场能快速把作业人员举升至最佳作业位置，可用于低压架空线路带电作业或配电网检修抢修，同时低压带电作业车采用的皮卡底盘通过性能较好，可穿梭于城市或乡村较为狭小的道路，搭载绝缘梯、照明灯等工器具，开展规模不大、操作简单的低压带电作业。低压带电作业车现场应用如图4-2所示。

图4-2 低压带电作业车现场应用

在选配时需要注意，低压带电作业车臂架采用金属材料，工作斗采用绝缘材料，因此，低压带电作业车仅适用于0.4kV电压等级的架空线路带电作业，禁止用于10kV及以上中压线路带电作业。

三、车辆典型参数

国网公司对低压带电作业车的关键参数要求见表4-2，其他参数要求可参考附录E。

表4-2　　　　　　　　　　　低压带电作业车关键参数

序号	关键参数名称	关键参数要求
1	适用电压等级*（V）	≥400
2	工作斗额定载荷（kg）	≥120
3	工作斗类型	单人单斗
4	工作斗尺寸	
4.1	工作斗（长）(m)	≥0.6
4.2	工作斗（宽）(m)	≥0.7
4.3	工作斗（高）(m)	≥0.9
5	最大平台高度*（m）（最大平台高度=工作斗最大作业高度-1.7m）	≥10
6	工作斗最大作业高度时作业半径（m）（工作斗最大作业高度时作业半径=工作斗最大作业高度时作业幅度-0.6m）	≥1.2
7	工作斗最大作业半径*（m）（工作斗最大作业半径=工作斗最大作业幅度-0.6m）	≥5
8	回转角度	360°连续回转
9	支腿调整方式	单独可调
10	操作系统	工作斗和转台两组操作系统
11	应急动力系统	手动应急泵

序号	关键参数名称	关键参数要求
12	调平系统	自动调平
13	车体接地装置	
13.1	接地线*	透明护套多股软铜线，带接地钎
13.2	接地线长度*（m）	≥20
13.3	接地线截面积*（mm²）	≥12
14	工作斗调平方式	液压调平
15	安全装置*	整车作业时防倾翻系统、整车作业时防爆胎稳定系统、配备水平传感器、过载传感器、紧急停止装置、支撑腿传感器、防干涉传感器、液压缸自动锁紧装置、手动辅助应急系统、整车水平仪
16	工作外斗沿面耐电压*（0.4m，50kV）（1min）	无闪络或击穿
17	工作内斗层向耐电压*（50kV）（1min）	无闪络或击穿
18	工作斗操作响应时间（s）	≤1
19	作业稳定性*	在符合使用规范的任何作业条件下均不能出现支腿虚腿

* 项目参数为必须满足的重要参数。

四、车辆主要制造商

近年来，低压带电作业车常见制造商包括许继三铃、武汉里得、杭州爱知、青岛索尔、徐州海伦哲等。

第二节 车辆结构与主要部件

一、车辆结构

低压带电作业车典型结构布置如图4-3所示，主要包括底盘、臂架、绝缘工作斗和支腿等。

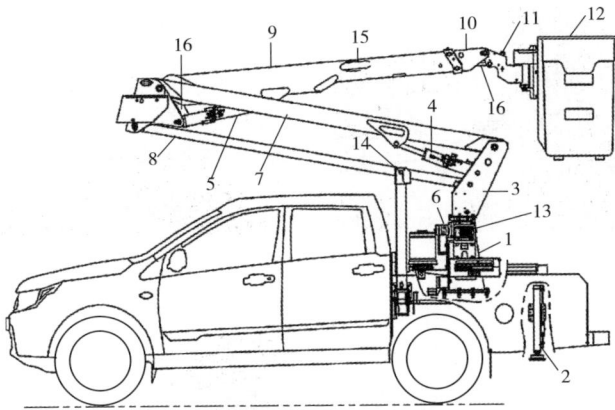

图4-3　低压带电作业车典型结构布置示意图

1—底座；2—后支腿；3—立柱（旋柱）；4—下臂油缸；5—上臂油缸；6—旋转电动机；7—下臂；
8—平衡杆；9—上臂；10—伸缩臂；11—工作斗旋转装置；12—工作斗；13—接收盒；14—下臂支撑；
15—伸缩油缸；16—调平油缸

二、车辆主要部件

1.底盘

低压带电作业车一般使用皮卡车辆底盘，车内布局如图4-4所示。

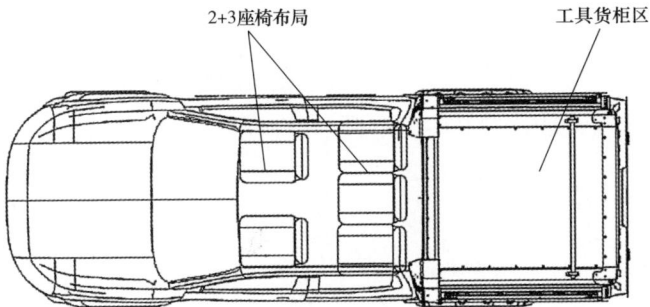

图4-4　低压带电作业车车内布局示意图

2.上装

低压带电作业车上装一般由臂架、绝缘工作斗和控制系统构成，采用液压控制，多数工作臂为混合臂结构。绝缘工作斗是承载工作人员和工具开展带电作业的装置，一般包括外绝缘平台和绝缘平台内衬：外绝缘平台一般由玻璃钢做成，主要起承载作用；绝缘平台内衬一般由聚乙烯做成，起绝缘作用。低压带电作业车上装如图4-5所示。

（a）

（b）

（c）

图4-5　低压带电作业车上装
（a）车辆举升控制装置；（b）车辆举升臂架；（c）车辆绝缘工作斗

3.液压支腿

支腿可分为前蛙型支腿、后A型和前后A型支腿。其中，前蛙型、后A型支腿相较于前后A型支腿，具有更大的横向跨距，其侧方作业稳定性更好。在使用液压支腿支撑其车身时，需要确认支腿完全伸出后，通过支腿垫板支撑在坚硬地面上，以免作业中发生支腿（支腿垫板）陷入松软地面的危险情况。低压带电作业车支腿如图4-6所示。

图4-6　低压带电作业车支腿

4.紧急手动泵

紧急手动泵是在遥控器及其他电控设备失灵时，采用手动方式将工作斗收回，保证作业人员人身安全的紧急装置。紧急手动泵如图4-7所示。

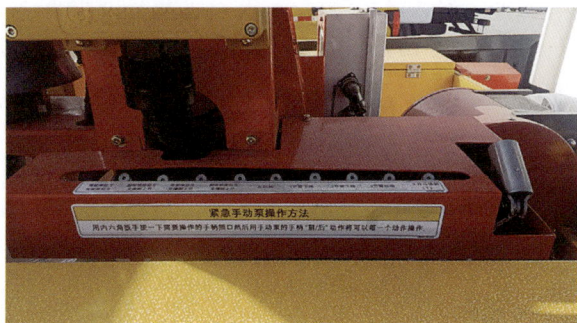

图4-7　紧急手动泵

第三节　车辆使用要点

低压带电作业车属于专用特种车辆，车辆使用人员应接受相关培训、熟悉车辆产品说明，使用时应严格按照相关规范要求和产品说明操作。低压带电作业车的使用一般包括支腿操作、上装操作和应急操作等。以下主要对车辆使用要点进行说明，供使用人员参考。

一、支腿操作

支腿可以遥控或线控方式完成收放，操控支腿调整车辆至水平时，方可开展作业。在进行支腿控制前，需先完成液压系统取力操作，并将支腿锁止开关打开至解锁位置。

支腿使用时操作液压阀或控制开关，支腿向下伸出触地，将车身顶起，使车辆的大部分（或全部）重力由支腿承受，保持车体的平稳，减轻车辆弹簧钢板的负载。使用完毕，操作液压阀或控制开关使支腿向上收起，保证离地高度，确保不影响车辆行驶时的通过性，保证轮胎及设备的安全。

二、上装操作

1.上臂、下臂升降
（1）按住前左"上"或"下"按钮可进行下臂的升起或下降。

（2）按住前右"上"或"下"按钮可进行上臂的升起或下降。

2.伸缩臂伸缩
按住后左"上"或"下"按钮可进行伸缩臂的伸出或缩回。

3.臂架旋转
（1）按住"左"或"右"（回转）按钮可进行臂架的旋转。

（2）按住"回转复位"按钮，然后按住"左"或"右"（回转）按钮可使臂架自动旋转至起点。

4.工作斗旋转
按住后右"左"或"右"按钮可进行工作斗的旋转。

5.工作斗倾斜
按住"辅助"按钮，然后按后右"左"或"右"可进行工作斗的倾斜。

6.作业完成后的操作步骤
（1）收回伸缩臂。

（2）降下上臂和下臂。

（3）同时按下"左"或"右"（回转）按钮和"回转复位"按钮，旋转臂架，使其位于臂架支架的正上方。

（4）将上臂和下臂收回到臂架托架中，要确保先收起下臂，然后再收起上臂。

（5）收回支腿。

（6）从插座上拔下遥控器电源线，然后关闭主电源。

（7）完成上述步骤后，将遥控器存放在驾驶室内并关闭驾驶室内上装电源开关。

上装操作如图4-8所示，遥控器如图4-9所示。

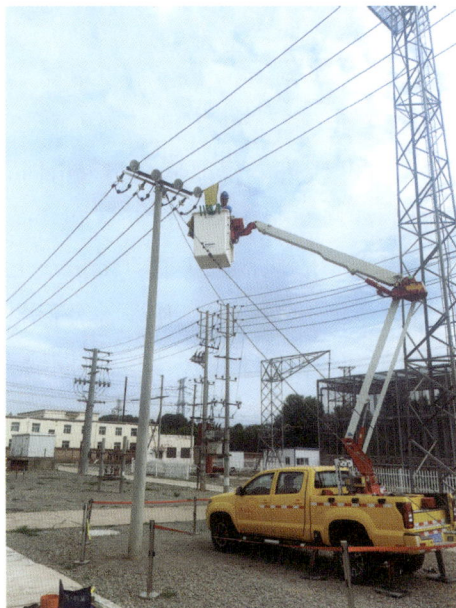

图4-8 上装操作

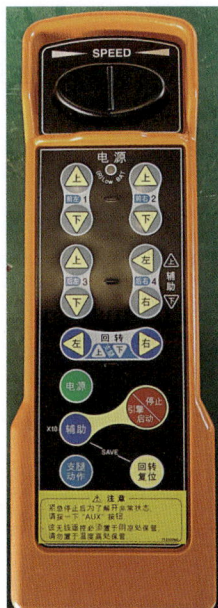

图4-9 遥控器

三、应急控制

如需在紧急情况下手动收回工作斗，可用内六角扳手按一下需要操作的手柄插口，然后根据面板指示操作手动泵的手柄进行工作斗收回操作。另外，紧急停止开关分别位于转台处的电源开关和工作斗上（见图4-10、图4-11中红色按钮）。当按下紧急停止开关时，所有上装功能和发动机本身将停止；如松开该开关，应顺时针转动开关，开关盖会弹开，再次启动发动机并操作上装。

图4-10 转台紧急停止开关

图4-11 工作斗中紧急停止开关

第四节　车辆维护保养要点

低压带电作业车属于专用特种车辆，车辆维护保养人员应接受相关培训、熟悉车辆产品说明和维护保养手册，使用时应严格按照相关规范要求和产品维护保养手册操作。低压带电作业车的维护保养一般包括汽车底盘维护、上装维护等：汽车底盘维护可按照车辆底盘维保手册开展；车辆作业部分保养时，应根据厂家提供的使用说明书对作业相关部位进行检查、紧固、润滑、清洁和更换。以下主要对车辆作业部分维护保养要点进行说明，供维保和使用人员参考。

一、日常检查要点

（1）检查作业车的外观，特别是结构件的断裂或损坏情况；如果出现问题，不能使用作业车辆，须立即联系修理。保持作业车清洁，表面不能有油、脂、泥，不可使用高压水枪对准绝缘部件和电器元件清洗。

（2）查看连接螺钉和螺栓有无松动，尤其对于下列关键紧固件，应着重检查：

1）连接工作平台与托架的紧固件。

2）摆动油缸连接的紧固件。

3）连接转台与回转支承的紧固件。

4）连接回转支承与支座筒的紧固件。

5）各销轴固定板上的紧固件。

检查中发现紧固件有松动现象，应立即拧紧。发现螺栓、螺母有磨损或损坏现象，应立即更换。关键螺栓标有扭矩密封，如扭矩密封标记断裂，不要操作作业车，应立即拧紧或更换。

（3）检查所有的销轴紧固情况和是否有损坏，发现异常立即停止使用。

（4）检查是否有漏油、漏气现象，如有须加以解决；若因漏油导致油量不足，将油加足。

（5）检查油管是否有损坏，如有必要需进行更换。

（6）检查绝缘工作斗：检查玻璃钢外斗是否有影响玻璃钢绝缘性能的污

染堆积物，如有则用中性洗涤剂和水清洗玻璃钢外斗内外侧；检查玻璃钢是否有结构性的损坏，如裂痕或划痕；检查玻璃钢保护罩是否有破损；检查内斗有无脏污或损坏，如有脏污要及时清理。

（7）检查标识：检查标识是否丢失、损坏或无法辨认。

（8）检查主油泵工作情况：在伸支腿时，检查下车压力表是否达到了最大工作压力；如果不能达到调定溢流压力，不可使用作业车，应对液压系统中的滤油器是否堵塞、系统是否漏油等问题进行必要的检查或修理。

（9）检查液压油的油位：将车停在水平的地面，油位应处于上油标，如果油位不够应加油至上油标中心位置。

二、定期维护要点

（1）蓄电池检查：推荐每月检查底盘蓄电池，查看蓄电池电压。

（2）手动泵检查：推荐每月检查手动泵能否正常工作。

（3）中心回转体电刷检查：推荐每月检查中心回转体电刷，确认没有损坏或过度磨损。

（4）管路和接头检查：推荐每月检查管路和接头，确认液压管路和接头没有损坏，没有液压油泄漏。

（5）臂 / 支腿互锁装置检查：推荐每月检查臂 / 支腿互锁装置功能是否正常。

（6）油漆检查：推荐每月检查是否有油漆脱落现象，如有应及时修理漆面，以防生锈。

（7）安全检测开关检查：推荐每3个月对臂支架处检测开关、支腿油缸处检测开关等进行检查，查看检测开关有无损坏，检查接触点内有无潮湿和水，确认紧固件无损坏或松动。

（8）控制装置检查：推荐每3个月检查所有控制装置工作是否正常，开关等是否接触良好，运动和工作速度是否平稳。

（9）回转机构检查：推荐每3个月检查回转机构润滑脂是否充足，是否有不正常噪声，是否存在壳体温升过快现象；发现润滑脂不足，应加注润滑脂；发现有不正常声响和温升过快现象，应及时修理。

（10）伸缩机构检查：推荐每3个月检查伸缩链条是否松动，两侧是否平衡，滑块是否松动。

（11）控制箱检查：推荐每6个月确认转台及平台处阀体、油管固定牢固，连接可靠，无漏油、渗油现象；底盘控制箱电气接线完好、固定牢固、无破损，控制箱内部干燥清洁。

（12）线缆检查：推荐每6个月检查作业车上所有线缆，确认没有损坏，特别是没有挤伤、裂缝、磨损等，检查是否有线缆与运动部件发生干涉。

（13）油泵和取力器检查：推荐每6个月检查取力器与油泵的紧固情况，确认无漏油、渗油及皮带打滑现象；拆检油泵齿轮是否磨损严重。

（14）油缸检查：推荐每6个月检查活塞杆有无深拉伤、镀铬层有无剥落，或有无接头漏油，以及油缸铰接处运动情况。

（15）工作平台检查：推荐每6个月检查绝缘工作平台上各部位，出现裂纹或损伤时应修理或更换。

（16）液压油更换：推荐每6个月清洗油箱，更换液压油。

（17）其他零部件检查：推荐每6个月检查其他零部件有无损坏或过度磨损。

（18）机油及滤芯更换：推荐每年进行机油及滤芯更换。

三、周期试验要点

低压带电作业车可参照《高空作业车》（GB/T 9465）要求开展试验。在日常使用过程中，按需开展标准中试验项目，如绝缘工作斗交流耐压试验、交流泄漏电流试验，确保车辆性能可靠安全。

四、存放保管要点

低压带电作业车可参照《高空作业车》（GB/T 9465）、《带电作业用绝缘斗臂车使用导则》（DL/T 854）等标准进行存放。低压带电作业车如长期停放，应采取以下保管措施：

（1）应撑起支腿，保护前后桥钢板弹簧弹性。

（2）经常擦去机体的灰尘和油垢，保持机体清洁。

（3）将轮胎充足规定气压，并将工作臂的油缸活塞杆全部缩回至最短位置。

（4）将蓄电池取下，存放于干燥通风处，并定期检查及充电。

（5）每月空载运转各机构，观察是否正常。

（6）作业车应存放在干燥、清洁、无腐蚀性的环境，不得停放在高温热源附近，以防绝缘材料老化过快；阴雨天气不得露天停放，避免绝缘工作斗淋雨、受潮，影响绝缘性能。

（7）潮湿地区或潮湿季节应加强检查，防止作业车锈蚀。

第五章　旁路电缆车

旁路电缆车是搭载了旁路电缆、布缆机构、旁路负荷开关和电缆连接器的特种车辆，主要承担旁路柔性电缆的存储、运输、展放等任务，适用于配电网架空线路、环网柜、开关站、配电柜、电源车等场所的取、送电工作场景。

第一节　车辆简介

一、车辆分类及款式

按照搭载旁路柔性电缆载流量的不同，国网公司近年采购的旁路电缆车主要可分为200A和400A两个款式（见表5-1），两款车承载的旁路设备重量差别较大，所选厢式车辆底盘的车型也有所不同。旁路电缆车外观如图5-1所示。

表5-1　　　　　国网公司采购旁路电缆车主要款式

车辆款式	搭载设备	备注
200A旁路电缆车	常规配置18盘电缆（50m/盘）、旁路负荷开关2台	旁路电缆总长度900m
400A旁路电缆车	常规配置18盘电缆（50m/盘）、旁路负荷开关2台	旁路电缆总长度900m

二、车辆应用场合

旁路电缆车一般应用在长距离传输电能的工作场景，其主要作用有两种：

（1）利用车辆配置的旁路负荷开关、旁路电缆在作业现场组建临时旁路

（a）

（b）

图5-1　旁路电缆车外观

（a）200A旁路电缆车；（b）400A旁路电缆车

系统，利用旁路系统并联待检修线路或设备，使既有线路设备退出运行并进行不停电检修或更换。

（2）旁路电缆车的旁路系统可以从配电架空线路、环网柜、开关站、电源车进行临时取电，向负荷侧用户进行临时供电。旁路电缆车搭建旁路系统如图5-2所示。

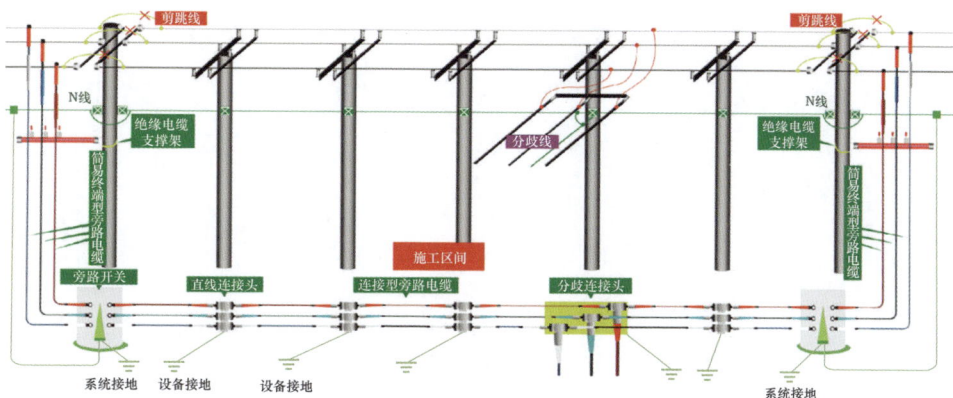
（a）

（b）

（c）

图5-2　旁路电缆车搭建旁路系统

（a）旁路系统示意图；（b）旁路电缆放线；（c）电缆终端头接线

在选配旁路电缆车时，需要严格核定旁路系统、旁路设备承载负载电流需求：当旁路设备需要承载的最大电流不超过200A时，宜选用200A旁路电缆车；当旁路设备需要承载的最大电流在200~400A时，应选用400A旁路电缆车。

三、车辆典型参数

1.典型配置

以200A的旁路电缆车为例，其典型配置见表5-2。

表5-2 旁路电缆车典型配置

典型配置	主要功能
左前部卷盘机构	存放旁路的转接电缆
右前部旁路负荷开关货架	存放旁路负荷开关和附件
布缆机构	存放连接型电缆
液压支撑系统	停车状态时，支腿伸出承载整车质量
灭火器	突发情况灭火
升降照明灯	方便夜间施工
监控系统	实时显示内部运动机构运动画面
吊重机构	检修电缆盘时起吊用
旁路柔性电缆	用于传导电能
旁路负荷开关	用于断、合旁路电缆的负荷电流
旁路连接器	用于旁路电缆、旁路负荷开关与设备的连接
单相消弧开关	用于旁路电缆与架空线路空载的断、合
绝缘横担	用于杆上支撑旁路电缆

2.典型技术参数

以200A的旁路电缆车为例，国网公司对其关键参数要求见表5-3，其他款式车辆参数要求可参考附录E。

表 5-3 200A旁路电缆车关键参数

序号	关键参数名称	关键参数要求
1	旁路作业设备通用技术参数	
1.1	额定电压（kV）	8.7/15
1.2	额定电流（A）	≥200
1.3	额定频率（Hz）	50
1.4	柔性电缆工频耐压*（kV）（5min）	≥39
1.5	旁路负荷开关工频耐压*（kV）（1min）	≥42
2	旁路负荷开关	
2.1	数量（台）	3
2.2	额定电流（A）	≥200
2.3	接口形式	快速插拔式
2.4	工频耐受电压	
2.4.1	对地（kV）	≥42
2.4.2	相间（kV）	≥42
2.4.3	同相断口之间（kV）	≥48
2.5	热稳定短路耐受程度（kA）（3s）	16
2.6	机械寿命（次）	≥3000
2.7	核相、计次及气压显示功能*	具备
2.8	开关接地装置	
2.8.1	接地线*	透明护套多股软铜线，带接地钎
2.8.2	接地线长度*（m）	≥10
2.8.3	接地线截面积*（mm²）	≥25
3	旁路柔性电缆	
3.1	旁路柔性电缆（50m/盘，快速插拔接口终端，自带相色）（盘）	≥18
3.2	旁路柔性电缆（30m/盘，快速插拔接口终端，自带相色）（盘）	≥3

序号	关键参数名称	关键参数要求
3.3	旁路柔性电缆（10m/条，快速插拔接口终端，自带相色）（条）	≥3
3.4	高压引下电缆（25m/条，快速插拔接口终端，自带相色）（条）	≥9
3.5	旁路柔性电缆截面积*（mm²）	≤50
3.6	旁路柔性电缆载流量*（A）	≥200
4	连接接头	
4.1	连接头接口形式*	快速插拔式
4.2	电缆对接连接器（个）	≥18
4.3	T型连接器（个）	≥3
5	定置存放及功能	
5.1	旁路电缆收放装置*（盘）	≥18
5.2	旁路负荷开关固定位置配专用工装卡具	具备
5.3	旁路转接电缆存放位置	具备
5.4	三联电缆卷盘三相连续、点动收放功能	具备
5.5	三联电缆卷盘单相连续、点动收放功能	具备
5.6	随车起吊装置起重量（kg）	≥500
5.7	电缆卷盘拆分单体卷盘功能	具备
5.8	车辆停放时配置液压垂直支腿	具备
6	随车附带场地照明装置（照度应不小于150lx）	具备

* 项目参数为必须满足的重要参数。

四、车辆主要制造商

近年来，旁路电缆车常见制造商包括龙岩畅丰、龙岩海德馨、许继三铃、武汉里得、武汉南瑞、青岛索尔、咸亨国际、徐州海伦哲等。

第二节　车辆结构与主要部件

一、车辆结构

旁路电缆车典型结构布置如图5-3所示，其主要由车辆底盘、工具储存间、取力装置、布缆机构、液压支撑系统、布缆卷盘等组成。

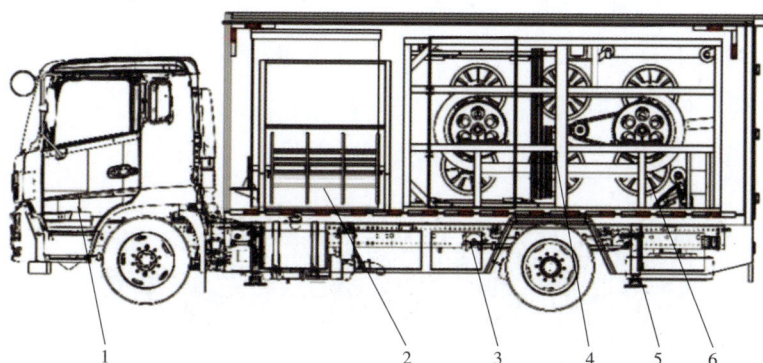

图5-3　旁路电缆车典型结构布置示意图

1—车辆底盘；2—工具储存间；3—取力装置；4—布缆机构；5—液压支撑系统；6—布缆卷盘

二、车辆主要部件

1.液压支腿系统

支腿通过支座固定在汽车大梁的合适位置，使用或长时间停放时支腿向下伸出触地，将车身顶起。使用完毕，支腿向上收起。旁路电缆车支腿如图5-4所示。

图5-4　旁路电缆车支腿

2.取力装置

取力装置的功能是将汽车底盘的动力取出，作为动力源提供给改装部分。旁路电缆车在展放或收回电缆时，开启取力装置，取力器将动力切换至布缆机构，布缆机构动作。

3.布缆机构

布缆机构由环形循环机构、三联电缆盘、收放缆机构、线盘平移机构、吊重机构、线盘制动机构、控制系统等组成。设有6组电缆盘，每一组含3个联动卷盘，共计18个电缆盘，每个卷盘可盘绕50m的旁路柔性电缆。

通过遥控操作，可以使布缆机构的6组电缆盘循环正反移动，便于旁路柔性电缆的展放与收回。旁路电缆车布缆机构如图5-5所示。

图5-5　旁路电缆车布缆机构

4.旁路负荷开关

旁路负荷开关内部充灌SF_6绝缘气体，用于旁路系统中控制旁路支路的断、合。旁路负荷开关的结构如图5-6所示。

5.旁路柔性电缆

旁路柔性电缆是一种弯曲半径小、可以反复施放使用的柔性高压电缆。每组旁路电缆含快速插拔头、封帽及高压柔性电力电缆。每组电缆分黄、绿、红三种辨识颜色。旁路柔性电缆如图5-7所示。

旁路柔性电缆为单芯电缆，包括导电芯、绝缘层、屏蔽层及外护套等，导电芯一般由多股软铜线构成。旁路柔性电缆内部结构如图5-8所示。

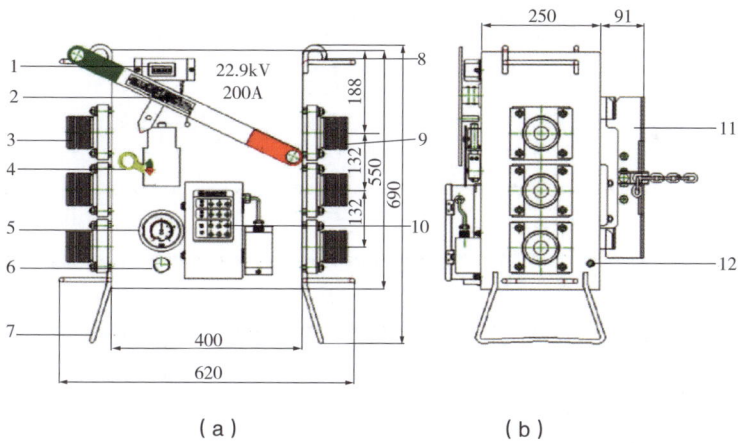

（a）　　　　　　　　　　　　　　　　（b）

图5-6　旁路负荷开关结构示意图
（a）正视图；（b）侧视图

1—计次器；2—操作手柄及铭牌；3—左侧铠装套管插座及防尘盖；4—防误操作锁；5—SF$_6$气压表；
6—SF$_6$气体注入孔；7—下脚架；8—上提把及吊耳；9—右侧铠装套管插座及防尘盖；10—核相装置；
11—固定器；12—接地孔

图5-7　旁路柔性电缆

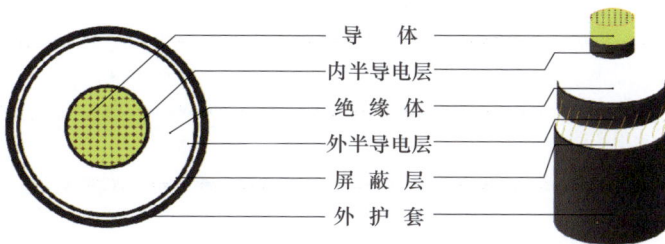

导　　体
内半导电层
绝　缘　体
外半导电层
屏　蔽　层
外　护　套

图5-8　旁路柔性电缆内部结构示意图

6.高压引下电缆、T型旁路电缆、连接型旁路电缆

（1）高压引下电缆：一端与架空导线连接，另一端为快速插拔头，可以与旁路负荷开关、连接器、电源车、移动环网柜车等对接。高压引下电缆如图5-9所示。

图5-9　高压引下电缆

（2）T型旁路电缆：一端与环网柜、分支箱等设备连接，另一端为快速插拔头，可以与旁路负荷开关、连接器、电源车、移动环网柜车等对接。T型旁路电缆如图5-10所示。

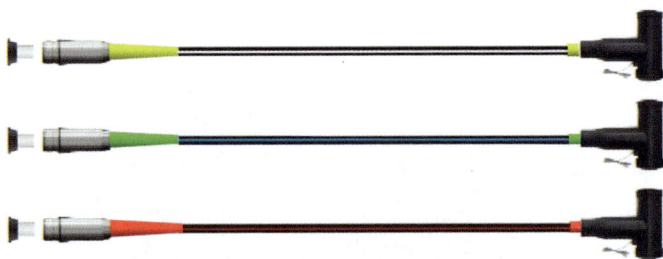

图5-10　T型旁路电缆

（3）连接型旁路电缆：连接型旁路电缆的每根电缆两端带连接头（快速插拔头），可与中间接头连接增加电缆长度。连接型旁路电缆如图5-11所示。

图5-11　连接型旁路电缆

7.连接器

连接器主要包括快速插拔式中间连接器、T型连接器等：中间连接器用于旁路电缆的对接与延长；T型连接器用于增加旁路电缆分支，形成一进两出的结构。连接器可机械锁止，对接以后有牢固、可靠的闭锁装置，防止在对接以后自动脱落。快速插拔式连接器如图5-12所示。

（a）

（b）

图5-12 快速插拔式连接器

（a）直通连接器；（b）T型连接器

第三节 车辆使用要点

旁路电缆车属于专用特种车辆，车辆使用人员应接受相关培训、熟悉车辆产品说明，使用时应严格按照相关规范要求和产品说明操作。旁路电缆车的使用一般包括液压支腿操作、布缆机构操作等。以下主要对车辆使用要点进行说明，供使用人员参考。

一、液压支腿操作

（1）车辆停稳后，变速杆置于空挡，拉紧手刹。踩下离合器踏板，打开取力器控制开关，慢慢松开离合器踏板，使油泵运转。当油泵运转后，检查转动时有无异常声响，确定运转正常后，即可作业。

（2）在操作支腿之前，确保车底及支腿工作区域没有人员和物体的情况下再操作，并保持在整个操作过程中对整个车辆尾部的良好观察。

（3）支腿伸出，按下液压支腿操作把手，四个支腿油缸即缓慢伸出，直至将车辆顶升到合适位置后即可松开把手，停止工作。支腿收回，提起液压支腿操作把手，四个支腿油缸即缓慢收回，直至支腿完全收回。

（4）在支腿支撑的过程中，应同时注意观察轮胎承压情况，四个支腿伸出时承载整车绝大部分压力，但不允许将轮胎撑离地面。在高低不平场地或支腿支撑处地基较软时，应用支腿垫板垫在支腿下。在四个支腿没有完全缩回之前，严禁开动车辆。

二、布缆机构操作

1.启动油泵

车辆停稳后，变速杆置于空挡，拉紧手刹。踩下离合器踏板，打开取力器控制开关，然后慢慢松开离合器踏板，使油泵运转。

2.启动电控系统及遥控器

电控箱一般有遥控、停止、线控三个挡位。旁路电缆车在展放电缆时，将旋钮置于遥控或线控位置即可操作布缆机构。遥控器如图5-13所示。

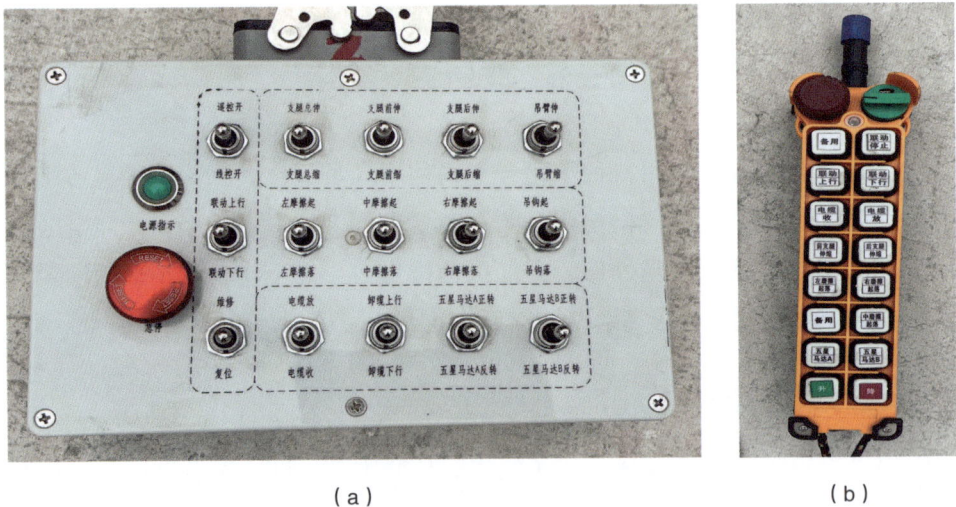

（a）

（b）

图5-13　遥控器

（a）线控遥控器；（b）无线遥控器

3.收放缆操作

先按"升"或"降"，再按下"左摩擦起落、中摩擦起落、右摩擦起落"中相应的按钮，控制相应的摩擦轮同电缆盘接触。摩擦轮起落架如图5-14所示。

图 5-14　摩擦轮起落架

按下遥控器上"电缆收/电缆放"按钮，控制摩擦轮旋转以带动电缆盘旋转收放电缆。三相电缆可逐相展放，也可同时展放。

4.换缆机构操作

换缆机构内部电缆盘为环形循环装置，按下控制器上的"联动上行/联动下行"按钮，所有电缆盘依次从一个位置换到另一个位置；再次按下上述按钮，重复上述操作。换缆机构动作如图 5-15 所示，联动上行按钮是正向换缆，联动下行是反向换缆。

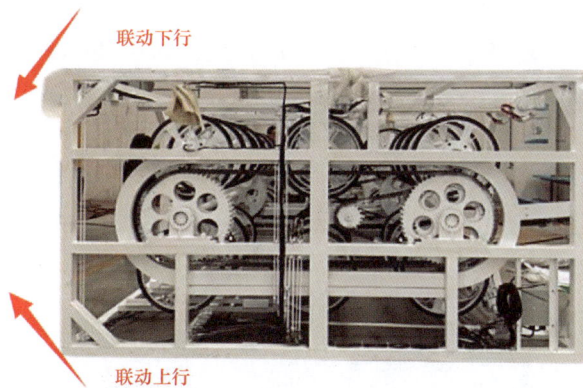

图 5-15　换缆机构动作示意图

三、旁路负荷开关的使用

（1）根据施工现场的要求，在合适的高度将旁路负荷开关安装在电杆上，并对旁路负荷开关接地。安装旁路负荷开关如图5-16所示。

图5-16　安装旁路负荷开关

（2）确认旁路负荷开关处于"分闸"状态，并将闭锁装置置于"闭锁"状态。

（3）使用清洁巾对电缆终端和开关铠装套管内的绝缘部分进行清洁，并涂抹绝缘硅脂膏。

（4）按照电缆相应相色，将电缆插拔头连接到旁路开关两侧，并采用外拔的方式确认电缆与旁路开关连接牢固。按相序安装电缆如图5-17所示。

图5-17　按相序安装电缆

（5）使用核相仪对旁路开关两侧带电电缆核相，并确认电压正常、相位正确。正常工作状态核相仪指示灯显示如图5-18所示。

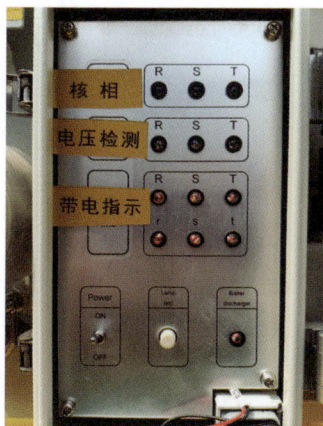

图5-18　正常工作状态核相仪指示灯显示

（6）将闭锁装置置于"解锁"位置，用绝缘操作杆拉动开关摇杆进行合闸操作，摇杆指示箭头指向"合闸"位置；旁路负荷开关电流导通后，将闭锁装置置于"闭锁"位置。防误操作锁的操作如图5-19所示。

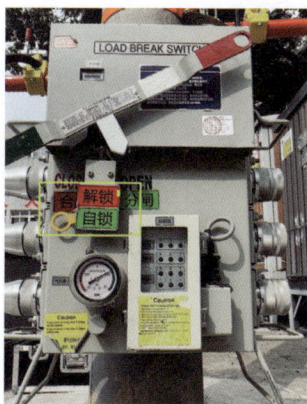

图5-19　防误操作锁的操作

（7）工作完成后，断开旁路负荷开关。将闭锁装置置于"解锁"位置，用绝缘操作杆拉动开关摇杆进行分闸操作，让摇杆指示箭头指向"分闸"位置；旁路负荷开关断开电流后，将闭锁装置置于"闭锁"位置。

第四节 车辆维护保养要点

旁路电缆车属于专用特种车辆，车辆维护保养人员应接受相关培训、熟悉车辆产品说明和维护保养手册，使用时应严格按照相关规范要求和产品维护保养手册操作。旁路电缆车的维护保养一般包括汽车底盘维护和旁路设备维护：汽车底盘维护可按照车辆底盘维保手册开展；旁路设备维护根据厂家提供的使用说明书对作业相关部位进行检查、紧固、润滑、清洁和更换。以下主要对车辆作业部分维护保养要点进行说明，供维保和使用人员参考。

一、日常检查要点

（1）检查车辆的外观，特别是结构件的断裂或损坏情况，如果出现问题，不能使用作业车辆，须立即联系生产厂修理。

（2）检查连接螺钉和螺栓有无松动，应着重检查松动、脱落情况。

（3）检查所有的销轴紧固情况，发现异常立即停止使用，联系生产厂修理。

（4）检查是否有漏油现象，如有必须加以解决；若因漏油导致油量不足，解决漏油问题后，将油加足。

（5）检查油管是否有损坏，必要时进行更换；检查管路时应注意安全。

（6）检查蓄电池电量，特别注意在对蓄电池进行维护之前必须切断电源；注意避免蓄电池溶液喷出灼烧伤人。

（7）检查车上的电缆及传感器连接线，确认其没有损坏，特别是没有挤压、裂缝、磨损等；若有损坏，则需进行更换。

（8）检查油泵工作情况：在伸支腿时，检查压力表是否达到了最大工作压力。如果不能达到调定溢流压力，不可使用作业车，应对液压系统中的滤油器是否堵塞、系统是否漏油等问题进行必要的检查，或进行必要的修理。

（9）检查液压油油位：车辆水平停放时，液压油箱中的油位应不低于油标的3/4；如果油位不够，加注与原来同样牌号的液压油（为避免损坏液压系统，不要混用不同品牌、不同性质的油）。

（10）旁路电缆车的清洁：应经常清洁车辆，保持外表光洁美观；特别注意保持车内高压电缆的清洁，电缆与接头表面不能有油、脂、泥。

二、定期维护要点

（1）功能系统检查：各功能系统应每6个月试用一次，并且检查各润滑系、传动系、紧固装置是否完好。

（2）润滑脂补充：旁路电缆车在润滑不良的情况下工作，会有严重的危险并可能导致布缆机构的功能失常和结构损坏；根据部位不同按照产品说明书的要求定期涂抹润滑脂。

（3）控制装置检查：推荐每6个月检查控制装置工作是否正常，开关和传感器是否接触良好，各部件是否运行平稳，显示是否正常等。

（4）油泵和取力器检查：推荐每12个月检查发动机变速箱、取力器与油泵的紧固情况，确认结合面处无漏油、渗油现象。

（5）清洗油箱，更换液压油：推荐每12个月一次，将油箱清洗晾干后，装入新油，将回油管拆下，接入另一容器，使油泵工作，依次操作各机构，用新油将旧油顶出，使整个油路都充满新油后，再将回油管接至油箱上，同时补充新油至规定位置。

（6）更换易损件：推荐每12个月全面检修车辆的关键结构件和关键连接部位，比如液压支撑系统、取力装置、布缆机构及其他连接件等。

三、周期试验要点

旁路电缆车搭载的旁路设备可以依据《带电作业工具、装置和设备预防性试验规程》（DL/T 976）进行周期性试验。在日常使用过程中，按需开展标准中试验项目，如柔性电缆与连接器组合后交流电压试验、旁路负荷开关交流耐压试验等，确保车辆性能可靠安全。

四、存放保管要点

旁路电缆车属于专用特种车辆，车辆宜停放在专用车库中，车库应符合《带电作业用工具库房》（DL/T 974）的要求。作业时如遇阴雨天气、风沙或强日照下应罩上防护篷布，开启车载除湿设备，必要时应采取温度控制措施。如果长期停用旁路电缆车，除按照常规措施以外，还需进行以下操作：

（1）汽车轮胎按规定充足气压，将液压支腿支撑于地面。

（2）断开汽车蓄电池连接，存放于干燥通风处，并定期检查及充电。

（3）每月空载运转各机构，观察是否正常。

第六章　旁路开关车

旁路开关车是搭载旁路负荷开关、部分旁路电缆和相关配套设备的特种车辆，其主要功能是快速组建小型旁路系统或为大型旁路系统提供旁路设备，主要适用于10kV配电网线路不停电加装、更换开关等作业场景。

第一节　车辆简介

一、车辆分类及款式

按照搭载旁路开关额定电流的不同，国网公司近年采购的旁路开关车主要可分为200A和400A两个款式（见表6-1），车辆外观如图6-1所示。

表6-1　　　　　　　　　国网公司采购旁路开关车款式

车辆款式	搭载设备	备注
200A旁路开关车	常规配置6盘电缆（25m/盘）、旁路负荷开关1台	旁路电缆总长度150m
400A旁路开关车	常规配置6盘电缆（20m/盘）、旁路负荷开关1台	旁路电缆总长度120m

图6-1　旁路开关车外观

二、车辆应用场合

旁路开关车一般应用于不停电检修中更换配电网线路、设备等场景。因其安全可靠、机动灵活、操作简单等特点，适用于在各种狭窄道路等复杂环境下快速搭建小型旁路系统或为大型旁路系统提供旁路设备。旁路开关车应用场景如图6-2所示。

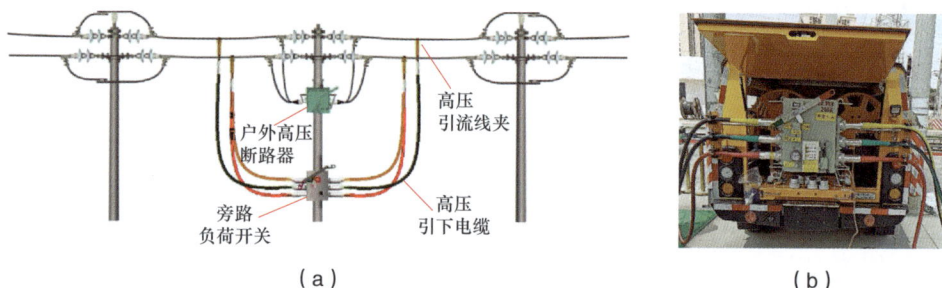

（a）　　　　　　　　　　　　　　　　　　（b）

图6-2　旁路开关车应用场景
（a）搭建小型旁路系统示意图；（b）现场应用

在选配旁路开关车时，需要严格核定旁路系统、旁路设备承载负荷电流需求：当旁路设备需要承载的最大电流不超过200A时，宜选用200A旁路开关车；当旁路设备需要承载的最大电流在200~400A时，应选用400A旁路开关车。

三、车辆典型参数

1.典型配置

以200A旁路开关车为例，其典型配置见表6-2。

表6-2　　　　　　　　　　　　　旁路开关车典型配置

典型配置	主要功能
左前部卷盘机构	存放高压引下电缆
右前部卷盘机构	存放高压引下电缆
升降照明灯	方便夜间施工
负荷开关座	存放负荷开关

续表

典型配置	主要功能
接地系统	电气设备及整车集中接地
警示灯	警示提示作用
灭火器	用于紧急情况灭火
旁路柔性电缆	用于传导电能
旁路负荷开关	用于断、合旁路电缆的负荷电流
绝缘横担	用于杆上支撑旁路电缆

2. 典型技术参数

以200A旁路开关车为例，国网公司对其关键参数要求见表6-3，其他款式车辆参数要求可参考附录E。

表6-3 200A旁路开关车关键参数

序号	关键参数名称	关键参数要求
1	旁路开关设备通用技术参数	
1.1	额定电压（kV）	≥8.7/15
1.2	额定电流*（A）	≥200
1.3	额定频率（Hz）	50
1.4	柔性电缆工频耐压（kV）（5min）	≥39
1.5	旁路负荷开关工频耐压（kV）（1min）	≥42
2	旁路负荷开关	
2.1	数量（台）	1
2.2	额定电流（A）	≥200
2.3	接口形式	快速插拔式
2.4	工频耐受电压	
2.4.1	对地电压（kV）	≥42
2.4.2	相间电压（kV）	≥42

续表

序号	关键参数名称	关键参数要求
2.4.3	同相断口之间电压（kV）	≥48
2.5	热稳定短路耐受程度（kA）（3s）	16
2.6	机械寿命（次）	≥3000
2.7	自动核相、计次及气压显示功能*	具备
2.8	开关接地装置	
2.8.1	接地线*	透明护套多股软铜线，带接地钎
2.8.2	接地线长度*（m）	≥10
2.8.3	接地线截面积*（mm²）	≥25
3	高压引下电缆（自带相色）	
3.1	数量（根）	≥6
3.2	每根电缆长度（m）	≥25
3.3	电缆导体截面积*（mm²）	≤50
3.4	额定电流（A）	≥200
3.5	接口形式	快速插拔式

* 项目参数为必须满足的重要参数。

四、车辆主要制造商

近年来，旁路开关车常见制造商包括龙岩畅丰、龙岩海德馨、许继三铃、武汉里得、武汉南瑞、青岛索尔、咸亨国际、徐州海伦哲等。

第二节　车辆结构与主要部件

一、车辆结构

旁路开关车典型结构布置如图6-3所示，主要由车辆底盘、工具储存间、布缆机构、旁路负荷开关、控制机构等组成。

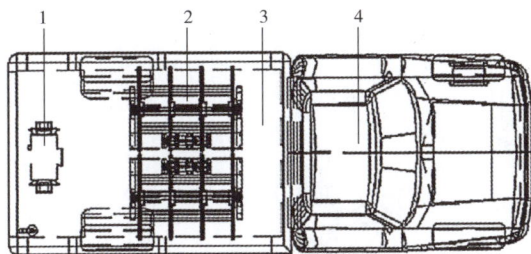

图6-3　旁路开关车典型结构布置示意图
1—旁路负荷开关；2—布缆机构；3—工具储存间；4—车辆底盘

二、车辆主要部件

1.布缆机构

布缆机构一般设有2组电缆卷盘，每一组含3个电缆卷盘（用于三相线路布缆），200A旁路开关车每个卷盘盘绕50mm²旁路柔性电缆25m，共计150m；400A旁路开关车每个卷盘盘绕150mm²旁路柔性电缆20m，共计120m。布缆机构设置有自动锁止功能，可有效防止电缆盘在运输过程中自转；电缆收放线装置采用自动方式，方便快捷。布缆机构如图6-4所示。

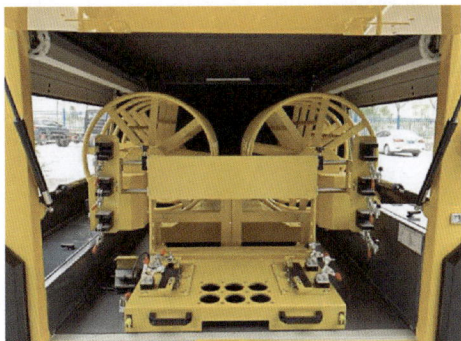

（a）

（b）

图6-4　布缆机构
（a）整体布置；（b）局部展示

2.旁路负荷开关

旁路负荷开关内部充灌SF₆绝缘气体，用于旁路系统中合闸和分断旁路支路。旁路负荷开关的结构如图6-5所示。

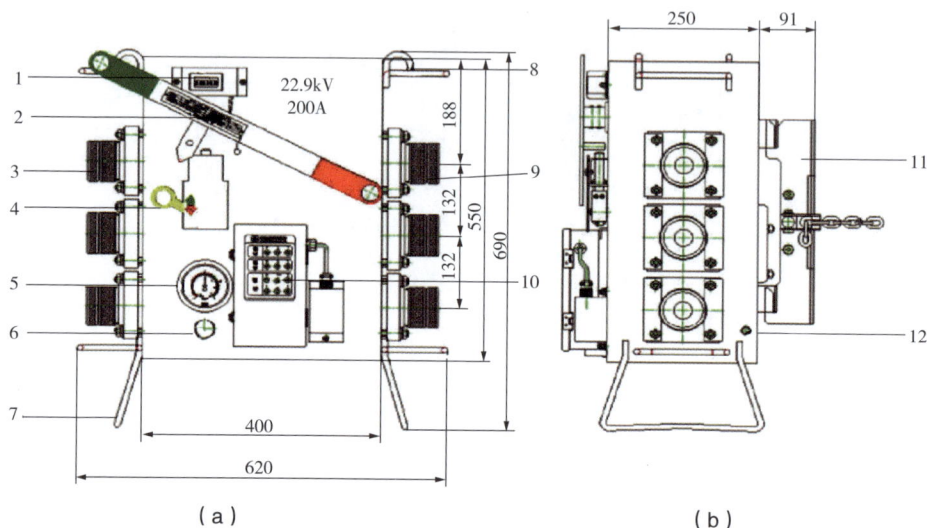

图6-5　旁路负荷开关结构示意图
（a）正视图；（b）侧视图

1—计次器；2—操作手柄及铭牌；3—左侧铠装套管插座及防尘盖；4—防误操作锁；5—SF$_6$气压表；
6—SF$_6$气体注入孔；7—下脚架；8—上提把及吊耳；9—右侧铠装套管插座及防尘盖；10—核相装置；
11—固定器；12—接地孔

3.高压引下电缆

高压引下电缆一端与架空导线连接，另一端为快速插拔头，可以与旁路负荷开关、连接器、电源车、移动环网柜车等对接。高压引下电缆如图6-6所示。

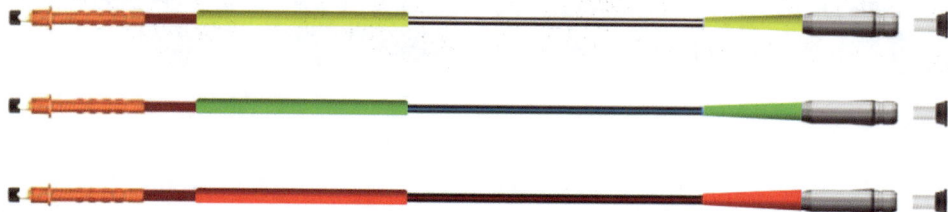

图6-6　高压引下电缆

4.旁路柔性电缆

旁路柔性电缆为单芯电缆，包括导电芯、绝缘层、屏蔽层及外护套等，导电芯一般由多股软铜线构成。旁路柔性电缆内部结构如图6-7所示。

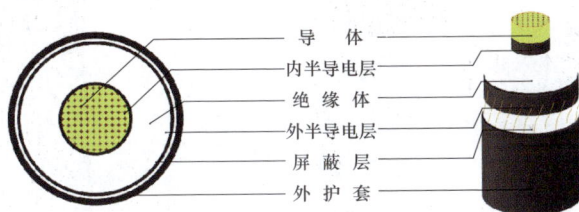

图6-7　旁路柔性电缆内部结构示意图

第三节　车辆使用要点

旁路开关车属于专用特种车辆，车辆使用人员应接受相关培训、熟悉车辆产品说明，使用时应严格按照相关规范要求和产品说明操作。旁路开关车的使用一般包括旁路负荷开关操作、布缆机构操作等。以下主要对车辆使用要点进行说明，供使用人员参考。

一、旁路负荷开关操作

（1）打开旁路开关车后仓门，将旁路开关座固定夹向上拨开，如图6-8所示。
（2）双手向下按住平台两边的导轨锁向外拉出平台，如图6-9所示。

图6-8　拨开开关座固定夹

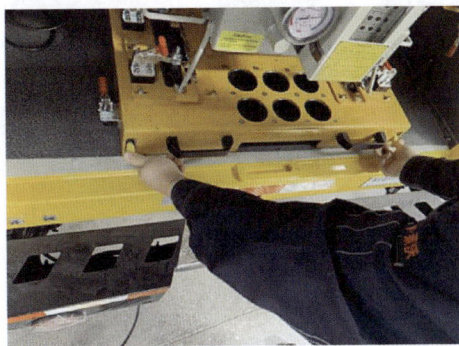

图6-9　按住导轨锁向外拉出平台

（3）逆时针旋转圆形螺栓，如图6-10所示。

（4）将电缆支撑架拉出，如图6-11所示，并将旁路负荷开关接地。

图6-10 逆时针旋转圆形螺栓

图6-11 拉出电缆支撑架

（5）确认旁路负荷开关处于"分闸"状态，并将闭锁装置置于"闭锁"状态。

（6）取下旁路负荷开关堵头放入堵头盒内，如图6-12所示，使用清洁巾对电缆终端头和开关铠装套管内的绝缘部分进行清洁，并涂抹绝缘硅脂膏。

（7）将电缆放入电缆固定夹内，按照电缆相应相色，将电缆插拔头连接到旁路开关两侧，并采用外拔的方式确认电缆与旁路开关是否连接牢固。按相序安装电缆如图6-13所示。

图6-12 取下负荷开关堵头放入堵头盒内

图6-13 按相序安装电缆

（8）使用核相仪对旁路开关两侧带电电缆核相，并确认电压正常、相位正确，如图6-14所示。

（9）将闭锁装置置于"解锁"位置，用绝缘操作杆拉动开关摇杆进行合闸操作，摇杆指示箭头指向"合闸"位置；旁路负荷开关电流导通后，将闭锁装置置于"闭锁"位置。防误操作锁的操作如图6-15所示。

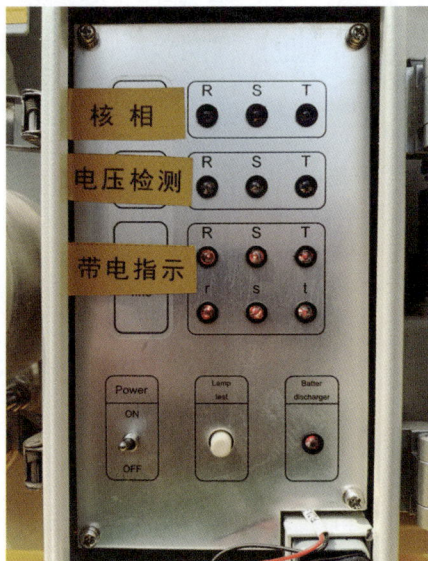

图6-14　状态正常核相仪指示灯显示

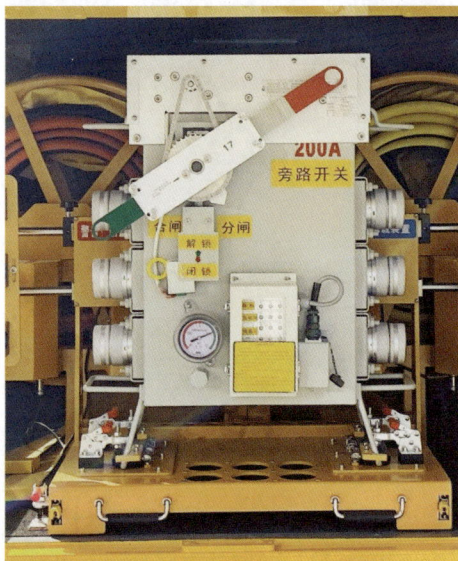

图6-15　防误操作锁的操作

（10）工作完成后，断开旁路负荷开关。将闭锁装置置于"解锁"位置，用绝缘操作杆拉动开关摇杆进行分闸操作，让摇杆指示箭头指向"分闸"位置；旁路负荷开关断开电流后，将闭锁装置置于"闭锁"位置。

二、布缆机构操作

（1）车辆停稳后，将车辆变速箱置于空挡，拉紧手刹，在车辆启动状态下进行电缆展放。

（2）旋转驱动轮手动开关直至与驱动轮电缆盘完全接触。驱动轮手动开关如图6-16所示。

（a）

（b）

图6-16 驱动轮手动开关
（a）整体图；（b）近景图

（3）打开电控柜，将电控开关拨至"开"，为电缆卷盘提供动力。电缆卷盘电控开关如图6-17所示。

图6-17 电缆卷盘电控开关

（4）旋转电缆收放线盒开关，"1"挡位为放线，"2"挡位为收线，选择好挡位后，按下"启动/停止"按钮，电缆卷盘启动，调整调速旋钮控制电缆收放速度。电缆卷盘控制器如图6-18所示。

图6-18　电缆卷盘控制器

第四节　车辆维护保养要点

旁路开关车属于专用特种车辆，车辆维护保养人员应接受相关培训、熟悉车辆产品说明和维护保养手册，使用时应严格按照相关规范要求和产品维护保养手册操作。旁路开关车的维护保养一般包括汽车底盘维护和旁路设备维护：汽车底盘维护可按照车辆底盘维保手册开展；旁路设备维护根据厂家提供的使用说明书对作业相关部位进行检查、紧固、润滑、清洁和更换。以下主要对车辆作业部分维护保养要点进行说明，供维保和使用人员参考。

一、日常检查要点

（1）检查车辆的外观，特别是结构件的断裂或损坏情况，如果出现问题，不能使用作业车辆，须立即联系生产厂修理。

（2）检查连接螺钉和螺栓有无松动，应着重检查松动、脱落情况。

（3）检查所有的销轴紧固情况，发现异常立即停止使用，联系生产厂修理。

（4）检查油管是否有损坏，必要时进行更换；检查管路时应注意安全。

（5）检查蓄电池电量，特别注意在对蓄电池进行维护之前必须切断电源；

注意避免蓄电池溶液喷出灼烧伤人。

（6）经常清洁车辆，保持外表光洁美观，特别注意保持车内高压电缆的清洁，电缆与接头表面不能有油、脂、泥。

（7）检查和整理各类作业器材，其活动和锁紧装置是否整洁完好，是否要进行修理更换。检查器材的固定装置是否完好，是否进行修理更换。

二、定期维护要点

（1）功能系统检查：旁路开关车的功能系统应每6个月试用一次，并且检查各润滑系、传动系、紧固装置是否完好。

（2）润滑脂补充：旁路开关车在润滑不良的情况下工作，会有严重的危险并可能导致布缆机构的功能失常和结构损坏；根据部位不同按照产品说明书的要求定期涂抹润滑脂。

（3）更换易损件：推荐每12个月全面检修车辆的关键结构件和关键连接部位，比如车辆底盘、布缆机构及其他连接件等。

三、周期试验要点

旁路开关车搭载的旁路设备可以依据《带电作业工具、装置和设备预防性试验规程》（DL/T 976）进行周期性试验。在日常使用过程中，按需开展标准中试验项目，如柔性电缆与连接器组合后的交流电压试验、旁路负荷开关交流耐压试验等，确保车辆性能可靠安全。

四、日常停放

旁路开关车属于专用特种车辆，车辆宜停放在专用车库中，车库应符合《带电作业用工具库房》（DL/T 974）的要求。作业时如遇阴雨天气、风沙或强日照下应罩上防护篷布，开启车载除湿设备，必要时应采取温度控制措施。如果长期停用旁路开关车，需要封存保管，其保管措施除了按照常规贮存措施以外，还需进行以下操作：

（1）汽车轮胎按规定充足气压。

（2）断开汽车蓄电池连接，存放于干燥通风处，并定期检查及充电。

（3）每月空载运转各机构，观察是否正常。

移动箱变车是搭载配电变压器、高压开关、低压开关、旁路电缆等设备的特种车辆，其主要功能是利用车载设备从10kV系统向0.4kV系统输送电能，适用于10kV配电网变压器检修、更换、临时供电等场景。

第一节　车辆简介

一、车辆分类及款式

1.车辆分类

按照车辆外廓尺寸不同，可划分为普通型移动箱变车和小型化移动箱变车两种。移动箱变车外观如图7-1所示。

（a）　　　　　　　　　　　　　　　　（b）

图7-1　移动箱变车外观
（a）普通型移动箱变车；（b）小型化移动箱变车

（1）普通型移动箱变车。主要配置有变压器、高压开关、低压配电装置等设备。

特点：车辆厢体空间较大，能够装载较多的旁路装备，搭载旁路电缆长度较长，作业半径较大。

（2）小型化移动箱变车。主要配置有变压器，高度集成了高压开关、低压配电装置等设备，搭载了履带式吊装机器人。

特点：整车结构紧凑，体积小，具有较好的通过性，可以到达高层建筑地下配电室等相对低矮、狭窄的空间；配有履带式吊装机器人，更换变压器无须使用其他吊装机械。

2.车辆款式

按照车载变压器容量、变压器联结组别调节功能的不同，移动箱变车可分为多个款式，以满足不同作业需求。国网公司近年采购的移动箱变车主要款式见表7-1。

表7-1　　　　　　　国网公司采购移动箱变车主要款式

车辆款式	车辆描述	备注
普通型移动箱变车	AC10kV，630kVA，非可调	旁路电缆额定载流量200A/400A
	AC10kV，400kVA，可调	
	AC10kV，630kVA，可调	
小型化移动箱变车	AC10kV，400kVA，可调	旁路电缆额定载流量200A/400A

二、车辆应用场合

移动箱变车可在10kV配电变压器发生故障、周期例行试验、检修等特殊时段，采用旁路作业的方式将原有负荷转移，实现对用户的不间断供电；也可与移动电源车、旁路电缆车等灵活组合，临时取电作为应急电源供电。移动箱变车作业原理如图7-2所示，移动箱变车现场应用如图7-3所示。

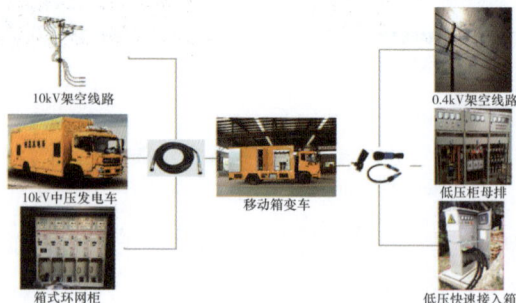

图7-2　移动箱变车作业原理图

（a）　　　　　　　　　　　　　　（b）

图7-3　移动箱变车现场应用

（a）低压开关柜操作；（b）高压开关柜操作

在选配移动箱变车时，应综合考虑其作业地点周围环境，确保所选车辆外廓尺寸满足驶入、停放空间要求；确保车载旁路电缆长度大于取（供）电距离；确保车载变压器额定容量满足用电设备需求；确保车载变压器变比、联结组别等参数满足并列运行要求。普通型移动箱变车宜应用在较空旷、负载较大、供电距离远的场景；小型化移动箱变可应用在空间狭小、负载小、供电距离短的场景。

三、车辆典型参数

1.普通型移动箱变车

以变压器联结组别可调的普通型移动箱变车为例，国网公司对其关键参数要求见表7-2，其他车辆参数要求可参考附录E。

表7-2　　　　　　　　　普通型移动箱变车关键参数

序号	关键参数名称	关键参数要求
1	配电变压器	
1.1	配电变压器型式*	三相干式变压器
1.2	容量*（kVA）	630
1.3	电压组合	10.5kV ± 2 × 2.5%/0.4kV
1.4	联结组别*	Dyn11、Yyn0，可调节组别
2	三单元高压开关柜	

续表

序号	关键参数名称	关键参数要求
2.1	额定电压（kV）	≥12
2.2	额定电流（A）	≥630
2.3	额定频率（Hz）	50
2.4	额定开断负荷电流（A）	≥630
2.5	短时电流耐受时长（有效值，20kA）（s）	≥4
2.6	额定断开充电电流次数（次）	≥100
2.7	额定峰值耐受电流（kA）	≥63
3	低压开关柜	
3.1	额定电压（V）	≥750
3.2	额定频率（Hz）	50
3.3	断路器（两路分支开关）额定电流*（A）	≥630
3.4	断路器（两路分支开关）操作方式*	电动
3.5	电缆导体截面积（mm^2）	≤185
3.6	输出模式	
3.6.1	输出*（路）	≥2
3.6.2	自动检相序*	具备
3.6.3	自动检同期*	具备
3.6.4	直接输出*	具备
3.6.5	无压检测自投切*	具备
4	高压柔性电缆	
4.1	电缆数量（根）	≥3
4.2	高压电缆每根电缆长度（m）	≥30
4.3	高压电缆额定电压（kV）	8.7/15
4.4	高压电缆额定频率（Hz）	50

续表

序号	关键参数名称	关键参数要求
4.5	高压电缆载流量*（A）	≥200
4.6	高压电缆导体截面积（mm²）	≤50
5	低压柔性电缆	
5.1	电缆数量（根）	≥8
5.2	低压电缆每根电缆长度（m）	≥50
5.3	低压电缆额定电压（V）	≥750
5.4	低压电缆额定频率（Hz）	50
5.5	低压电缆单根载流量*（A）	≥540
5.6	低压电缆导体截面积（mm²）	≤185
6	高压电缆接头	
6.1	接头数量*（套）	≥6
6.2	接头型式*	快速拔插
6.3	高压连接接头额定电压（kV）	≥8.7/15
6.4	高压连接接头额定频率（Hz）	50
7	低压电缆接头	
7.1	接头数量*（套）	≥8
7.2	接头型式*	快速拔插
7.3	低压连接接头额定电压（V）	≥750
7.4	低压连接接头额定频率（Hz）	50
8	车体接地装置	
8.1	接地线	透明护套多股软铜线，带接地钎
8.2	接地线长度（m）	≥20
8.3	接地线截面积（mm²）	≥25
9	支撑系统	液压垂直支腿

＊ 项目参数为必须满足的重要参数。

2.小型化移动箱变车

国网公司对小型化移动箱变车的关键参数要求见表7-3，其他车辆参数要求可参考附录E。

表7-3 小型化移动箱变车关键参数

序号	关键参数名称	关键参数要求
1	配电变压器	
1.1	配电变压器型式*	三相干式变压器
1.2	容量*（kVA）	400
1.3	电压组合	$10.5kV \pm 2 \times 2.5\%/0.4kV$
1.4	联结组别*	Dyn11、Yyn0，可调节组别
2	三单元高压开关柜	
2.1	额定电压（kV）	≥12
2.2	额定电流（A）	≥630
2.3	额定频率（Hz）	50
2.4	额定开断负荷电流（A）	≥630
2.5	短时电流耐受时长（有效值，20kA）（s）	≥4
2.6	额定断开充电电流次数（次）	≥100
2.7	额定峰值耐受电流（kA）	≥63
3	低压开关柜	
3.1	额定电压（V）	≥750
3.2	额定频率（Hz）	50
3.3	断路器（两路分支开关）额定电流*（A）	≥400
3.4	断路器（两路分支开关）操作方式*	电动
3.5	电缆导体截面积（mm²）	≤185
3.6	输出模式	

续表

序号	关键参数名称	关键参数要求
3.6.1	输出*（路）	≥2
3.6.2	自动检相序*	具备
3.6.3	自动检同期*	具备
3.6.4	直接输出*	具备
3.6.5	无压检测自投切*	具备
4	高压柔性电缆	
4.1	电缆数量（根）	≥3
4.2	高压电缆每根电缆长度（m）	≥30
4.3	高压电缆额定电压（kV）	8.7/15
4.4	高压电缆额定频率（Hz）	50
4.5	高压电缆载流量*（A）	≥200
4.6	高压电缆导体截面积（mm^2）	≤50
5	低压柔性电缆	
5.1	电缆数量（根）	≥8
5.2	低压电缆每根电缆长度（m）	≥50
5.3	低压电缆额定电压（V）	≥750
5.4	低压电缆额定频率（Hz）	50
5.5	低压电缆单根载流量*（A）	≥540
5.6	低压电缆导体截面积（mm^2）	≤185
6	高压电缆接头	
6.1	接头数量*（套）	≥6
6.2	接头型式*	快速拔插
6.3	高压连接接头额定电压（kV）	≥8.7/15

续表

序号	关键参数名称	关键参数要求
6.4	高压连接接头额定频率（Hz）	50
7	低压电缆接头	
7.1	接头数量*（套）	≥8
7.2	接头型式*	快速拔插
7.3	低压连接接头额定电压（V）	≥750
7.4	低压连接接头额定频率（Hz）	50
8	车体接地装置	
8.1	接地线	透明护套多股软铜线，带接地钎
8.2	接地线长度（m）	≥20
8.3	接地线截面积（mm²）	≥25
9	支撑系统	液压垂直支腿

* 项目参数为必须满足的重要参数。

四、车辆主要制造商

近年来，普通型移动箱变车常见制造商包括山东泰开、龙岩畅丰、龙岩海德馨、许继三铃、武汉里得、武汉南瑞、青岛索尔、咸亨国际、徐州海伦哲等；小型化移动箱变车常见制造商包括许继三铃、武汉里得、武汉南瑞、徐工随车等。

第二节 车辆结构与主要部件

一、车辆结构

移动箱变车采用分舱设计，主要由车辆底盘、低压开关柜、高压开关柜、配电变压器和旁路电缆收放装置等组成。普通型移动箱变车典型结构布置示意图如图7-4所示，小型化移动箱变车典型结构布置示意图如图7-5所示。

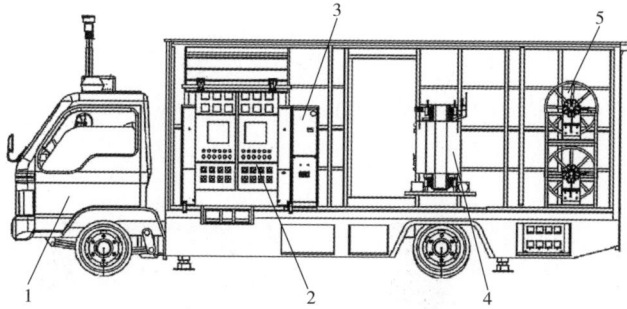

图7-4　普通型移动箱变车典型结构布置示意图

1—车辆底盘；2—低压开关柜；3—高压开关柜；4—配电变压器；5—旁路电缆收放装置

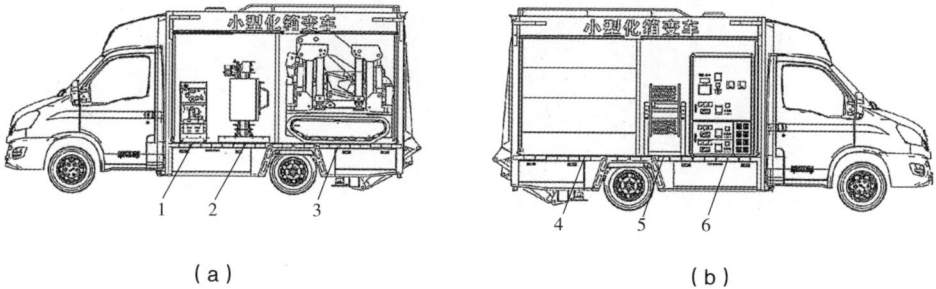

（a）　　　　　　　　　　　　　　　　（b）

图7-5　小型化移动箱变车典型结构布置示意图

（a）左视图；（b）右视图

1—高压开关柜；2—配电变压器；3—履带式吊装机器人；4—置物架；

5—旁路柔性电缆；6—低压开关柜

二、车辆主要部件

1.底盘

移动箱变车一般采用厢式车辆底盘。

2.厢体

移动箱变车一般采用精冷板制作，并采用防腐蚀工艺处理。

3.支腿系统

移动箱变车所采用的支撑系统与旁路电缆车相同，详见第五章第二节相关内容。

4.变压器

移动箱变车常采用干式变压器，将10kV交流电压和电流转换成同频率0.4kV交流电压和电流，联结组别为Dyn11或Yyn0或双组别可调。干式变压器如图7-6所示。

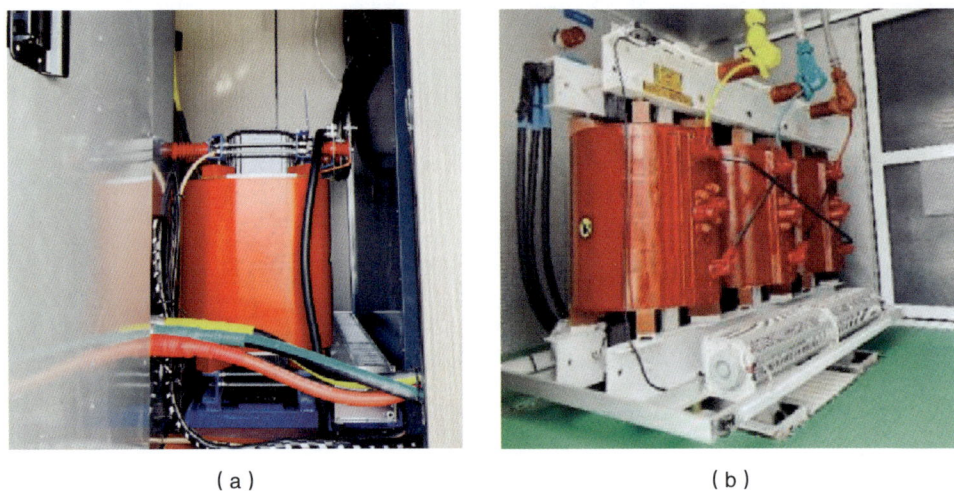

（a）　　　　　　　　　　　　　　　　　（b）

图7-6　干式变压器

（a）400kVA干式变压器（用于小型化移动箱变车）；（b）630kVA干式变压器（用于普通型移动箱变车）

5.高压开关柜

高压开关柜用于10kV配电线路通断、控制和保护等作用，采用一进两出方式，进线接10kV电源，一回出线接变压器高压侧，另一回出线为馈线柜，用于转供负荷。开关柜一般选用额定电流不小于630A的SF_6充气式共箱式开关柜，装有综合继电保护装置及智能电力仪表，实现保护和监控功能；同时，开关柜还配置带电显示器、核相测试孔、二次核相仪、分合闸指示、气体泄漏监测装置、独立泄压通道、手动及电动操动机构等，具有防止电压互感器直接带电接入电网的功能。高压开关柜如图7-7所示。

6.低压开关柜

低压开关柜用于0.4kV线路通断、控制和保护等作用，采用两回负荷（一主一备）出线，柜内断路器开断能力与额定输出电流匹配，且配有综合继电保护装置及智能电力仪表，能够实现保护和监控功能。低压开关柜还具备直接输出、检相序、检同期三种功能模式。低压开关柜如图7-8所示。

图7-7　高压开关柜

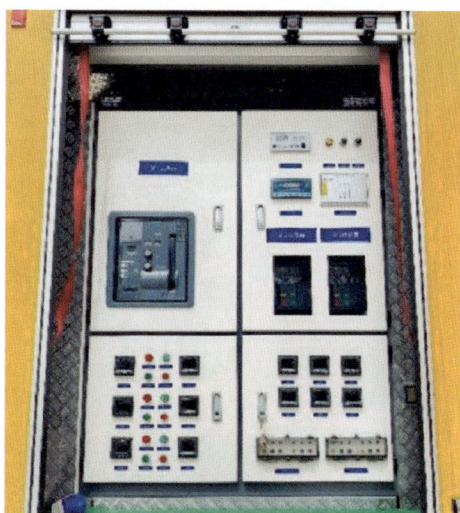

图7-8　低压开关柜

7.旁路柔性电缆

移动箱变车所采用的旁路柔性电缆相关介绍详见第五章第二节相关内容。

8.高压引下电缆

移动箱变车所采用的高压引下电缆相关介绍详见第五章第二节相关内容。

9.低压柔性电缆

低压柔性电缆用于连接移动箱变车与用电设备。可弯曲，能重复使用，有明显的相色标识。低压柔性电缆如图7-9所示。

图7-9　低压柔性电缆

10.低压快速插拔接头

低压快速插拔接头用于低压柔性电缆与低压开关柜输出端连接，采用卡栓连接系统，快速连接装置的连接采用多点接触技术，具备振动环境及大电流工况的可靠连接。低压快速插拔接头如图7-10所示。

（a）

（b）　　　　　　　　　（c）

图7-10　低压快速插拔接头

（a）公耦合器；（b）面板插座（闭合）；（c）面板插座（打开）

11.履带式吊装机器人

履带式吊装机器人用于吊装变压器，如图7-11所示。

（a）　　　　　　　　　　　　　　　　　　（b）

图7-11　履带式吊装机器人

（a）收缩态；（b）展开态

第三节　车辆使用要点

移动箱变车属于专用特种车辆，车辆使用人员应接受相关培训、熟悉车辆产品说明，使用时应严格按照相关规范要求和产品说明操作。移动箱变车的使用一般包括液压系统操作、变压器操作、高压开关柜操作、低压开关柜操作等。以下主要对车辆使用要点进行说明，供使用人员参考。

一、液压系统操作

1.启动电控系统及遥控器

无线遥控器失灵时，使用线控器，旋钮开关拧至"线控"，按线控遥控器指示进行操作。电控系统及遥控器操作面板如图7-12所示。

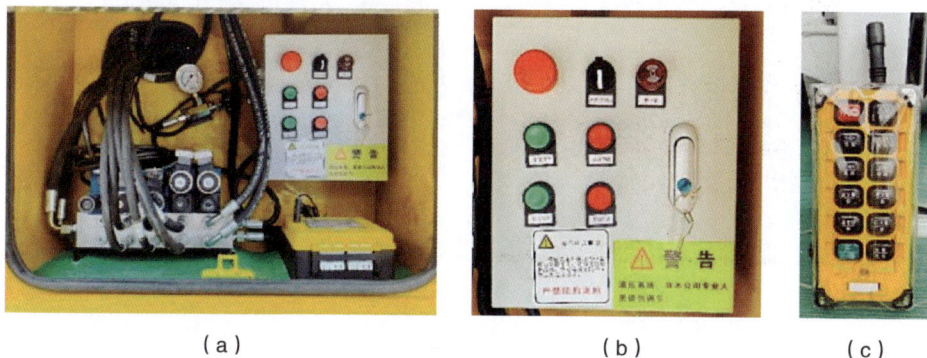

（a） （b） （c）

图7-12　电控系统及遥控器操作面板
（a）电控系统；（b）线控遥控器操作面板；（c）无线遥控器操作面板

2.液压支腿操作

移动箱变车液压支腿的操作与旁路电缆车相同，详见第五章第三节相关内容。

二、变压器操作

移动箱变车与待更换变压器并列运行前，应注意：

（1）变压器的联结组别必须相同。

（2）变压器的变比应该相同（仅允许有 ±0.5% 的差值），变压器的额定电压应相等。

以上两个条件保证了变压器空载时，绕组内不会有环流。环流会影响变压器容量的合理利用，如果环流几倍于额定电流，甚至会烧坏变压器。

（3）变压器的短路电压应相等（允许有 ±10% 的差值），以保证负荷分配与容量成正比。

（4）并列变压器的容量比不宜超过 3：1。

三、高压开关柜操作

（1）高压开关柜电动操作时，应先确认电动操作装置空气开关处于合闸状态。电动操作装置空气开关如图 7-13 所示。

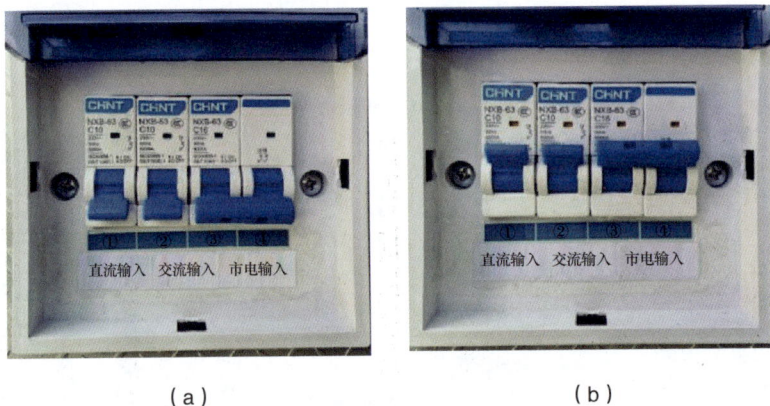

（a）   （b）

图 7-13　电动操作装置空气开关
（a）分闸状态；（b）合闸状态

（2）高压开关柜接地开关分闸操作时，逆时针旋转操作杆，直至接地开关动作，开关状态指示器由横向状态变为斜向状态，代表接地开关分闸（负荷开关分闸）。开关柜接地开关分闸如图 7-14 所示。

（3）高压开关柜合闸操作时，检查接地开关处于分闸状态，核对开关处于分闸状态（绿色分闸指示灯亮起）；电动/手动操作完成后，核对开关处于合闸状态（绿色分闸指示灯熄灭，红色合闸指示灯亮起）。分合闸状态指示灯如图 7-15 所示。

若需要手动操作合闸时，应顺时针旋转操作杆，将开关指示器由斜向状态变为竖向状态。手动合闸操作如图 7-16 所示。

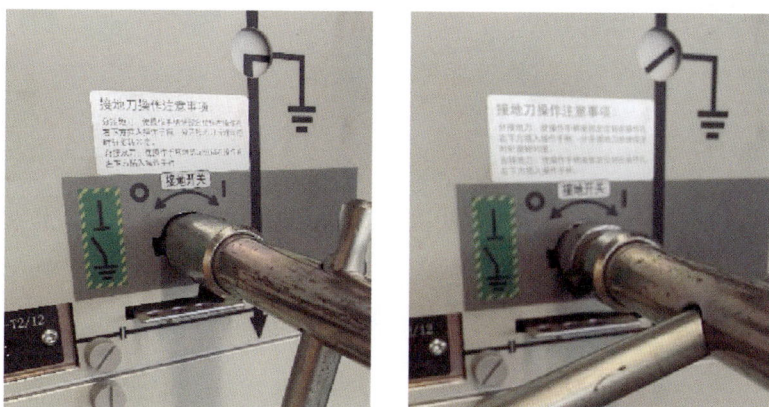

图7-14　开关柜接地开关分闸
（a）合闸状态；（b）分闸状态

图7-15　分合闸状态指示灯
（a）分闸指示灯；（b）合闸指示灯

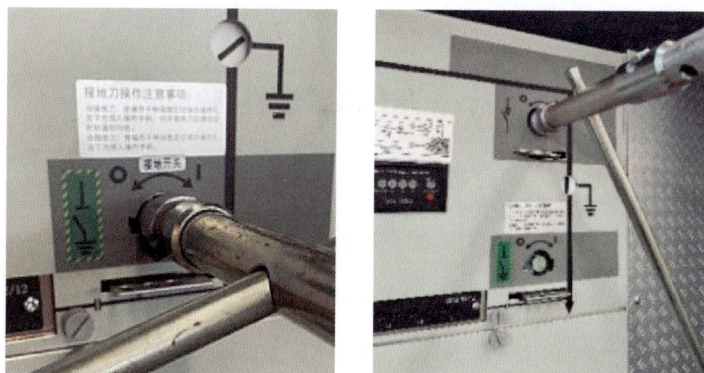

图7-16　手动合闸操作
（a）分闸状态；（b）合闸状态

注意：合闸操作如未成功，应检查接地开关是否处于分闸状态；在确认接地开关处于分闸状态后，再次尝试合闸操作。

四、低压开关柜操作

低压开关柜操作前，应确认变压器运行正常。合闸操作前，需在低压开关柜面板上手动进行核相操作，并严格对照作业项目指导书开关倒闸顺序进行操作。手动核相电表和外部测量接口如图7-17所示。

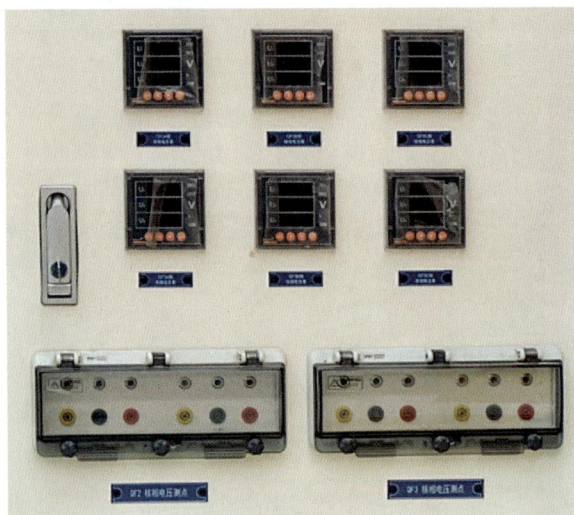

图7-17　手动核相电表和外部测量接口

第四节　车辆维护保养要点

移动箱变车属于专用特种车辆，车辆维护保养人员应接受相关培训、熟悉车辆产品说明和维护保养手册，使用时应严格按照相关规范要求和产品维护保养手册操作。移动箱变车的维护保养一般包括汽车底盘维护和车辆作业部分保养：汽车底盘维护可按照车辆底盘维保手册开展；车辆作业部分保养时，应根据厂家提供的使用说明书对作业相关部位进行检查、紧固、润滑、清洁和更换。以下主要对车辆作业部分维护保养要点进行说明，供维保和使用人员参考。

一、日常检查要点

（1）检查车辆的外观：注意检查结构件的断裂或损坏情况，如果发现问题，车辆立即停止使用，并联系生产厂修理。

（2）蜂鸣器检查：按动蜂鸣器按钮，确认鸣笛正常，确保其具备蜂鸣提醒周围人员和工作平台内人员功能。

（3）连接状态检查：查看连接螺钉和螺栓有无松动，应着重检查各电气设备固定安装的紧固件、支腿油缸与其固定支架的紧固件。

（4）液压系统、电气系统检查：查看液压管路接头、液压泵、阀及油缸是否有漏油现象。

（5）液压油液位检查：将车停在水平地面，将支腿油缸完全收回，并使展放机构处于静止状态，油位应不低于油箱高度的3/4。

二、定期维护要点

（1）电气设备检查：推荐每月检查高压开关柜、低压开关柜、变压器接地是否良好、可靠；检查高压柜SF_6气压表气压指示是否在绿色区域。

（2）电缆及附件检查：推荐每月检查外观是否损坏，如挤伤、裂缝、磨损等；检查是否有电缆与运动部件发生干涉。

（3）管路和接头检查：推荐每月检查管路和接头有无损坏。

（4）液压油更换：推荐车辆工作每满1000h（或12个月）更换整车液压油；换油时，应排空油箱内旧油，新油补充要达到规定位置。

三、周期试验要点

移动箱变车车载设备依据《电力设备预防性试验规程》（DL/T 596）开展试验。在日常使用过程中，按需开展标准中试验项目，如干式变压器交流耐压试验、空载电流和空载损耗试验、铁心绕组绝缘电阻试验等，确保车辆性能可靠安全。

四、车辆存放要点

移动箱变车属于专用特种车辆，车辆宜停放在专用车库中，车库参照

《带电作业用工具库房》（DL/T 974）执行。如果长期停用移动箱变车，需要封存保管，并进行以下操作：

（1）汽车轮胎按规定充足气压，将液压支腿支撑于地面。

（2）断开汽车蓄电池连接，存放于干燥通风处，并定期检查及充电。

（3）每月空载运转各机构，观察是否正常。

第八章　移动环网柜车

移动环网柜车是搭载环网柜、旁路电缆及电缆附件等设备的特种车辆，其主要功能是与10kV配电网线路连接形成环网，适用于10kV配电网线路环网柜更换（检修）、临时提升线路环网能力等场景。

第一节　车辆简介

一、车辆分类及款式

1.车辆分类

移动环网柜车主体功能差异不大，常按照旁路电缆及附件接头额定载流量分为200A移动环网柜车和400A移动环网柜车。移动环网柜车外观如图8-1所示。

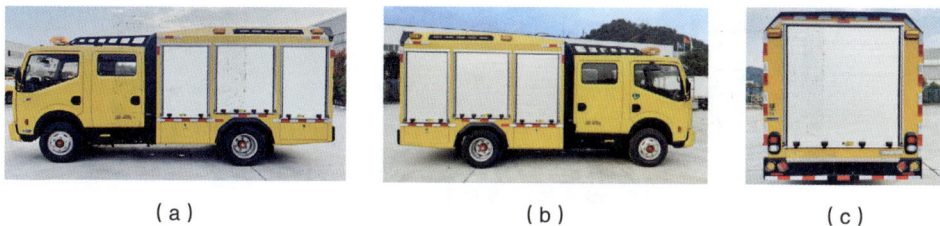

（a）　　　　　　　　　（b）　　　　　　　　（c）

图8-1　移动环网柜车外观

（a）左视图；（b）右视图；（c）后视图

2.车辆款式

按照车载旁路电缆及附件接头额定载流量，移动环网柜车可分为多个款式，以满足不同作业需求，国网公司近年采购的移动环网柜车主要款式见表8-1。

表8-1 国网公司采购移动环网柜车主要款式

车辆款式	车辆描述	备注
200A移动环网柜车	200A电缆及连接接头	旁路电缆及连接接头额定载流量200A
400A移动环网柜车	400A电缆及连接接头	旁路电缆及连接接头额定载流量400A

二、车辆应用场合

移动环网柜车在10kV配电网环网柜发生故障更换、周期例行试验、检修时，采用旁路作业的方式转移既有环网柜负荷，可以对用户实现不间断供电；在输、变、配各类工程停电施工时，可临时提升线路环网能力，减小停电范围，提高供电可靠性。移动环网柜车作业原理如图8-2所示，现场应用如图8-3所示。

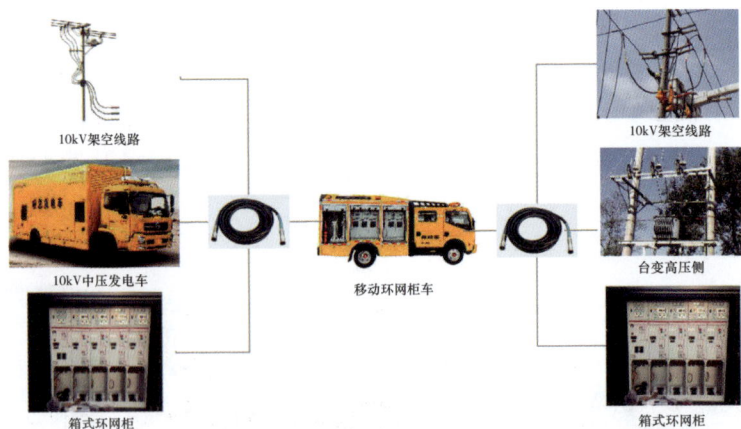

10kV架空线路

10kV中压发电车

箱式环网柜

移动环网柜车

10kV架空线路

台变高压侧

箱式环网柜

图8-2 移动环网柜车作业原理图

在选配移动环网柜车时，应综合考虑其作业地点周围环境，确保所选车辆外廓尺寸满足驶入、停放空间要求；确保车载旁路电缆及附件接头载流量满足运行要求。

（a）

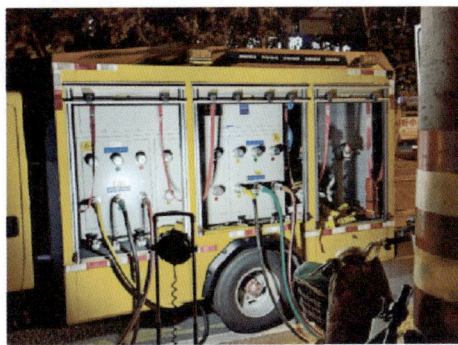
（b）

图8-3　移动环网柜车现场应用
（a）倒闸操作；（b）供电作业

三、车辆典型参数

以200A移动环网柜车为例，国网公司对其关键参数要求见表8-2，其他车型参数要求可参考附录E。

表8-2　　　　　　　　　　　200A移动环网柜车关键参数

序号	关键参数名称	关键参数要求
1	车厢*	车厢三面全开放
2	环网柜	
2.1	环网柜类型*	负荷开关柜
2.2	单元数*	6
2.3	单元型式*	二进四出
2.4	额定电压（kV）	≥12
2.5	额定电流（A）	≥630
2.6	额定频率（Hz）	50
2.7	额定开断负荷电流（A）	≥630
2.8	额定短路关合电流（峰值，kA）	≥50
2.9	燃弧时间（20kA）（s）	≥1
2.10	短时电流耐受时长（有效值，20kA）（s）	≥4

续表

序号	关键参数名称	关键参数要求
2.11	额定断开充电电流的次数（次）	≥100
2.12	额定峰值耐受电流（kA）	≥63
2.13	气箱及带电体部分防护等级	IP67
2.14	回路电阻（μΩ）	≤250
2.15	局部放电量（pC）	≥20
2.16	开关气室壁厚（mm）	≥2
2.17	气压指示	具备
2.18	泄压通道	具备
3	旁路转接电缆	
3.1	电缆数量（根）	6
3.2	单根电缆长度（m）	≥5
3.3	额定电压（kV）	8.7/15
3.4	额定频率（Hz）	50
3.5	载流量（A）	≥200
4	车体接地装置	
4.1	接地线	透明护套多股软铜线，带接地钎
4.2	接地线长度（m）	≥20
4.3	接地线截面积（mm²）	≥25
5	支撑系统	
5.1	支腿数量（支）	4
5.2	承载能力	两根液压支腿承载质量应大于整车总质量的80%

* 项目参数为必须满足的重要参数。

四、车辆主要制造商

近年来，移动环网柜车常见制造商包括龙岩海德馨、武汉里得、武汉南瑞、青岛索尔、咸亨国际、徐州海伦哲等。

第二节　车辆结构与主要部件

一、车辆结构

移动环网柜车采用分舱设计，主要由车辆底盘、环网柜、旁路电缆和电缆收放装置等组成。移动环网柜车典型结构布置如图8-4所示。

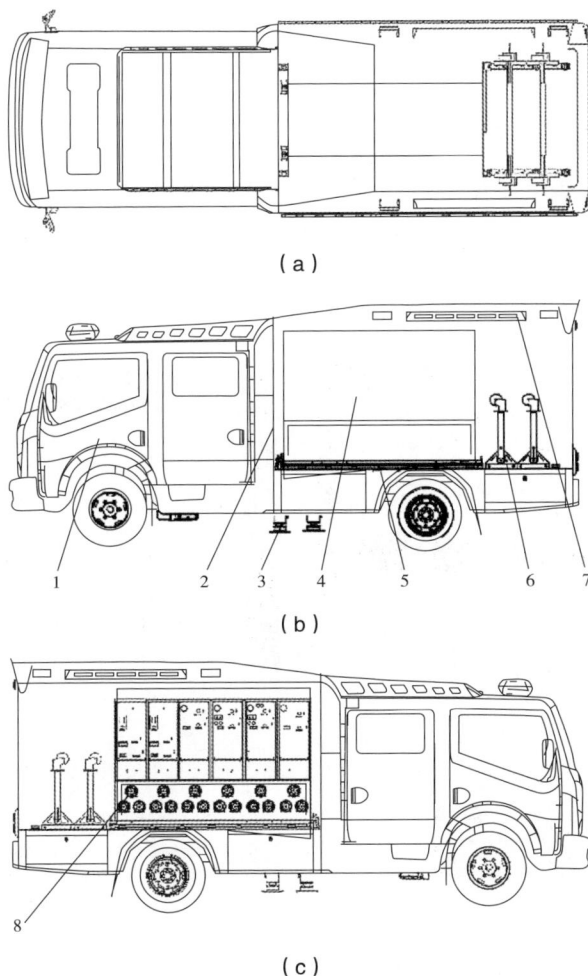

（a）

（b）

（c）

图8-4　移动环网柜车典型结构布置示意图
（a）俯视图；（b）左视图；（c）右视图
1—车辆底盘；2—车厢；3—液压支腿；4—环网柜；5—环网柜承载装置；
6—环网柜移出装置；7—场地照明灯；8—快速接入柜

二、车辆主要部件

1.底盘

移动环网柜车一般采用厢式车辆底盘。

2.厢体

移动环网柜车一般采用精冷板制作,并采用防腐蚀工艺处理。

3.支腿系统

移动环网柜车所采用的支腿系统与旁路电缆车相同,详见第五章第二节相关内容。

4.移动式环网柜

一般选用高压紧凑型环网柜,二进四出,可电动/手动操作,配备高压快速插拔接口,并配备高压柜移出装置,可移出高压柜单独作业。移动式环网柜如图8-5所示。

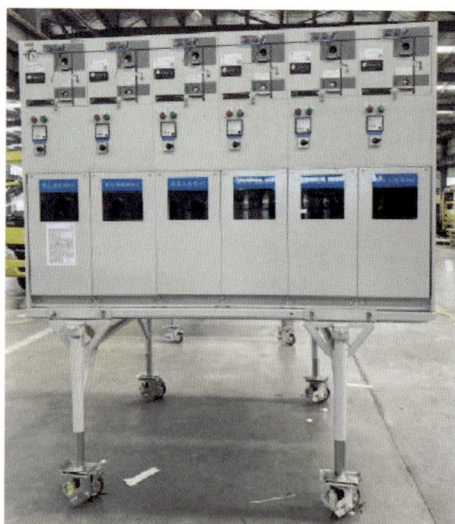

（a）　　　　　　　　　　　　　　　　　（b）

图8-5　移动式环网柜

（a）左视图;（b）右视图

5.旁路柔性电缆

移动环网柜车所采用的旁路柔性电缆相关介绍详见第五章第二节相关内容。

6.环网柜连接电缆

环网柜连接电缆一般长15m，额定电压10kV，一端为快速插拔头，可与中间接头、旁路开关连接；另一端为T型终端头，与欧式环网柜连接。环网柜连接电缆及接头如图8-6所示。

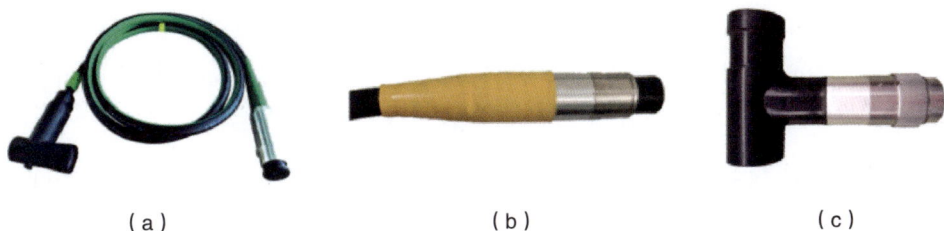

（a）　　　　　　　　　　　　（b）　　　　　　　　　　　　（c）

图8-6　环网柜连接电缆及接头
（a）连接电缆；（b）快速插拔头；（c）T型终端头

第三节　车辆使用要点

移动环网柜车属于专用特种车辆，车辆使用人员应接受相关培训、熟悉车辆产品说明，使用时应严格按照相关规范要求和产品说明操作。移动环网柜车的使用一般包括液压系统操作、环网柜电气操作、环网柜整体移出等。以下主要对车辆使用要点进行说明，供使用人员参考。

一、液压系统操作

（1）车辆停稳后，变速杆置于空挡，拉紧手刹。踩下离合器踏板，打开取力器控制开关，慢慢松开离合器踏板，使油泵运转。当油泵运转后，检查转动时有无异常声响，确定运转正常后，即可作业。

（2）在操作支腿之前，确保车底及支腿工作区域没有人员和物体的情况下再操作，并保持在整个操作过程中对整个车辆尾部的良好观察。

（3）支腿伸出，按下液压支腿操作把手，四个支腿油缸即缓慢伸出，直至将车辆顶升到合适位置后即可松开把手，停止工作。支腿收回，提起液压支腿操作把手，四个支腿油缸即缓慢收回，直至支腿完全收回。

（4）在支腿支撑的过程中，应同时注意观察轮胎承压情况，四个支腿伸出时承载整车绝大部分压力，但不允许将轮胎撑离地面。在高低不平场地或支腿支撑处地基较软时，应用支腿垫板垫在支腿下。在四个支腿没有完全缩回之前，严禁开动车辆。

二、环网柜电气操作

环网柜单元为SF_6充气式高压开关柜，额定电压为12kV，采用负荷开关单元（二进四出），每个间隔进出线设计成固定式旁路快速插拔接头，可以快速与插拔式接头接通；高压开关柜设置带电显示器及核相孔。

（1）馈线与母线连通操作。首先确认负荷开关、接地开关处于"分闸"状态，然后插入操作杆并按顺时针方向旋转，最后核对负荷开关处于"合闸"状态。馈线与母线连通操作如图8-7所示。

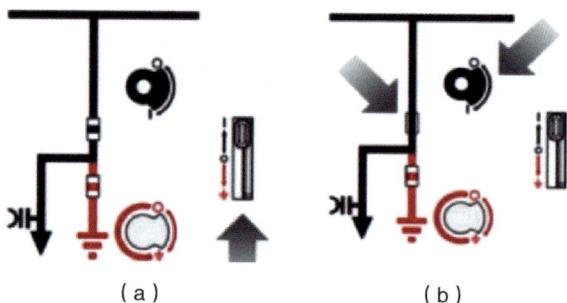

（a）　　　　　　　　　　（b）

图8-7　馈线与母线连通操作示意图
（a）确认开关分闸状态；（b）核对开关合闸状态

（2）馈线与母线分离操作顺序与连通顺序相反。

（3）馈线接地操作。首先确认负荷开关、接地开关处于"分闸"状态，然后插入操作杆并按顺时针方向旋转，最后核对接地开关处于"合闸"状态。馈线接地操作如图8-8所示。

（4）馈线柜解除接地操作顺序与操作馈线接地顺序相反。

（5）环网柜电动操作，确认蓄电池开关、供电开关、充电开关，处于"ON"状态方可使用。二次柜指示与控制部件如图8-9所示。

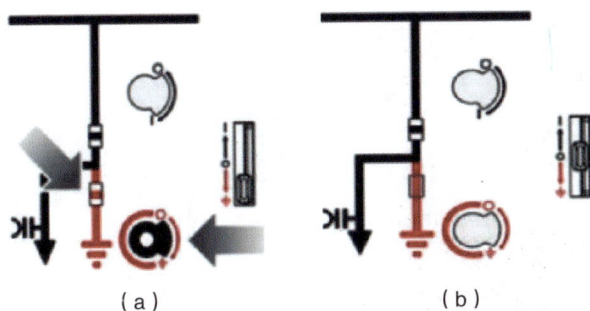

（a） （b）

图8-8 馈线接地操作示意图

（a）确认开关分闸状态；（b）核对接地开关合闸状态

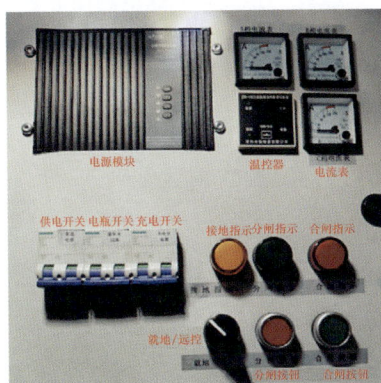

图8-9 二次柜指示与控制部件

三、环网柜移出操作

环网柜的移出操作如图8-10所示。

（a） （b）

图8-10 环网柜的移出操作（一）

（a）环网柜固定在车内；（b）锁止机构

（c）   （d）

图8-10　环网柜的移出操作（二）

（c）移出过程；（d）环网柜移出

（1）打开车辆两侧及后侧的全部卷帘门。

（2）打开环网柜前端的锁止机构（2副），拧下环网柜后端的限位销（2根）。

（3）沿滑轨缓慢拉出环网柜，确认支腿及连接螺栓安装牢固。

（4）环网柜移至目标位置后，锁紧支腿滚轮。

第四节　车辆维护保养要点

移动环网柜车属于专用特种车辆，车辆维护保养人员应接受相关培训、熟悉车辆产品说明和维护保养手册，使用时应严格按照相关规范要求和产品维护保养手册操作。移动环网柜车的维护保养一般包括汽车底盘维护和车辆作业部分保养；汽车底盘维护可按照车辆底盘维保手册开展；车辆作业部分保养时，应根据厂家提供的使用说明书对作业相关部位进行检查、紧固、润滑、清洁和更换。以下主要对车辆作业部分维护保养要点进行说明，供维保和使用人员参考。

一、日常检查要点

（1）检查车辆的外观：注意检查结构件的断裂或损坏情况，如果发现问题，车辆立即停止使用，并联系生产厂修理。

（2）蜂鸣器检查：按动蜂鸣器按钮，确认鸣笛正常，确保其具备蜂鸣提醒周围人员和工作平台内人员功能。

（3）连接状态检查：查看连接螺钉和螺栓有无松动，应着重检查各电气设备固定安装的紧固件、支腿油缸与其固定支架的紧固件。

（4）液压系统、电气系统检查：查看液压管路接头、液压泵、阀及油缸是否有漏油现象。

（5）液压油液位检查：将车停在水平地面，将支腿油缸完全收回，并使展放机构处于静止状态，油位应不低于油箱高度的3/4。

二、定期维护要点

（1）电气设备检查：推荐每月检查环网柜接地是否良好、可靠；检查高压柜SF_6气压表气压指示是否在绿色区域。

（2）电缆及附件检查：推荐每月检查外观是否损坏，如挤伤、裂缝、磨损等；检查是否有电缆与运动部件发生干涉。

（3）管路和接头检查：推荐每月检查管路和接头有无损坏。

（4）液压油更换：推荐车辆工作每满1000h（或12个月）更换整车液压油；换油时，应排空油箱内旧油，新油补充要达到规定位置。

三、周期试验要点

移动环网柜车车载设备依据《高压交流开关设备和控制设备标准的共用技术要求》（GB/T 11022）等标准开展试验。在日常使用过程中，按需开展标准相关试验项目，如高压开关绝缘试验、短时耐受电流和峰值耐受电流试验、密封试验等，确保车辆性能可靠安全。

四、车辆存放要点

移动环网柜车属于专用特种车辆，车辆宜停放在专用车库中，车库参照《带电作业用工具库房》（DL/T 974）执行。如果长期停用移动环网柜车，需要封存保管，并进行以下操作：

（1）汽车轮胎按规定充足气压，将液压支腿支撑于地面。

（2）断开汽车蓄电池连接，存放于干燥通风处，并定期检查及充电。

（3）每月空载运转各机构，观察是否正常。

第九章　带电工具库房车

带电工具库房车是装载、储存、运输带电作业工器具的特种车辆，通过在车厢厢体内设置货架、温湿度控制系统等形成小型带电工具库房；同时，其配置照明灯、视频监控和发电机等，用于辅助带电作业现场照明、监控和提供电源等，适用于输、配电带电检修、应急抢修等场景。

第一节　车辆简介

一、车辆分类及款式

带电工具库房车外观和主体功能差异不大，只是基于输、配电带电作业工器具尺寸和质量差异考虑，在工具舱类别和尺寸、整车全长等方面有所不同。带电工具库房车外观如图9-1所示。

（a）　　　　　　　　　　　　（b）

图9-1　带电工具库房车外观（一）

（a）右视图；（b）右前45°视图

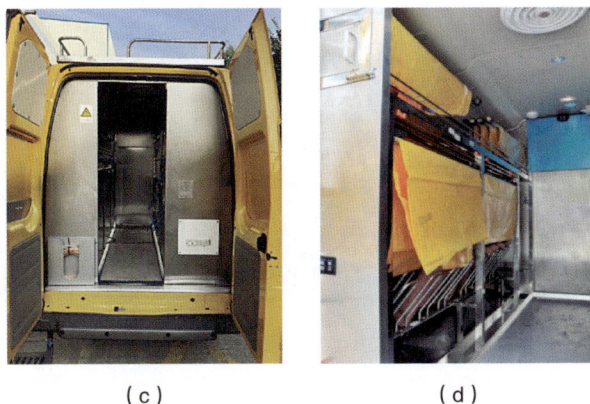

（c）　　　　　　　　　　　　（d）

图9-1　带电工具库房车外观（二）

（c）后侧开门图；（d）厢体内部图

　　按照工具舱类别、尺寸和整车长度，带电工具库房车可分为多个款式，以满足不同需求，国网公司近年采购的带电工具库房车主要款式见表9-1，按照工具舱和车辆长度不同进行排序。

表9-1　　　　　　　　国网公司采购带电工具库房车主要款式

序号	工具舱长度（m）	整车长度（m）	工具舱类别
1	≥2.5	5.5≤车长<6	配电
2	≥2.5	6≤车长<7	配电
3	≥3.2	6≤车长<7	输电

二、车辆应用场合

　　带电工具库房车在电力行业被广泛应用于输、配电带电作业工器具的运输、保管和储存。带电工具库房车的应用场合如图9-2所示。

　　在选配带电工具库房车时，输电专业应选择输电带电作业库房车，配电专业可根据存放工器具长度、数量和乘载人数要求选择整车长度不同的配电带电作业库房车。另外，按照国家相关政策要求，5.5m≤车长<6m车辆为蓝色牌照，6m≤车长<7m车辆为黄色牌照，选配时应考虑当地车辆管理和限行要求。

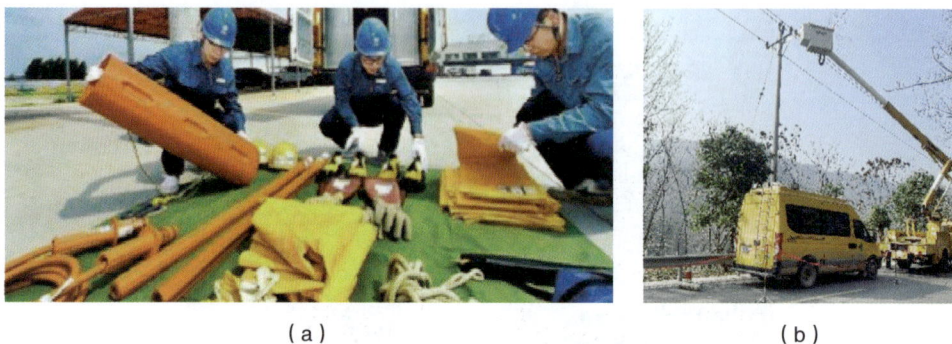

（a） （b）

图9-2 带电工具库房车应用场合

（a）从库房车上取下工器具；（b）库房车在现场配合作业

三、车辆典型参数

1.典型配置

带电工具库房车典型配置要求见表9-2。

表9-2 带电工具库房车典型配置

序号	专用装置分项明细	说明
1	车载发电机	为作业现场提供临时电源
2	工具货架	用于放置工器具、仪器仪表和备品备件等
3	曲臂升降灯	夜间提供照明
4	温湿度控制系统	配置除湿机、热风器、传感器和控制系统，具备手动和自动两种控制模式
5	气象站	温湿度和风速测量并显示

2.关键参数

以整车车长6~7m的配电带电工具库房车为例，国网公司对其关键参数要求见表9-3，其他车型参数要求可参考附录E。

表9-3 6~7m配电带电工具库房车车载设备关键参数

序号	关键参数名称	关键参数要求
1	工具舱尺寸	

续表

序号	关键参数名称	关键参数要求
1.1	工具舱尺寸（长）*（m）	≥2.5
1.2	工具舱尺寸（宽）*（m）	≥1.7
1.3	工具舱尺寸（高）*（m）	≥1.7
2	工具舱内饰和工具存放架	
2.1	工具存放架	工具存放架上应有明确标识；可分区分层存放，应牢固可靠、取放方便，并有减震措施；配置绝缘工具专用存储机构，满足正常带电作业工具存放的要求；各类工具不受车体移动的影响，不会出现磨损及变形
2.2	保温、隔热功能*	具备
2.3	固定和防震措施*	具备
2.4	材质*	304不锈钢
2.5	厚度*（mm）	≥2
2.6	地板	地板表面应防蚀、防滑、耐磨；地板下部应有防蚀、防震、隔热措施；地板上安装固定装置时不应破坏整体的平整性
2.7	车内照明	不少于4个5W的LED照明灯
2.8	工具舱换气系统	排风扇
3	温湿度调节系统	
3.1	调节方式*	均应具有自动、手动调节方式，自动调节方式应能根据外界温度自动调节内部温度，当湿度大于60%，启动除湿设备
3.2	温度调节速率（℃/20min）	≥5
3.3	除湿速率（%/20min）	≥10
3.4	加热功率（W/m²）	≥80
3.5	通风速率（m³/h）	1.5～2.0
4	烟雾报警	当工具舱内产生烟雾时，报警器应能自动报警
5	电源	
5.1	基本要求*	具备外接电源接口、车载发电机（变频静音）等电源；电源应满足车上工器具设备及照明设备所有实际使用的最大用电负荷的要求；使用多种电源时，应有防止电源冲突的保护措施

续表

序号	关键参数名称	关键参数要求
5.2	车载发电机功率*（kW）	≥3
5.3	电动工具充电装置	配置220V 10A插座≥2个
6	车体接地装置	
6.1	接地线*	应有专用的集中接地点，透明护套多股软铜线，带接地钎
6.2	接地线长度*（m）	≥20
6.3	接地线截面积*（mm²）	≥16
7	车载升降照明灯	
7.1	遥控升降、转向功能	具备
7.2	灯头（组）	≥2
7.3	单组灯头功率（W）	≥90
7.4	照射距离（m）	≥30
7.5	升降高度（m）	≥1.2
8	消防*	配备灭火器≥2具，单具灭火器的灭火剂≥4kg，可靠固定，便于取放

* 项目参数为必须满足的重要参数。

四、车辆主要制造商

近年来，带电工具库房车常见制造商包括龙岩畅丰、龙岩海德馨、许继三铃、武汉里得、武汉南瑞、青岛索尔、咸亨国际、徐州海伦哲等。

第二节　车辆结构与主要部件

一、车辆结构

带电工具库房车采用前后分舱设计，前舱为驾乘区，后舱为仓储单元，后车厢配置有专用工器具存放货架，用于存放带电作业工器具、仪器仪表、备品备件等。带电工具库房车典型结构布置如图9-3所示，主要包括底盘、工具存储货架、发电机、曲臂升降灯等。

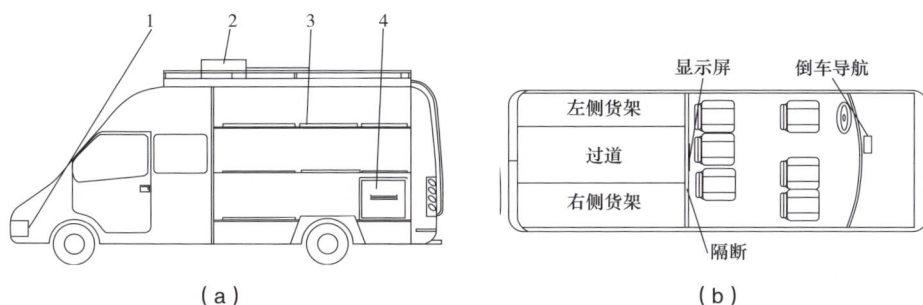

图9-3 带电工具库房车典型结构布置示意图
（a）侧视图；（b）俯视图
1—底盘；2—曲臂升降灯；3—工具存储货架；4—发电机

二、车辆主要部件

1.底盘

带电工具库房车一般使用客车车辆底盘。

2.曲臂升降灯

曲臂升降灯的功能是为作业现场提供小范围短时照明，包含升降照明平台、升降照明设备。升降照明平台为升降照明灯提供牢固支撑，升降照明灯分左右灯头，可分别打开，灯头可360°旋转，设备操作简单，可实现一键复位。另外，升降照明设备可加装摄像设备，提供远程监控功能。曲臂升降灯如图9-4所示。

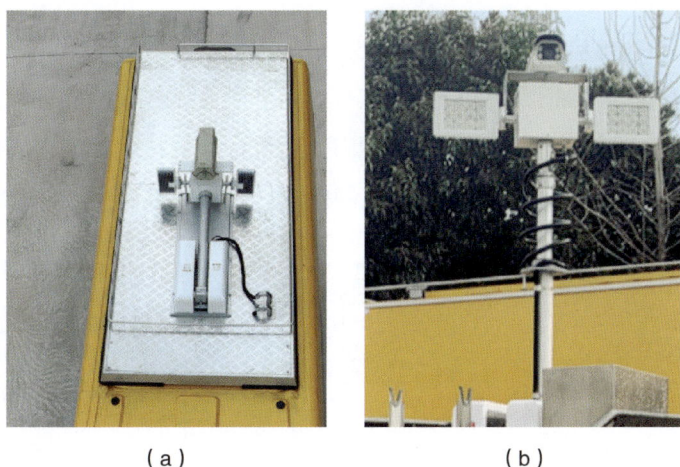

图9-4 曲臂升降灯
（a）俯视图；（b）正视图

3.工具货架

工具货架用于存放各类带电作业工器具，宜采用304不锈钢或同等产品质量的铝合金材料。货架必须固定在车身的构架筋梁上，但不得破坏车辆结构和影响行车安全。工具舱内宜分左右两个工具存放架，每边宜按三层设计（不含底面），每层设计足够额定载荷。

工具货架采用分层结构存放工具，按照上小下大、上轻下重的原则，体积较小的工器具采用专用工具箱存放，并根据工具的形状和尺寸配备防震设施。工具存放架上应有明确标识，工器具应固定牢靠、取放方便，并有减震措施；货架上应配置绝缘工具专用存储机构，满足正常带电作业工具存放的要求，各类工具不受车体移动的影响，不会出现磨损及变形。工具货架如图9-5所示。

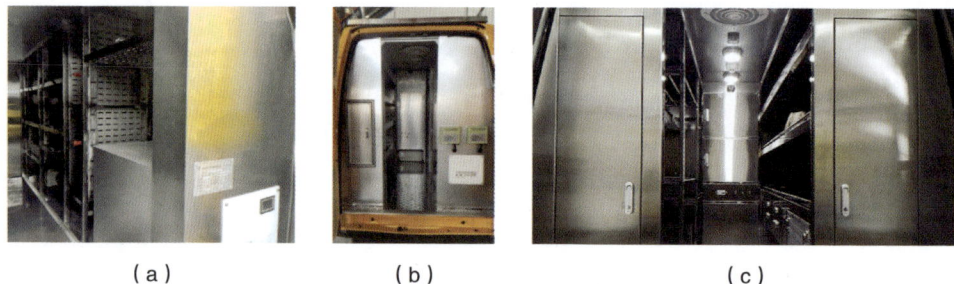

（a） （b） （c）

图9-5 工具货架
（a）不锈钢货架；（b）铝型材货架；（c）整体外观

4.温湿度控制系统

温湿度控制系统通过传感器采集工具舱内温湿度，控制加热和除湿装置，保证空间内的温度和湿度处于预设值范围内。系统由除湿机、热风器、传感器和控制系统等组成，具备手动和自动两种控制模式。温湿度控制系统如图9-6所示。

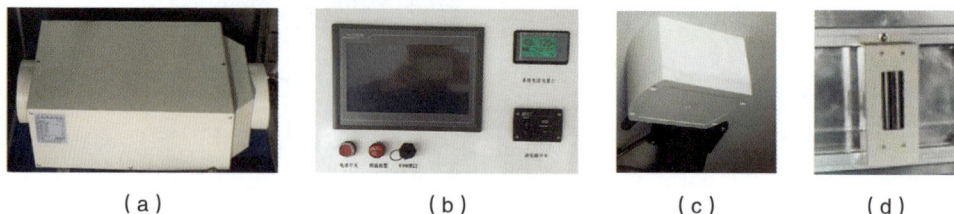

（a） （b） （c） （d）

图9-6 温湿度控制系统
（a）除湿机；（b）操作显示屏；（c）传感器；（d）热风器

5.发电机

车载发电机能为作业现场提供临时电源，其放置于发电机舱内，有滑动托架，可平移推出；发电机具有供电稳定、工作噪声低和油耗低等特点。发电机如图9-7所示。

图9-7　发电机

第三节　车辆使用要点

带电工具库房车属于专用特种车辆，车辆使用人员应接受相关培训、熟悉车辆产品说明，使用时应严格按照相关规范要求和产品说明操作。带电工具库房车的使用一般包括作业前准备、工器具出入库操作、发电机操作、曲臂升降灯操作、温湿度控制系统操作等。以下主要对车辆使用要点进行说明，供使用人员参考。

一、作业前准备

使用带电工具库房车前，应做好以下准备工作。

1.车载设备检查

车辆行驶前，检查车载发电机燃油箱油位，确保满足作业需求；检查工具舱内各工器具是否固定到位，不得脱开；检查除湿机出水管是否畅通，无打结、叠压等问题；检查除湿机和热风机进出风口有无遮挡物，确保进出风顺畅。

车载设备检查需要注意：

（1）工器具未固定牢靠时严禁开车。

（2）当除湿机排水不畅或热风机进出风口有遮挡物时，严禁进行除湿操作。

2.作业现场车辆停放

（1）带电工具库房车进入作业现场后，需要停在宽敞的场所，车辆后面要留出至少2m的空间，以方便开门取放工具；车辆右侧要留出至少1.5m的空间，以方便使用车载发电机和人员进出车辆。

（2）车辆停放好后，将车辆挡位置于空挡，并将车辆可靠制动。

（3）车辆周围应设置安全围栏，禁止非作业人员进入。

3.车辆接地

取出带电工具库房车的接地装置（多股软铜线），利用附近杆塔或设备装置的接地极（桩），或使用临时接地钢钎，使用接地线夹具连接并可靠固定。车辆接地需要注意：

（1）接地线使用截面积不小于16mm²的多股软铜线并有透明塑料护套，接地装置在地面无缠绕、无叠压、无扭结。

（2）装设接地线的固定或临时接地极（桩）应无松动、断裂、脱焊及严重锈蚀情况，接地极（桩）有效埋深不小于0.6m。

二、工器具出入库操作

作业前从工具舱中拿取工器具，作业结束后将工器具放置回工具舱，拿取、放置工器具时需要注意：

（1）解除所需工器具的固定机构后，从工具舱内取出使用。

（2）作业完毕后，应使用干燥、清洁的毛巾，对工器具表面（特别是绝缘表面）进行擦拭，清除表面灰尘、水渍等污垢；然后按工器具原有位置放置工器具并固定完好。

三、发电机操作

打开发电机舱门，抽出发电机，启动发电机对作业现场用电设备进行供电。发电机操作需要注意：

（1）在启动发电机前，检查燃油是否足够、输出开关是否断开、外壳是否接地。

（2）使用发电机时，应确认其支撑平台完全抽出并锁止可靠，严禁在其未完全抽出的状态下使用；使用完毕后应确认其支撑平台完全回缩并锁止可靠。

（3）严禁带负载启动发电机。

四、曲臂升降灯操作

接通曲臂升降灯电源，使用曲臂升降灯遥控器对曲臂升降灯进行升降、俯仰、旋转、亮灯等操作。

1.曲臂升降灯供电方式

曲臂升降灯有三种供电方式：

（1）底盘供电。将底盘钥匙拧至"ACC"挡或启动底盘，按下工器具库房车电源开关，曲臂升降灯接通电源。

（2）车载发电机供电。启动发电机，曲臂升降灯接通电源。

（3）市电供电。将市电插头接入市电，曲臂升降灯接通电源。

2.曲臂升降灯操作注意事项

（1）长时间采用底盘供电时需启动车辆底盘发动机给电瓶供电，防止蓄电池亏电。

（2）灯杆出现以下情况时应进行维护：①外部表面有明显可见的灰层或砂砾；②灯杆伸长或缩短时出现故障；③灯杆工作时有噪声；④灯杆某一部分出现黏滞。

五、温湿度控制系统操作

车辆接入市电或启动车载发电机，再登录显示屏中的除湿界面，可设置自动模式或手动模式来实现除湿机、热风机的启停，完成对工具舱的除湿。

（1）自动模式。点击显示屏中的"自动"图标，此时除湿系统的机构执行以下逻辑关系：①室内温度低于温度下限，热风机启动，高于温度上限，热风机停止；②室内湿度高于湿度上限，除湿机启动，低于湿度下限，除湿机停止。

（2）手动模式：点击显示屏中的"手动"图标，此时可直接点击"除湿机"或"热风机"的图标控制其启停。

六、视频监控操作

将底盘钥匙拧至"ACC"挡或启动底盘，打开车载多媒体（导航）的电源，进入主界面，轻触主界面中的"视频输入"图标，即可显示车顶监控和工具舱监控实时画面。车顶监控可通过曲臂升降灯遥控器操作控制摄像头拍摄角度和变焦。

第四节　车辆维护保养要点

带电工具库房车属于专用特种车辆，车辆维护保养人员应接受相关培训、熟悉车辆产品说明和维护保养手册，使用时应严格按照相关规范要求和产品维护保养手册操作。带电工具库房车的维护保养一般包括汽车底盘维护和车辆作业部分保养：汽车底盘维护可按照车辆底盘维保手册开展；车辆作业部分保养时，应根据厂家提供的使用说明书对作业相关部位进行检查、紧固、润滑、清洁和更换。以下主要对车辆作业部分维护保养要点进行说明，供维保和使用人员参考。

一、日常检查要点

（1）检查作业车的外观，特别是结构件的断裂或损坏情况，如果出现问题，不能使用作业车辆，须立即联系生产厂修理。

（2）检查连接螺钉和螺栓有无松动，尤其对于关键紧固件应着重检查。关键紧固件包括连接发电机与其支架的紧固件、曲臂升降灯与其支架的紧固件、工具货架与底盘的紧固件。

（3）检查发电机是否有漏油现象，如有必须立即解决。

（4）检查油管是否有损坏，必要时进行更换；检查管路时应注意安全。

（5）检查蓄电池电量，特别注意在对蓄电池进行维护之前必须切断电源；注意避免蓄电池溶液喷出灼烧伤人。

二、定期维护要点

（1）管路和接头检查：推荐每月对整个作业车的管路进行检查，确认管路和接头没有损坏、没有泄漏。

（2）电缆检查：推荐每月检查作业车上所有的电缆，确认其没有损坏，特别是没有挤伤、裂缝、磨损等。

（3）曲臂升降灯检查：推荐每月检查伸缩灯杆，对其进行清洗和润滑，以保证操作便利和延长使用寿命。

（4）控制装置检查：推荐每6个月检查控制装置工作是否正常，开关和电线是否接触良好，温湿度控制系统显示是否正常、动作是否正常等。

三、周期试验要点

带电工具库房车内部存放的工器具依据《带电作业工具、装置和设备预防性试验规程》（DL/T 976）开展预防性试验；车载发电机可以依据《移动电站通用技术条件》（GB/T 2819）开展试验。在日常使用过程中，按需开展标准涉及的相关试验项目，确保车辆性能可靠安全。

四、存放保管要点

（1）车辆宜停放在车库内，减少太阳直接暴晒或雨淋，远离高温热源。

（2）车辆如长期停放，应停放在防盗、防潮、通风和具有消防设施的专用场地，并使所有门窗、抽屉等活动部件处于稳固关闭状态。

（3）确认车辆门、窗均关闭完好。

（4）当长期不使用时，应定期发动汽车，并进行相应的保养，以确保再次使用时各设备可正常工作。

　　高电压试验车是搭载绝缘电阻测试仪、交流耐压试验装置、介质损耗测试仪等各类试验仪器，用于开展变电站电力设备现场状态检修试验及抢修的特种车辆，其主要功能是通过集中控制或手动控制等方式开展变电站内变压器、断路器、避雷器、电抗器等设备的高压电气试验和检测。

第一节　车辆简介

一、车辆分类及款式

　　按车载试验设备种类和数量，高电压试验车分为基本型和扩展型，其外观如图10-1所示。

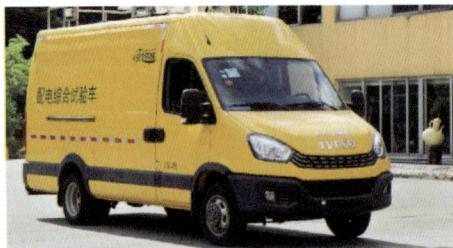

（a）　　　　　　　　　　　　　　（b）

图10-1　高电压试验车外观

（a）基本型；（b）扩展型

1.基本型高电压试验车

　　基本型高电压试验车乘坐人员不超过3人，一般采用客车车辆底盘，能满足相关标准规定的变电站一次设备现场停电例行试验要求，具备轻量化作业的特点，机动灵活，对驾驶人员驾照等级要求不高。

2. 扩展型高电压试验车

扩展型高电压试验车乘坐人员不超过6人，一般采用厢式车辆底盘，除满足基本型功能需求外，还能满足变电站一次设备现场部分诊断性试验项目要求，具备开展复杂综合试验的能力，对驾驶人员驾照等级要求较高。

二、车辆应用场合

高电压试验车利用汽车底盘作为行走机构，将试验所需的仪器设备、综合试验电源、其他辅助装置及其相应的操作和管理软件集成其上，形成一个完整的机动化试验系统，具有高度自动化、智能化等特点，在电力行业被广泛应用于多种场合，如变压器试验，包含绝缘电阻测量、介质损耗及电容量测试、耐压试验、分接开关测试等试验项目；如SF_6断路器试验，包含直流电阻测量、动作特性测试、SF_6气体微水量测试和密封性测试等。

高电压试验车的典型应用场景如图10-2所示，作业人员利用高电压试验车对变电站主变220kV侧氧化锌避雷器进行例行试验。

图10-2 高电压试验车典型应用场景

在选配高电压试验车时，应综合考虑以下三个方面：

（1）满足现场实际工作所包含的所有试验项目。

（2）各仪器以及连接线之间应具有有效隔离、绝缘和屏蔽措施，不仅应保证多台仪器同时工作不受环境干扰，还应保证操作人员的人身安全。

（3）仪器在试验车上应可靠固定，同时应满足快速拆卸离车使用。

三、车辆典型参数

1.车辆底盘参数

高电压试验车的关键参数（仅供参考）见表10-1。

表 10-1   高电压试验车关键参数

参数	类型	
	基本型	扩展型
车辆长度 L（mm）	$5000 \leqslant L < 7000$	$7000 \leqslant L < 10000$
高度 H（mm）	$H < 3500$	$H < 4000$
宽度 W（mm）	$W < 2500$	$W < 2500$
总质量 m（kg）	$m \leqslant 5500$	$m \leqslant 16000$

2.车辆功能主要配置及关键参数

（1）高电压试验车典型设备配置见表10-2。

表 10-2   高电压试验车典型设备配置

序号	设备名称	主要试验项目/功能	基本型	扩展型
1	绝缘电阻测试仪	测量绝缘电阻、吸收比和极化指数	√	√
2	直流电阻测试仪	测量直流电阻	√	√
3	介质损耗测试仪	测量介质损耗角正切值（$\tan\delta$）和电容值（C_x）	√	√
4	直流高压发生器	测量直流耐压、直流泄漏电流，带有 $0.75U_{1mA}$ 功能	√	√
5	变压器分接开关测试仪	可实现测试有载分接开关的过渡过程、过渡波形、过渡时间、各瞬间过渡电阻值、三相同期性测试	√	√
6	回路电阻测试仪	测量导电回路的电阻测试	√	√
7	断路器机械特性测试仪	测量断路器的分合闸速度、时间；弹跳、行程、同期性、电流特性测试，具备石墨触头测试功能	√	√

续表

序号	设备名称	主要试验项目/功能	基本型	扩展型
8	避雷器交流参数测试仪	测量氧化锌避雷器的全电流、阻性电流及其谐波、工频参考电压及其谐波、有功功率及相位差	√	√
9	避雷器计数器动作仪	适应不同类型和厂家的雷击计数器的动作校验	√	√
10	电容电感测试仪	电容、电感器组在不用断开连线的情况下测量电容、电感值	√	√
11	试验变压器	用于小容量变压器、开关、短电缆等交流耐压试验	√	√
12	变压器变比组别测试仪	变压器、互感器变比测试	√	√
13	低电压短路阻抗测试仪	测量变压器低电压短路阻抗，可同步测量电压、电流、功率，并测量所施加电源频率	√	√
14	变压器绕组变形测试仪	变压器绕组变形测试	√	√
15	电流互感器综合特性测试仪	电流互感器伏安特性、变比、励磁特性检测	○	√
16	励磁特性测试仪	电压互感器励磁特性检测	○	√
17	大型地网接地电阻测试仪	测试大型接地装置的工频特性、土壤电阻率、接触电压和跨步电压的测试功能	○	√
18	SF$_6$综合检测仪	湿度、纯度、分解物的测量	○	√
19	接地导通测试仪	检测电力设备及配电网接地系统的接地引下线导通状况及其连接电阻的测量	○	√
20	油中气体含量分析仪	对油中H_2、CO、CO_2、CH_4、C_2H_4、C_2H_6、C_2H_2等组分含量进行测量	○	√
21	绝缘油击穿电压测试仪	绝缘油耐压试验，有过电流、过电压、短路保护等功能	○	√
22	交流耐压试验装置	多倍频感应耐压测试仪		√
23	绝缘油微量水分测试仪	测量变压器油中水分含量	○	√

注 √—推荐配置的试验设备；○—可选配的试验设备。

（2）高电压试验车搭载典型设备的关键参数见表10-3，其他车辆参数要求可参考国网公司特种车辆采购技术规范书。

表 10-3　　　　　　　　　　高电压试验车关键参数

序号	关键参数名称	关键参数要求
1	试验设备	
1.1	直流高压发生器	
1.1.1	高压输出：额定电压*（kV）	0~300
1.1.2	高压输出：额定电流*（mA）	3
1.1.3	电压电流准确度*	±1.0%（满度）±3个字
1.2	介损测试仪	
1.2.1	电容值*（pF）	3~60
1.2.2	介质损耗因数测量范围*（%）	0~60
1.2.3	准确度：电容*	±（0.5%读数+1pF）
1.2.4	介质损耗因数*	±（1%读数+0.0001）
1.3	直流电阻测试仪	
1.3.1	准确度*（级）	0.2
1.3.2	最高分辨率*（μΩ）	1
1.3.3	额定电流*（A）	5~20
1.3.4	测量范围*（Ω）	0.001~4
1.4	回路电阻测试仪	
1.4.1	测量范围*（μΩ）	0~1999
1.4.2	分辨率*（μΩ）	1
1.4.3	测试电流*（A）	>200
1.5	断路器机械特性测试仪	
1.5.1	时间测试范围*（ms）	0.1~1000
1.5.2	分辨率*（ms）	0.1
1.5.3	测试准确度±0.5%读数*（ms）	±0.2

序号	关键参数名称	关键参数要求
1.5.4	分辨率*（m/s）	0.01
1.5.5	测试准确度：±1%读数*	±0.05
1.6	绝缘电阻测试仪	
1.6.1	测量范围*（GΩ）	0~500
1.6.2	最小步进值*（Ω）	100
1.6.3	准确度等级*（级）	0.1
1.6.4	测试电压*（V）	500~5000
1.7	变压器分接开关测试仪	
1.7.1	过渡电阻测量范围*（Ω）	0.1~20
1.7.2	过渡电阻测量准确度*	±（1%读数+2个字）
1.7.3	动作时间测量范围*（ms）	1~250
1.7.4	动作时间测量准确度*	±（0.1%读数+0.1ms）
1.8	充气式试验变压器成套装置	
1.8.1	电源输入电压*（V）	220±10%单相
1.8.2	电源输出电压*（kV）	0~50
1.8.3	高压电流输出*（mA）	0~100
1.8.4	高压电流输出功率*（kVA）	≥5
2	安全工器具典型设备	
2.1	二氧化碳灭火器*（kg）	5
2.2	绝缘垫*	车内控制区域铺设
3	仪器仪表典型设备	
3.1	温湿度计*	温度：-30~+70℃，湿度±2.5%
4	车辆设计	分舱设计，应设有驾乘区、控制区和设备区，驾乘区应独立设计
5	特殊性能	
5.1	绝缘电阻*（MΩ）	工作电源对接地点≥20

续表

序号	关键参数名称	关键参数要求
5.2	整体耐受电压*（kV）（1min）	工作电源对接地点≥3
5.3	电磁兼容性	满足GB/T 17626.1的有关规定
6	操作台	
6.1	型式	移动式/抽屉式
6.2	材质	项目单位选定
7	专用机械装置	
7.1	指示牌	字迹清晰，在明显、适当的部位安装牢固
7.2	操作要求	起重、升降或伸展等应保证在最大力矩、负荷下安全使用
7.3	安全要求	满足稳固、平稳、锁紧、限位等要求，在车辆行驶时无自身松动
8	通信设备	
8.1	系统要求	应同时具备数据通信和音视频通信系统
8.2	数据通信接口方式	具备USB、以太网、或蓝牙等通信方式
8.3	数据通信USB接口标准	B型母型插座，符合USB3.0以上规范的规定
8.4	数据通信以太网接口标准	RJ65型插座，符合IEEE 1102.3标准的规定
8.5	音视频通信系统	同时具备音频、视频系统
9	电源系统	
9.1	基本要求	具有三相、单相外接电源接口
9.2	电源保护功能	使用多种电源时，应有防止电源冲突的保护措施
10	接地	
10.1	基本要求	有专用的集中接地点，并具有明显的接地标志
10.2	保护接地	

序号	关键参数名称	关键参数要求
10.2.1	连接要求	所有金属部件、设备金属外壳等应可靠连接至集中的保护接地点
10.2.2	阻抗值	与变电站接地网或独立的保护接地网可靠连接，保护接地网的接地电阻值应满足人身安全防护的要求
10.2.3	接地线材质	使用多股裸软铜线，整根接地线不得有中间接头，且连接回路的电阻均应不大于0.2Ω
10.2.4	接地线性能	接地线应有足够的截面积和长度。主接地回路接地线的截面积应满足动热稳定性的要求。保护地线的截面积不应小于16mm²
10.3	工作接地	
10.3.1	阻抗值	电气设备工作接地应与供电电源的中性线可靠连接，接地电阻应不大于4Ω
10.3.2	车体接地装置	
10.3.2.1	接地线*	透明护套多股软铜线，带接地钎
10.3.2.2	接地线长度*（m）	≥20
10.3.2.3	接地线截面积*（mm²）	≥25
11	照明系统	
11.1	基本要求	至少具有车辆本体照明、工作照明两种照明方式
11.2	本体照明	满足GB 4785的要求
11.3	工作照明	满足车内多个工作位照明要求。且每个工作位照度应不小于300lx。供电电源为外接电源

* 项目参数为必须满足的重要参数。

3.典型辅助装置及工具配置

高电压试验车搭载典型辅助装置及工具配置见表10-4。

表10-4　　　高电压试验车搭载典型辅助装置及工具配置

序号	工具名称	数量
1	接地线	按需
2	信号屏蔽线	按需
3	短接线	按需
4	安全警示牌、警示灯	按需
5	绝缘手套	1副
6	绝缘垫	1块
7	绝缘靴	1双
8	绝缘棒	2套
9	安全围网	按需
10	个人工器具	1套
11	绝缘隔板	1块
12	温湿度计	1只
13	放电棒	1根
14	个人保安线	3组
15	高空接线钳	1把
16	安全带	2条
17	温湿度计	1个
18	220V发电机（5kW）	1台
19	UPS电源	1套
20	曲臂升降灯	1套
21	顶部标志灯	1套
22	二氧化碳灭火器	2只

四、车辆主要制造商

近年来，高电压试验车常见制造商包括龙岩畅丰、龙岩海德馨、许继三铃、西湖电子、苏州华电、武汉里得、武汉南瑞、青岛索尔、徐州海伦哲等。

第二节 车辆结构与主要部件

一、车辆结构

高电压试验车主要包括底盘、集控仪器系统、综合试验电源、其他辅助
装置等。

1.基本型高电压试验车

基本型高电压试验车典型结构布置如图10-3所示。

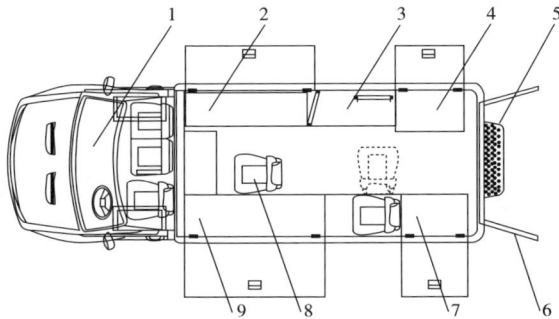

图10-3 基本型高电压试验车典型结构布置示意图
1—驾驶室；2—集控仪器机架；3—操作台；4—附件柜；5—上车踏板；6—双开门；7—发电机；
8—工作椅；9—工具柜

2.扩展型高电压试验车

扩展型高电压试验车典型结构布置如图10-4所示。

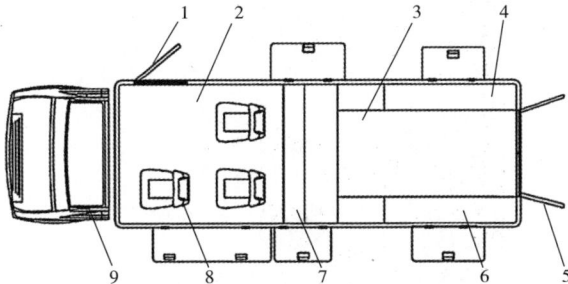

图10-4 扩展型高电压试验典型结构布置示意图
1—侧开门；2—乘坐室；3—工作室；4—操作台；5—双开门；6—试验控制平台；
7—集控仪器机架；8—工作椅；9—驾驶室

二、车辆主要部件

1.底盘

高电压试验车分为基本型和扩展型两种，基本型一般使用客车车辆底盘，扩展型一般使用厢式车辆底盘。

2.集控仪器系统

集控仪器系统统一安装在集控仪器架上，由计算机统一控制、管理，能利用集成控制软件完成电气试验的操作，数据、图形处理，报告打印等功能。集控仪器与被试设备的接线均由仪器接线板接出，由计算机通过集成控制软件完成对试验过程的控制与数据处理。集控仪器可以利用集成控制软件进行试验全程操作；部分集控仪器也可与车分离成独立的检测模块，在仪器面板上进行操作，形成一个以试验车为中心的现场工作平台，保持较好的机动能力。

集控仪器系统包含但不局限于绝缘电阻测试仪、直流电阻测试仪、介质损耗测试仪、直流高压发生器、回路电阻测试仪、变压器有载分接开关测试仪等试验仪器。

（1）绝缘电阻测试仪。绝缘电阻测试仪如图10-5所示，主要用于测量大容量变压器、互感器、发电机、高压电动机、电力电容、电力电缆、避雷器等设备的绝缘电阻。

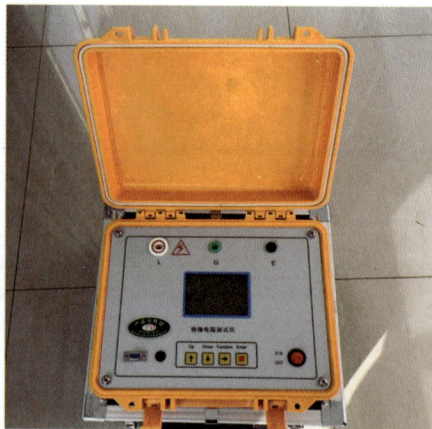

图10-5　绝缘电阻测试仪

绝缘电阻测试仪具备以下性能特点：

1）自动转换的高低范围双刻度指示，刻度应易于读识。

2）整机采用ABS塑料机壳便携式设计，抗干扰能力强、结构紧凑。

3）采用超薄型张丝表头，具有强抗震能力。

4）采用交直流两用，内置可充电电池和智能充电模块，整机输出功率大。

（2）直流电阻测试仪。直流电阻测试仪如图10-6所示，主要用于测量大型电力变压器的直流电阻。

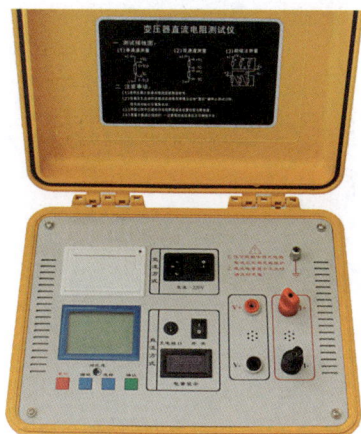

图10-6　直流电阻测试仪

直流电阻测试仪具备以下性能特点：

1）能够将高、低压电流电位测试线一次性接到变压器上，测试过程中不用反复改接测试线。

2）对于星形接法的绕组测试，仪器可采取三相同时测试的方式测试A0、B0、C0相的电阻，节省测试时间。

3）开展三相五柱低压内部三角形接线的变压器低压测试时，仪器内部能采用自动助磁方法。

4）能够显示、打印变压器的高/中/低压绕组的全部测试数据，并自动计算出三相不平衡度和折算到额定温度下的阻值。

5）具有完善的反电动势保护功能。

6）仪器应能永久存储测试数据，具备使用优盘存储数据功能，方便用户导入计算机处理。

（3）介质损耗测试仪。介质损耗测试仪如图10-7所示，主要用于绝缘油等液体绝缘介质的介质损耗因数和直流电阻率的测量，其内部集成了介质损耗油杯、温控仪、温度传感器、介质损耗测试电桥、交流试验电源、标准电容器、高阻计、直流高压源等主要部件，能够全自动完成升温、控温、高速数据采样、运算、显示、打印及存储等过程。

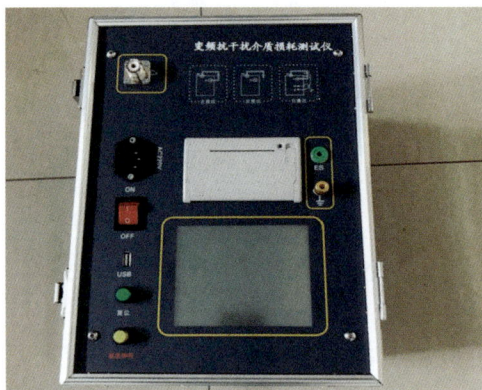

图10-7　介质损耗测试仪

介质损耗测试仪具备以下性能特点：

1）能够高度自动化地升温、测量介质损耗，可一次完成电阻率测量。

2）油杯采用符合《液体绝缘材料　相对电容率、介质损耗因数和直流电阻率的测量》（GB/T 5654）的三电极式结构，能够消除杂散电容对介质损耗测试结果的影响。

3）具备新的数字信号处理（DSP）和快速傅里叶变换（FFT）技术，确保数据稳定、准确、可靠。

4）具备实时时钟，测试日期、时间可随测试结果保存、显示、打印。

（4）直流高压发生器。直流高压发生器如图10-8所示，主要用于对氧化锌避雷器、电力电缆、变压器、发电机等高压电气设备进行直流耐压试验。

直流高压发生器具备以下性能特点：

1）机箱采用铝合金材质。

图 10-8　直流高压发生器

2）采用中频倍压电路，应用脉宽调制技术（PWM）和大功率 IGBT 器件。

3）采用电压大反馈，输出电压稳定度高。

4）全量程平滑调压，电压调节细度好，调节精度和稳定度高。

5）升压电位器零起升压。

6）具备 $0.75U_{1mA}$ 功能按钮，便于开展氧化锌避雷器试验。

7）过电压保护采用拨码设定。

8）倍压筒采用新型材料，轻巧、坚固；外表涂特种绝缘材料，电气性能好，防潮能力强。

（5）回路电阻测试仪。回路电阻测试仪如图 10-9 所示，主要用于高压开关接触电阻（回路电阻）的高精度测量，同样适用于其他需要大电流、微电阻测量的场合。

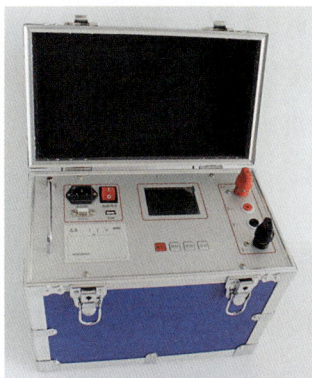

图 10-9　回路电阻测试仪

回路电阻测试仪具备以下性能特点：

1）采用液晶显示器、高速热敏打印机。

2）具备体积小、质量轻、抗干扰能力强、精度高、操作方便、保护功能完善等特点。

3）人机对话全键盘操作方式，可全过程智能化工作。

4）采用精密仪用运算放大器和高精度四重积分 A/D 转换器，结合高性能 16 位单片机，测量时系统能根据信号大小自动切换放大倍数，确保测试准确度。

（6）断路器特性测试仪。断路器特性测试仪如图 10-10 所示，主要用于准确地测量出各种电压等级的少油、多油、真空、SF$_6$ 等高压断路器的机械动特性参数。

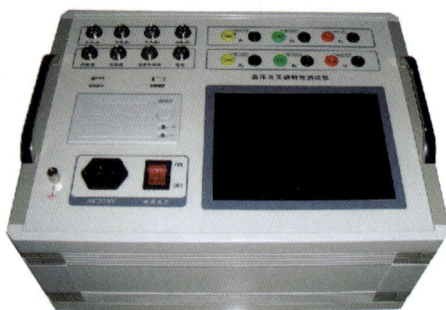

图 10-10　断路器特性测试仪

断路器特性测试仪具备以下性能特点：

1）主控部分采用高性能工控机，实时显示各项参数曲线图及数值。

2）可存储 100 组测量数据并具有掉电保护功能。

3）具备高速热敏打印机。

4）具备过热、过电流、过电压保护功能，电磁兼容性好，抗干扰能力强。

（7）变压器有载分接开关测试仪。变压器有载分接开关测试仪如图 10-11 所示，主要用于测量变压器有载分接开关的过渡波形、过渡时间、各瞬间过渡电阻值、三相同期性等。

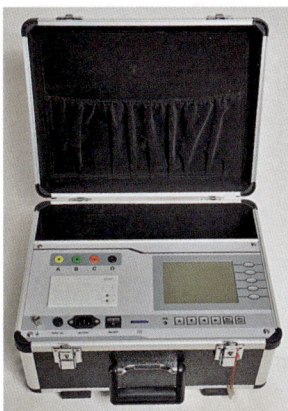

图10-11　变压器有载分接开关测试仪

变压器有载分接开关测试仪具备以下性能特点：

1）仪器输出电流大、质量轻。

2）仪器输出开路电压28V，在1A挡的电流下可以测试10Ω的过渡电阻，并设有0.5A、0.3A挡，方便测试大的过渡电阻。

3）具备完善的保护电路，可靠性强。

4）采用立式机箱结构和大液晶屏幕显示，便于现场操作。

5）具备U盘存储功能，能存储更多数据波形。

3.综合试验电源

综合试验电源如图10-12所示，是车载高压试验电源装置的核心部件。在车载平台的基础上，按照试验项目需求，用相对更加稳定、更大功率的数字式高品质综合试验电源，代替各传统仪器重复的内置电源部分，通过综合试验车集成控制软件集中控制，提高供电的质量与能力，增强仪器的抗干扰性，增加不同次试验数据之间的可对比性。

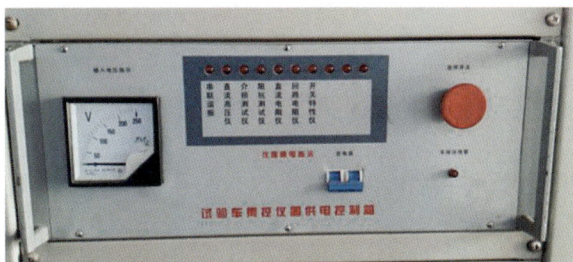

图10-12　综合试验电源

4.其他辅助装置

（1）消防设备。车辆配备二氧化碳灭火器2只，单只质量5kg，存放于便于取用的地方。二氧化碳灭火器适用于扑救各种可燃液体和可燃气体的初起火灾，以及带电设备和精密电子仪器、贵重设备的火灾；但不宜在室外刮大风时使用，在窄小和密闭的空间使用后，要及时通风或人员撤离现场，以防窒息。

（2）智能供电单元。高电压试验车拥有市电电源、车载发电机电源及UPS电源三种供电方式组成的智能供电单元，其特点是：

1）日常使用市电电源，UPS为辅助，车载发电机电源后备，通过计算机对三种电源进行合理安排、管理与控制。

2）专用车载发电机是最直接的自备供电来源，方便发电机与集控仪器系统的连接与匹配，同时对发电机实施相应的监测与保护，确保发电机本身的安全。

3）具备高可靠性与高抗震性。

第三节　车辆使用要点

高电压试验车属于专用特种车辆，车辆使用人员应接受相关培训、熟悉车辆产品说明，使用时应严格按照相关规范要求和产品说明操作。高电压试验车的使用一般包括集控仪器系统操作、车辆内电器元件操作、曲臂升降灯操作、吊机操作、绞盘操作等，以下主要对车辆使用要点进行说明，供使用人员参考。

一、集控仪器系统操作

绝缘电阻测试仪、直流电阻测试仪、介质损耗测试仪、变压器分接开关测试仪等车载试验仪器的使用应按照仪器使用说明书进行操作。

二、车辆内电器元件操作

（1）将车上的市电电缆取下，一端接于尾部"市电电源输入"插座，另一端接于附近的市电接口或者发电机组。

（2）合上配电面板"市电输入""吊车""绞盘""空调"等微型断路器与剩余电流动作保护器。

（3）按下相应电器元件开关，完成功能使用。

配电面板及相应功能元件如图10-13所示。

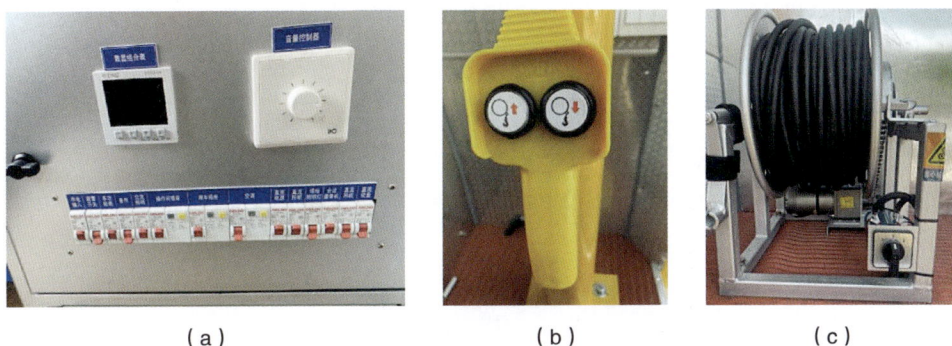

（a） （b） （c）

图10-13 配电面板及相应功能元件
（a）配电面板；（b）吊机操作手柄；（c）电缆绞盘及控制器

三、曲臂升降灯操作

接通曲臂升降灯电源，使用曲臂升降灯遥控器对曲臂升降灯进行升降、俯仰、旋转、亮灯等操作，使曲臂升降灯照射作业区域。相关操作介绍详见第九章第三节相关内容。曲臂升降灯如图10-14所示。

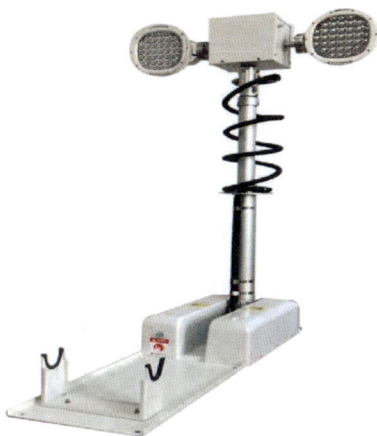

图10-14 曲臂升降灯

四、车辆使用注意事项

高电压试验车在使用过程中应注意以下事项：

（1）高电压试验车使用前应可靠停放并与带电设备保持足够的安全距离。

（2）高电压试验车使用前应可靠接地。

（3）操作试验仪器时，作业人员应穿戴全套个人防护用具并站在绝缘垫上操作。

（4）试验时，检测线缆应可靠连接、摆放整齐，避免拖拽。

（5）操作试验仪器时，应严格按照产品说明书使用，严禁超量程、超范围使用。

（6）试验完毕后，应对被测设备和仪器进行逐项充分放电。

第四节　车辆维护保养要点

高电压试验车属于专用特种车辆，车辆维护保养人员应接受相关培训、熟悉车辆产品说明和维护保养手册，使用时应严格按照相关规范要求和产品维护保养手册操作。高电压试验车的维护保养一般包括汽车底盘维护、集控仪器系统维护和其他辅助设备维护：汽车底盘维护时，可按照车辆底盘维保手册开展；集成仪器系统维护时，应根据厂家提供的使用说明书对试验仪器进行检查、校验、清洁和更换；其他辅助设备维护时，应根据实际设备进行维护，如线缆应进行耐压试验、灭火器应进行例行检查等。

一、日常检查要点

（1）检查作业车的外观，特别是结构件的断裂或损坏情况，如果出现问题，不能使用作业车辆，须立即联系生产厂修理。

（2）检查连接螺钉和螺栓有无松动，尤其对于关键紧固件，应着重检查。关键紧固件包括车厢与底盘连接的紧固件、发电机组与车厢连接的紧固件和曲臂升降灯与车辆连接的紧固件。

（3）检查车上的电缆及微型断路器的连接线，确认其没有损坏，特别是没有挤压、裂缝、磨损等；若有损坏，须进行更换。

（4）检查各电磁阀组控制线路接头是否松动，若有应及时拧紧。

（5）检查蓄电池电量，特别注意在对蓄电池进行维护之前必须切断电源；注意避免蓄电池溶液喷出灼烧伤人。

（6）检查发电机是否有漏油现象，如有必须立即解决。

二、定期维护要点

（1）检测线缆检查：推荐每月检查作业车上所有的检测线缆，确认其没有损坏，特别是有没有挤伤、裂缝、磨损等。

（2）润滑：推荐每月根据说明书提供的车辆润滑部位表对作业车进行润滑，润滑部位包括电缆绞盘和吊机等；在工作负荷重、环境条件恶劣情况下，应增加润滑的频次。

（3）控制装置检查：推荐每6个月检查控制装置工作是否正常，开关和调速器是否接触良好，运动和工作速度是否平稳，显示是否正常等。

（4）油缸检查：推荐每12个月检查活塞杆有无深拉伤，镀铬层有无剥落或有无接头漏油；检查油缸铰接处运动情况。

（5）更换易损件：推荐每12个月全面检修车辆的关键结构件和关键连接部位，比如发电机组连接处、电缆绞盘、吊机等。

（6）车载发电机保养：推荐每12个月对车载发电机进行全面保养。

三、周期试验要点

（1）集控仪器系统每年应到专业机构进行检定试验。

（2）二氧化碳灭火器出厂充装灭火剂五年后须进行水压试验，以后每隔两年进行一次，达到12年报废年限时应及时更换。

（3）高电压试验车配置的个人防护用具（绝缘手套等）、绝缘垫、放电操作棒等按照《带电作业工具、装置和设备预防性试验规程》（DL/T 976）进行周期试验。

四、存放保管要

（1）车辆宜停放在车库内，减少太阳直接暴晒或雨淋，远离高温热源。

（2）车辆如长期停放，应停放在防盗、防潮、通风和具有消防设施的专用场地，并使所有门窗、抽屉等活动部件处于稳固关闭状态。

（3）确认车辆门、窗均关闭完好。

（4）定期确认车辆内的油、水、气等状态良好。

（5）关闭车辆左侧车厢与驾驶室之间的电源总开关（在驾驶员侧），切断全车总电源。

（6）当长期不使用时，应定期发动汽车，并进行相应的保养，以确保再次使用时各设备可正常工作。

电缆故障测距车是搭载电缆故障定位系统、电缆故障精确定点仪、电缆路径探测仪、电缆识别仪等各类试验仪器，用于开展电力电缆的各种故障检测和定位的特种车辆，其具备绝缘电阻测量、直流耐压试验（击穿识别试验）、电缆外护套试验、降阻烧弧、故障预定位及冲击精确定点等功能，适用于电缆主绝缘故障和电缆外护套故障的检测及精准定点，以及电缆识别和路径查找等作业场景。

第一节　车辆简介

一、车辆分类及款式

电缆故障测距车主要以客车车辆底盘为运输载体，能满足电力电缆耐压试验、识别、路径查找、故障定位等工作；具备轻量化作业的特点，机动灵活，无须反复搬抬设备，对驾驶人员驾照等级要求不高。电缆故障测距车外观如图11-1所示。

（a）　　　　　　　　　　　　　　　　（b）

图11-1　电缆故障测距车外观

（a）右前视图；（b）右视图

二、车辆应用场合

电缆故障测距车利用汽车底盘作为行走机构，将工作所需的电缆故障定位系统、电缆故障精确定点仪、辅助设备及其相应的操作和管理软件集成其上，形成一个完整的机动化系统。电缆故障测距车具有自动化、智能化等特点，在电力行业被广泛应用于多种场合，如变电站内、开关柜/环网柜旁、塔杆下、配电站房、电缆工井等多种工况的电缆试验、识别和故障定位等工作。

电缆故障测距车典型应用场景如图11-2所示。

（a） （b）

图11-2 电缆故障测距车典型应用场景
（a）电缆分支箱旁电缆故障定位；（b）变电站内电缆耐压试验

在选配电缆故障测距车时，应综合考虑以下两个方面：

（1）满足现场实际工作所包含的所有试验项目。

（2）各仪器以及连接线之间应具有有效隔离、绝缘和屏蔽措施，不仅应保证多台仪器同时工作不受环境干扰，还应保证操作人员的人身安全。

三、车辆典型参数

1.车辆功能主要配置

（1）电缆故障测距车典型设备配置见表11-1。

表 11-1　　　　　　　　　　电缆故障测距车典型设备配置

序号	设备名称	主要试验项目/功能	配置
1	车载电缆故障定位系统	可用于0.4～220kV电力电缆的故障预定位和精确定点，也可为单芯电缆护层故障查找提供直流或脉冲高压电源	√
2	高压输出单元（集成式）	内置绝缘测试仪、直流耐压功能，输出电压类型：直流、脉冲	√
3	脉冲反射仪	利用脉冲等方式进行故障测距	√
4	电缆故障精确定点仪	可用于各类电缆主绝缘故障点与单芯电缆外护层故障点的精确定位	√
5	电缆路径探测仪	具备带电电缆识别、探测电缆路径、测量电缆埋深的功能	√
6	电缆识别仪	可将目标电缆从多条电缆中识别出来	√
7	电阻法电缆故障测距设备	可用于单芯电缆外护层故障与电缆主绝缘故障的测距	√
8	局部放电检测仪	可用于超声波、暂态低电波局部放电检测	○
9	振荡波检测仪	可用于电缆振荡波检测	○
10	0.1Hz交流耐压试验系统	可用于10kV电缆的交流耐压试验，长度≤24km	○

注　√—推荐配置的试验设备；○—可选配的试验设备。

（2）电缆故障测距车典型设备的关键参数见表11-2，其他车辆参数要求可参考附录E。

表 11-2　　　　　　　　　电缆故障测距车典型设备关键参数

序号	关键参数名称	关键参数要求
1	车载电缆故障定位系统检测故障类型*	可检测低阻短路、断路开路、高阻泄漏性和高阻闪络性故障等四大类故障
2	高压输出单元（集成式）	
2.1	输出最高电压*（kV）	≥32
2.2	输出电压类型*	直流和脉冲
2.3	输出挡级*	高压至少分三挡输出，电容大小随电压输出挡转换而自动转换

序号	关键参数名称	关键参数要求
2.4	高压输出电缆长度*（m）	≥50
2.5	电缆最高耐压*（kV）	≥50
2.6	保护接地线长度*（m）	≥50
2.7	接地线截面积*（mm²）	≥25
2.8	检测地线长度*（m）	≥30
2.9	外接电源电缆长度*（m）	≥50
2.10	最高量程下冲闪能量*（J）	≥2500
3	电缆故障测距单元（集成式）	
3.1	测距方法*	应具备测距方法：低压脉冲法、冲闪回波法（脉冲电流、衰减法任一种）、二次及以上脉冲法（三次脉冲、多次脉冲、高级弧反射等）
3.2	测量范围*（km）	≥50
3.3	量程*（挡）	≥6
3.4	采样频率*（MHz）	≥200
3.5	测距精度*（m）	±0.4
3.6	波速度*	波速度可调，调节范围为100～300m/μs（1/2波速为50～150m/μs）
4	电缆故障精确定点仪	
4.1	定位方法*	精确定点方法中须具有声磁同步法，数字显示时间差。须具有探测金属性短路（死接地）故障的方法
4.2	定位精度*（m）	≤0.1
4.3	金属性短路故障定位精度*（m）	≤1
5	电缆路径探测仪	
5.1	工作方式	连续脉冲方式
5.2	信号输出方式	直连、耦合

续表

序号	关键参数名称	关键参数要求
5.3	输出音频信号频率*	不少于6种，可接收50Hz工频信号
5.4	方位指示	路径探测时，通过箭头或罗盘图标等其他形式直观指示电缆方位
5.5	路径定位精度*	埋深的10%
5.6	信号卡钳*	应配有钳口口径≤250mm规格的信号卡钳
6	停电电缆识别仪	
6.1	同步	发生器与接收器可自动同步
6.2	指示	直观的特征信号强弱指示
6.3	信号卡钳*	应配有钳口口径≤250mm规格的信号卡钳
7	电阻法电缆故障测距设备	
7.1	输出电压*（kV）	0~10
7.2	输出电流*（mA）	4kV时输出75，5kV时输出60，10kV时输出30
7.3	测距精度*	±0.1%
8	数字式绝缘电阻表	
8.1	三挡输出电压*（V）	1000（或500）、2500、5000
8.2	允许最大短路电流*（mA）	≥5
9	0.1Hz交流耐压试验系统	
9.1	最高输出电压*（kV）	≥28
9.2	输出频率*（Hz）	0.1（必须），0.05与0.02（可有）
9.3	最高负载电容（μF）	≥5

* 项目参数为必须满足的重要参数。

2.典型辅助装置及工具配置

电缆故障测距车典型辅助装置及工具配置见表11-3。

表 11-3　　　　　　　　**电缆故障测距车典型辅助装置及工具配置**

序号	工具名称	数量
1	接地线	按需
2	屏蔽电缆	按需
3	短接线	按需
4	安全警示牌、警示灯	按需
5	绝缘手套	1副
6	绝缘垫	1块
7	绝缘靴	1双
8	绝缘棒	2套
9	安全围网	按需
10	个人工器具	1套
11	绝缘隔板	1块
12	温湿度计	1只
13	放电棒	1根
14	个人保安线	3组
15	安全带	2条
16	温湿度计	1个
17	220V发电机（5kW）	1台
18	UPS电源	1套
19	升降照明灯	1套
20	顶部标志灯	1套
21	二氧化碳灭火器	2只

四、车辆主要制造商

近年来，电缆故障测距车常见制造商包括龙岩畅丰、龙岩海德馨、许继三铃、武汉里得、武汉南瑞、青岛索尔、南京荣港、徐州海伦哲等公司。

第二节　车辆结构与主要部件

一、车辆结构

电缆故障测距车主要包括底盘、车厢、电缆故障定位系统、电缆盘、其他辅助装置等，其典型结构布置如图11-3所示。

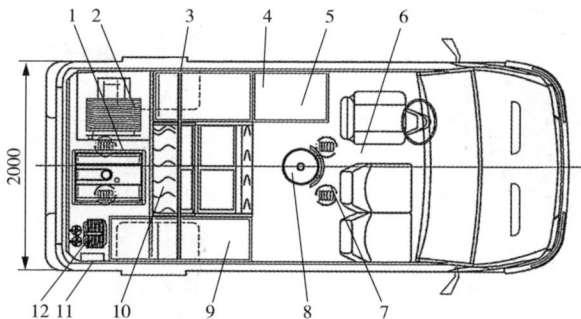

图11-3　电缆故障测距车典型结构布置示意图
1—车载发电机；2—电缆盘；3—绝缘隔板；4—设备柜；5—控制台；6—驾乘区；7—照明灯；
8—工作椅；9—工具柜；10—电缆故障定位系统；11—电控箱；12—接地线盘

二、车辆主要部件

1.底盘

电缆故障测距车一般采用客车车辆底盘。

2.电缆故障定位系统

电缆故障定位系统是统一安装在车辆上，由计算机统一控制、管理，利用集成控制软件完成电缆检测、识别、故障定位、图形处理、报告打印等功能。电缆故障定位系统与被试设备的接线由电缆盘接出，由计算机通过集成控制软件完成对检测过程的控制与数据处理；部分电缆仪器也可与车分离成独立的检测模块，在仪器面板上进行操作，形成一个以电缆故障测距车为中心的现场工作平台，保持较好的机动能力。

电缆故障定位系统包含但不局限于脉冲反射仪、高压输出单元、电缆故障精确定点仪、电缆路径探测仪、电缆识别仪等。

（1）脉冲反射仪。脉冲反射仪如图11-4所示，能够完成对故障电缆的故障点预定位，同时能判别出电缆低阻短路、断路、开路等故障类型。

（2）高压输出单元。高压输出单元如图11-5所示，由各种功能模块组成，具有直流耐压、单次脉冲、周期脉冲三种电压输出模式，通过切换开关可完成各种功能的转换。操作人员通过中央控制单元完成所有高压功能，无须接触高压设备和高压转换开关，操作安全方便。

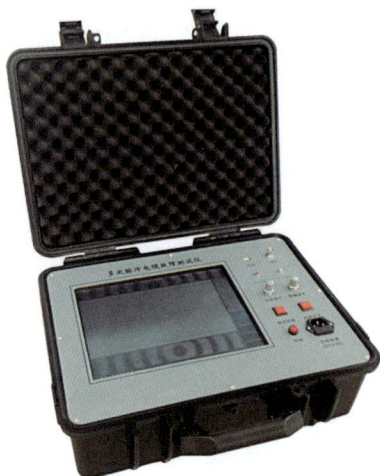

图11-4　脉冲反射仪

图11-5　高压输出单元

（3）电缆故障精确定点仪。电缆故障精确定点仪如图11-6所示，采用声磁信号同步显示和智能算法处理技术，配合高压输出单元实现电力电缆低阻、高阻及闪络性故障自动定点。

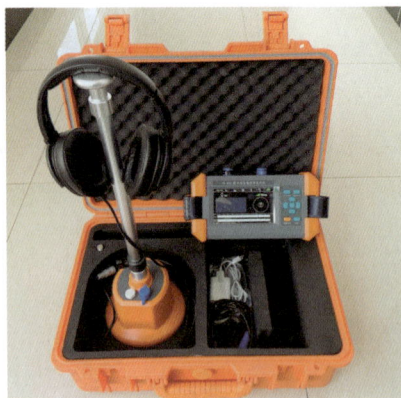

图11-6　电缆故障精确定点仪

电缆故障精确定点仪具备以下性能特点：

1）带有隔声罩的测振探头，获得更安静的监听背景。

2）采用平板计算机人机交互功能。

3）声音和磁场信号同步显示，故障定点精准可靠。

4）具备声音智能识别技术，电缆故障自动定点。

5）具备人体接近感应技术，自动噪声保护工作人员听力。

6）具备多样化的探针，适应不同地面探测要求。

（4）电缆路径探测仪。电缆路径探测仪如图11-7所示，其采用探测线圈感知加载在待测电缆上的交变电流引起的电磁场，在接收器屏幕上显示电缆路径和敷设深度。进行电缆路径探测时，需要用信号发生器向电缆发射音频信号，用接收器进行接收。

图11-7　电缆路径探测仪

电缆路径探测仪具备以下性能特点：

1）具备多频段的音频信号输出。

2）采用平板计算机人机交互功能。

3）工作模式有峰值和零值两种。

4）具备实时罗盘导向、电缆路径指示功能。

（5）电缆识别仪。电缆识别仪如图11-8所示，可用于识别带电电缆（三芯带铠装层）和停运电缆，其由信号发生器、接收钳信号检测器及指示表三部分组成，通过信号发生器产生特殊的脉冲调制信号，输出到被测电缆上，利用检测器测到施加在电缆上特殊信号，识别被测电缆。

图11-8　电缆识别仪

电缆识别仪具备以下性能特点：

1）具备多种信号输出方式，如直连输出、卡钳耦合。

2）停电识别准确性为100%。

3）发射机大功率输出，输出多挡可调，自动阻抗匹配，全自动保护。

4）柔性卡钳兼容多线径电缆，使用灵活方便。

3.其他辅助装置

（1）消防设备。车辆配备二氧化碳灭火器2只，单只质量5kg，存放于便于取用的地方。二氧化碳灭火器适用于扑救各种可燃液体和可燃气体的初起火灾，以及带电设备和精密电子仪器、贵重设备的火灾；但不宜在室外刮大风时使用，在窄小和密闭的空间使用后，要及时通风或人员撤离现场，以防窒息。

（2）电缆盘。电缆故障测距车通常配备高压连接电缆、电源电缆、主接地电缆、危险电动势监测电缆，可根据需要选择更多功能的测试电缆。电缆盘如图11-9所示。

图11-9　电缆盘

第三节　车辆使用要点

电缆故障测距车属于专用特种车辆，车辆使用人员应接受相关培训、熟悉车辆产品说明，使用时应严格按照相关规范要求和产品说明操作。电缆故障测距车的使用一般包括电缆故障定位系统操作、车辆行驶操作、曲臂升降灯操作、其他设备操作等，以下主要对车辆使用要点进行说明，供使用人员参考。

一、电缆故障定位系统操作

电缆故障测距车的基本操作流程为：绝缘电阻测量→击穿电压识别→电缆故障预定位→电缆路径测距→电缆故障精确定点。脉冲反射仪、高压输出单元、电缆故障精确定点仪、电缆路径探测仪、电缆识别仪等车载检测仪器的使用应按照仪器使用说明书进行操作。

二、曲臂升降灯操作

接通曲臂升降灯电源，使用曲臂升降灯遥控器对曲臂升降灯进行升降、俯仰、旋转、亮灯等动作，使曲臂升降灯照射作业区域。相关操作介绍详见第九章第三节相关内容。曲臂升降灯如图11-10所示。

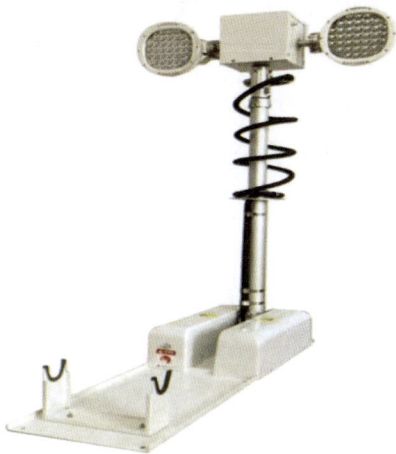

图11-10　曲臂升降灯

三、车辆使用注意事项

电缆故障测距车在使用过程中应注意以下事项：

（1）电缆故障测距车使用前应停放可靠并与带电设备保持足够的安全距离。

（2）电缆故障测距车使用前应可靠接地。

（3）操作试验仪器时，作业人员应穿戴个人防护用品站在绝缘垫上操作。

（4）试验时，检测线缆应可靠连接、摆放整齐，避免拖拽。

（5）操作检测仪器时，应严格按照产品说明书使用，严禁超量程、超范围使用。

（6）试验完毕后，应对电缆和仪器进行充分放电。

（7）接线前，先确保被测电缆两端信息准确，必要时要核相。接线顺序遵循先接地、次接测试线、最后接电源的顺序，拆线时相反。

第四节　车辆维护保养要点

电缆故障测距车属于专用特种车辆，车辆维护保养人员应接受相关培训、熟悉车辆产品说明和维护保养手册，使用时应严格按照相关规范要求和产品维护保养手册操作。电缆故障测距车的维护保养一般包括汽车底盘维护、电缆故障定位系统相关仪器维护和其他辅助设备维护：汽车底盘维护时，可按照车辆底盘维保手册开展；电缆故障定位系统相关仪器维护时，应根据厂家提供的使用说明书对试验仪器进行检查、校验、清洁和更换；其他辅助设备维护时，应根据实际设备进行维护，如线缆应进行耐压试验、灭火器应进行例行检查等。

一、日常检查要点

（1）检查作业车的外观，特别是结构件的断裂或损坏情况，如果出现问题，不能使用作业车辆，须立即联系生产厂修理。

（2）检查连接螺钉和螺栓有无松动，尤其对于关键紧固件应着重检查。关键紧固件包括车厢与底盘连接的紧固件、发电机组与车厢连接的紧固件和曲臂升降灯与车辆连接的紧固件。

（3）检查车上的电缆及微型断路器的连接线，确认其没有损坏，特别是没有挤压、裂缝、磨损等；若有损坏，须进行更换。

（4）检查各电磁阀组控制线路接头是否松动，若有应及时拧紧。

（5）检查发电机是否有漏油现象，如有必须立即解决。

二、定期维护要点

（1）电缆检查：推荐每月检查作业车上所有的电缆，确认其没有损坏，特别是有没有挤伤、裂缝、磨损等。

（2）控制装置检查：推荐每6个月检查控制装置工作是否正常，开关是否接触良好，显示是否正常等。

（3）油缸检查：推荐每12个月检查活塞杆有无深拉伤，镀铬层有无剥落或有无接头漏油；检查油缸铰接处运动情况。

（4）更换易损件：推荐每12个月全面检修车辆的关键结构件和关键连接部位，比如高压输出单位、发电机组连接处、电缆盘等。

（5）车载发电机保养：推荐每12个月对车载发电机进行全面保养。

三、周期试验要点

（1）各类仪器每年应到专业机构进行检定试验。

（2）二氧化碳灭火器出厂充装灭火剂5年后须进行水压试验，以后每隔2年进行一次，达到12年报废年限时应及时更换。

（3）高电压试验车配置的个人防护用具（绝缘手套等）、绝缘垫、放电操作棒等按照《带电作业工具、装置和设备预防性试验规程》（DL/T 976）进行周期试验。

四、存放保管要点

（1）车辆宜停放在车库内，减少太阳直接暴晒或雨淋，远离高温热源。

（2）车辆如长期停放，应停放在防盗、防潮、通风和具有消防设施的专用场地，并使所有门窗、抽屉等活动部件处于稳固关闭状态。

（3）确认车辆门、窗均关闭完好。

（4）定期确认车辆内的油、水、气等状态良好。

（5）关闭车辆左侧车厢与驾驶室之间的电源总开关（在驾驶员侧），切断全车总电源。

（6）当长期不使用时，应定期发动汽车，并进行相应的保养，以确保再次使用时各设备可正常工作。

第十二章　抢修车

抢修车是搭载作业工器具，用于开展电网抢修作业的特种车辆，其主要功能是搭载抢修人员、工具、材料，快速到达抢修现场开展作业，适用于电网故障抢修、应急指挥等场景。

第一节　车辆简介

一、车辆分类及款式

1.车辆分类

按照底盘类型不同，抢修车可分为客车型和皮卡型。

（1）客车型。客车型抢修车是以客车车辆底盘为基础改装的，其外观如图12-1所示。

图12-1　客车型抢修车外观

特点：可载人员和工具数量较多，能满足多名作业人员对线路的巡视、检修及缺陷处理等工作的要求。

（2）皮卡型。皮卡型抢修车是以皮卡车辆底盘为基础改装的特种车辆，其外观如图12-2所示。

图12-2　皮卡型抢修车外观

特点：通过性能好，能携带常用工器具，能满足对线路的一般性日常巡视、检修、缺陷处理的要求。

2.车辆款式

国网公司近年采购的抢修车主要款式见表12-1，按照底盘类别和驱动型式进行排序。

表12-1　　　　　　　国网公司采购抢修车主要款式

序号	底盘类别	驱动型式
1	客车型	两驱
2	皮卡型	两驱
3	皮卡型	四驱

二、车辆应用场合

抢修车具有通过性佳、机动灵活、操作简单等优点，能广泛应用于电网检修，如抢修、操作、巡视等。抢修车的典型应用场景如图12-3所示，此时工作人员在对配电设备进行抢修作业。

图12-3 抢修车典型应用场景

在选配抢修车时，应综合考虑作业人员数量和作业环境。客车型抢修车能够携带更多种类的工器具和搭载更多人员，较为适用于作业复杂的现场；皮卡型抢修车通过性能较好，适用于日常抢修作业。

三、车辆典型参数

（一）客车型抢修车

1.典型配置

客车型抢修车典型配置要求见表12-2。

表12-2　　　　　　　客车型抢修车典型配置

序号	专用装置分项明细	说明
1	顶部标志灯	警示避险作用
2	升降照明灯	夜间抢修提供照明
3	灭火器	用于紧急情况下灭火
4	微型气象站	提供现场气象条件
5	摄像设备	记录抢修现场
6	发电机	给抢修设备临时供电
7	置物衣帽柜	更换工作服的置物柜
8	工作台	记录抢修状态的平台
9	定制化作业柜	放置抢修工器具

客车型抢修车典型配置如图12-4所示。升降照明灯采用基座升降，顶

部灯具可以自由旋转，通过调整灯具照明角度可提供最适宜的照明环境[见图12-4（a）]；摄像设备屏幕安装在驾驶室，用于记录抢修现场[见图12-4（b）]；发电机设置在封闭式载物厢中[见图12-4（c）]；置物衣帽柜、工作台和定制化作业柜设置在载物厢中[见图12-4（d）~（g）]。

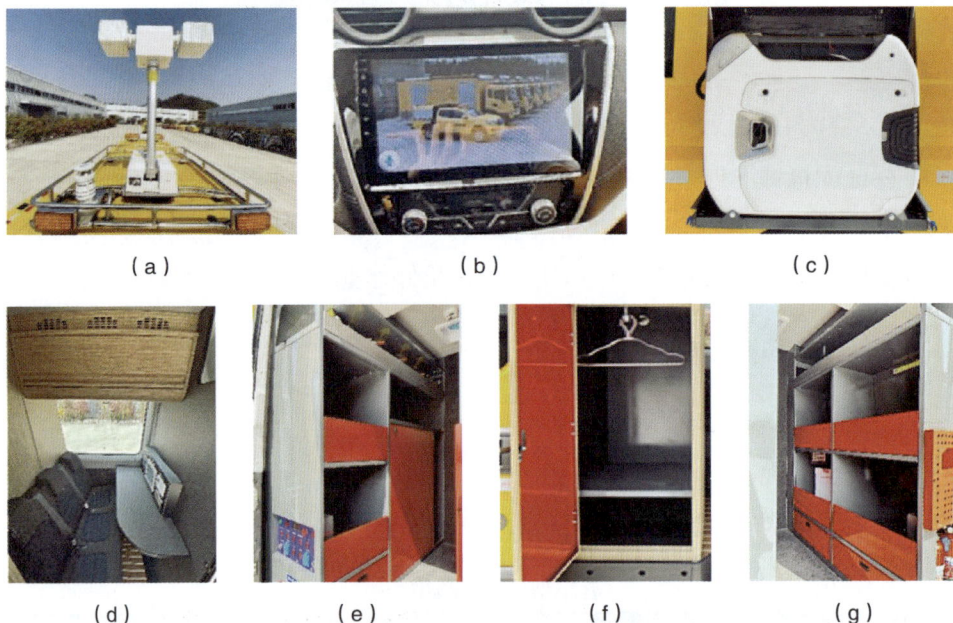

（a）　　　　　　　　（b）　　　　　　　　（c）

（d）　　　　（e）　　　　（f）　　　　（g）

图12-4　客车型抢修车典型配置

（a）升降照明灯；（b）摄像设备；（c）发电机；（d）工作台；（e）定制化作业柜1；

（f）置物衣帽柜；（g）定制化作业柜2

2.关键参数

国网公司对客车型抢修车关键参数要求见表12-3，其他参数要求可参考附录E。

表12-3　　　　　　　　　　客车型抢修车关键参数

序号	关键参数名称	关键参数要求
1	车载发电机	
1.1	发电机功率*（kW）	≥5
1.2	发电机燃料	汽油

序号	关键参数名称	关键参数要求
1.3	额定输出电压（V）	220
2	伸缩绝缘梯	
2.1	绝缘梯数量*（架）	1
2.2	绝缘梯长度（m）	≥5
3	车载升降照明灯	
3.1	遥控升降、转向功能	具备
3.2	灯头*（组）	≥2
3.3	单组灯头功率（W）	≥90
3.4	照射距离（m）	≥30
3.5	升降高度（m）	≥1.2
4	车内电源接口配置	220V电源插装座接口、24V直流电源接口
5	工具货架	设计合理、定制摆放、存取方便；货架采用304不锈钢或同等工艺
6	远程监控画面回传系统（套）	1
7	多方通话（路）	≥4
8	汽车底盘	
8.1	底盘类型*	客车
8.2	驱动型式*	4×2
8.3	轮胎种类	钢丝胎
8.4	轮胎数	≥4
8.5	全尺寸备胎数	≥1
9	整车性能参数	
9.1	最高车速（km/h）	≥90
9.2	最小离地间隙（mm）	190
9.3	爬坡性能*（爬坡度%）	≥30

续表

序号	关键参数名称	关键参数要求
10	整车尺寸及质量	
10.1	整车外形尺寸*（长 L）（mm）	$5500 \leqslant L < 6000$
10.2	整车外形尺寸（宽）（mm）	< 2500
10.3	整车外形尺寸（高）（mm）	< 3300
10.4	准载人数（人）	≥ 5

* 项目参数为必须满足的重要参数。

（二）皮卡型抢修车

1.典型配置

皮卡型抢修车典型配置见表12-4。

表 12-4　　　　　　　　　　皮卡型抢修车典型配置

序号	专用装置分项明细	说明
1	顶部标志灯	警示避险作用
2	升降照明灯	夜间抢修提供照明
3	灭火器	用于紧急情况下灭火
4	摄像设备	记录抢修现场
5	发电机	给抢修设备临时供电

2.关键参数

国网公司对皮卡型抢修车关键参数要求见表12-5，其他参数要求可参考附录E。

表 12-5　　　　　　　　　　皮卡型抢修车关键参数

序号	关键参数名称	关键参数要求
1	车载发电机	
1.1	发电机功率*（kW）	≥ 3
1.2	发电机燃料	汽油

续表

序号	关键参数名称	关键参数要求
1.3	输出额定电压（V）	220
2	伸缩绝缘梯	
2.1	绝缘梯数量*（架）	1
2.2	绝缘梯长度（m）	≥5
3	车载升降照明灯	
3.1	遥控升降、转向功能	具备
3.2	灯头*（组）	≥2
3.3	单组灯头功率（W）	≥90
3.4	照射距离（m）	≥30
3.5	升降高度（m）	≥1.2
4	车内电源接口配置	220V电源插装座接口、24V直流电源接口
5	工具货架	设计合理、定制摆放、存取方便；货架采用304不锈钢或同等工艺
6	远程监控画面回传系统（套）	1
7	多方通话（路）	≥4
8	发动机	
8.1	额定功率*（kW）	≥135
8.2	最大扭矩*（N·m）	≥245
9	汽车底盘	
9.1	底盘类型*	皮卡式载货型
9.2	变速器型式	自动
9.3	驱动型式*	4×2
9.4	轮胎种类	钢丝胎
9.5	轮胎数	≥4
9.6	全尺寸备胎数	≥1
10	整车性能参数	

序号	关键参数名称	关键参数要求
10.1	最高车速（km/h）	≥90
10.2	最小离地间隙（mm）	200
10.3	爬坡性能（爬坡度）*（%）	≥30
11	整车尺寸及质量	
11.1	整车外形尺寸（长）*（mm）	＜6000
11.2	准载人数（人）	≥5

＊ 项目参数为必须满足的重要参数。

四、车辆主要制造商

近年来，抢修车常见制造商包括龙岩畅丰、龙岩海德馨、许继三铃、武汉里得、武汉南瑞、青岛索尔、徐州海伦哲等。

第二节　车辆结构与主要部件

一、车辆结构

以皮卡型抢修车为例，其典型结构布置如图12-5所示。皮卡型抢修车整体结构呈两厢式，后厢主要用于载物，前厢为驾乘区。载物厢存放绝缘工器具、个人防护用具、其他抢修材料等，可以根据不同专业类型进行配置，如照明装置、小型电源等。驾乘区用于驾驶和载人。车顶可以放置抢修梯架和照明灯具。

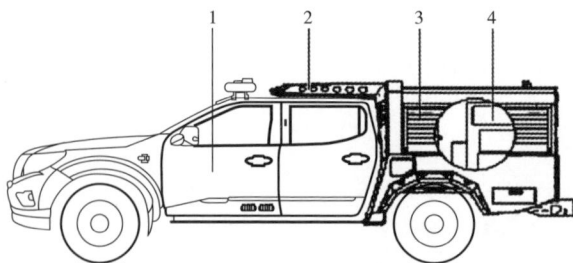

图12-5　皮卡型抢修车典型结构布置示意图
1—底盘；2—升降照明灯；3—载物厢；4—内部货架

二、车辆主要部件

1.底盘

抢修车底盘一般使用皮卡车辆底盘或客车车辆底盘。

2.载物厢

抢修车厢采用钢制外蒙皮，具备防雨、防尘、防火、防锈功能。

3.内部货架

货架采用轻型铝合金材料制造，分上下分区和左右分区存放工器具，可根据作业需求进行个性化定制。针对绝缘防护用具、电动工器具、常用仪表等装备，设置有专用存放货架，配有防震软质衬垫以及操作简单的固定装置。抢修车内部货架如图12-6所示。

图12-6　抢修车内部货架

4.升降照明灯

升降照明灯主要用于作业现场小范围短时照明，包含升降照明平台和升降照明设备：升降照明平台为升降照明灯提供牢固支撑；升降照明灯分左右灯头，可分别打开，灯头可360°旋转，设备操作简单，可实现一键复位。另外，升降照明设备可加装摄像设备提供远程监控功能。

5.绝缘梯

绝缘梯长度可达5m以上，可用于登高作业，广泛用于杆上变压器检修、电杆铭牌更换、高压熔断器分合等需要高处作业的场合。绝缘梯如图12-7所示。

图 12-7 绝缘梯

6.发电机

车载发电机主要用于抢修工具、装备的临时供电，如图12-8所示。发电机相关参数（仅供参考）见表12-6。

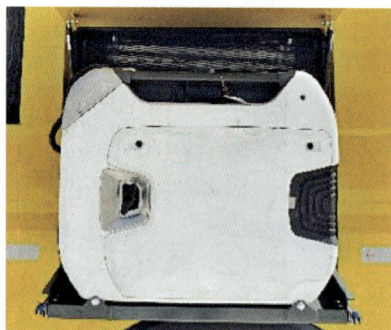

（a） （b）

图 12-8 发电机

（a）皮卡型抢修车发电机；（b）客车型抢修车发电机

表 12-6 发电机相关参数

序号	名称	参数要求
1	发电机功率（kW）	≥3
2	发电机燃料	汽油
3	额定输出电压（V）	220
4	输出电压允许偏差（%）	+7～-10
5	频率允许偏差（%）	±1

第三节　车辆使用要点

抢修车属于专用特种车辆，车辆使用人员应接受相关培训、熟悉车辆产品说明，使用时应严格按照相关规范要求和产品说明操作。以下对车辆使用要点分别进行说明，供使用人员参考。

一、升降照明灯操作

启动车辆，在驾驶室内取下升降照明灯有线或无线遥控器，长按遥控器手柄"灯杆升"键，待升降灯杆立起90°且上升到位停止后，按遥控器相关按键，点亮或熄灭灯具，长按遥控器上"复位"键将灯具恢复到初始状态。

二、摄像设备操作

启动车辆，打开中控屏开关，当升降照明灯、监控摄像头升到位后，摄像头自动工作；调整方向盘上功能模式切换键，调出画面。

三、发电机操作

打开载物厢舱门，抽出发电机组，启动发电机组对作业现场用电设备进行供电。发电机组操作需要注意：

（1）在启动发电机前，检查发电机燃油是否足够，输出开关是否断开，外壳是否接地。

（2）使用发电机组时应确认其支撑平台完全抽出并锁止可靠，严禁在其未完全抽出的状态下使用；使用完毕后，应确认其支撑平台完全回缩并锁止可靠。

（3）严禁带负载启动发电机。

第四节　车辆维护保养要点

抢修车属于专用特种车辆，车辆维护保养人员应接受相关培训、熟悉车辆产品说明和维护保养手册，使用时应严格按照相关规范要求和产品维护保养手册操作。车辆作业部分保养时，应根据厂家提供的使用说明书对作业相关部位进行检查、紧固、润滑、清洁和更换。以下主要对车辆作业部分维护保养要点进行说明，供维保和使用人员参考。

一、日常检查要点

（1）外观检查：对车辆外观、发动机外表进行清洁，保持车容整洁；检查轮胎磨损情况及有无裂伤，剔除嵌入轮胎的石块和杂物；检查轮胎气压是否正常。

（2）工作介质检查：对车辆各部润滑油（脂）、燃油、冷却液、机油、制动液进行检查。

（3）车辆内部检查：对汽车制动、转向、传动、悬挂、灯光、喇叭、信号等关键部位以及发动机运转状态进行检视，确保行程安全。检查车上的电线及传感器连接线，确认其有无损坏，特别是有无挤伤、裂缝、磨损等，若有损坏，则需进行更换。检查紧固件有无松动，检查中若发现螺钉或螺栓有松动现象，应立即拧紧；发现螺栓、螺母、传动皮带有磨损或损坏现象，应立即更换。

二、定期维护要点

（1）机油、"三滤"（机油滤清器、燃油滤清器、空气滤清器）检查：推荐每6个月更换一次机油和"三滤"。

（2）变速器润滑油、离合器液压油检查：推荐每年更换一次变速器润滑油和离合器液压油。

（3）刹车油检查：推荐第1年维保时更换刹车油，后续每2年或40000km更换一次。

（4）传动皮带检查：推荐每年更换一次传动皮带（含正时皮带）。

（5）刹车片、刹车盘检查：推荐第1年维保时更换前后刹车片、刹车盘，后续每2年或60000km更换一次。

（6）车载电池检查：推荐每24个月更换一次车载电池。

（7）车载发电机检查：推荐运行5h更换第一次机油，累计运行35h后更换第二次机油，以后每运行150h更换一次机油。

三、周期试验要点

抢修车中配置的绝缘梯可以依据《带电作业工具、装置和设备预防性试验规程》（DL/T 976）等标准开展试验，车载发电机可以依据《移动电站通用技术条件》（GB/T 2819）等标准开展试验。在日常使用过程中，按需开展标准中涉及的相关试验项目，确保车辆性能可靠安全。

四、车辆存放要点

（1）车辆可以停放在户外，当长期不使用车辆时，应将车辆停放到车库内。

（2）确认车辆门、窗均关闭完好。

（3）确认车辆内的油、水、气等状态良好。

（4）当长期不使用时，应定期发动汽车，并进行相应的保养，以确保再次使用时各设备可正常工作。

第十三章　巡检车

巡检车是搭载巡检作业工器具，用于开展输电线路巡检作业的特种车辆，其主要功能是搭载作业人员、工具、材料，开展巡检作业，适用于输电线路的巡视、检修、检测等任务，以及输电线路事故应急抢修、应急指挥等场景。

第一节　车辆简介

一、车辆分类及款式

按照底盘分类，巡检车可分为皮卡型和客车型。

1.皮卡型

皮卡型巡检车是以皮卡车辆底盘为基础改装的特种车辆，其外观如图13-1所示。

图13-1　皮卡型巡检车外观

特点：通过性能好，乘坐人员不大于5人，能携带常用工器具，满足对输电线路的一般性日常巡视、检修及缺陷处理的要求。

2.客车型

客车型巡检车是以客车车辆底盘为基础改装的特种车辆，其外观如图13-2所示。

图13-2　客车型巡检车外观

特点：可载人员和工具数量较多，满足多名作业人员对输电线路的巡视、检修及缺陷处理等工作的要求。

二、车辆应用场合

巡检车利用汽车底盘作为行走机构，具有通过性好、机动灵活、操作简单等优点，主要应用于输电巡检作业。巡检车的典型应用场景如图13-3所示。

图13-3　使用巡检车开展线路巡视检查工作

在选配巡检车时，应综合考虑作业人员数量和作业现场环境：皮卡型巡检车通过性能较好，适用于日常巡检作业；客车型巡检车能够携带更多种类的工具设备和搭载更多人员，较为适用于作业复杂的现场（如无人机巡检、机器人巡检等）。

三、车辆典型参数

1.常用配置

巡检车通常搭载安全工器具、劳保用品、常用工器具、仪器仪表等工具装备，其常用配置见表13-1。

表13-1　　　　　　　　巡检车常用配置

类别	序号	设备名称	数量		单位	主要用途
			皮卡型	客车型		
安全工器具	1	安全帽	5	10	顶	安全防护用品
	2	绝缘手套	1	1	副	安全防护用品
	3	绝缘靴	1	1	双	安全防护用品
	4	屏蔽服	5	10	套	安全防护用品
	5	验电器	1	1	个	验电
	6	个人保安线	5	10	根	安全防护用品
	7	接地线	3	3	根	设备接地
	8	安全带	5	10	套	安全防护用品
	9	安全围栏	按需	按需	m	现场安全防护
	10	安全警示牌	1	2	套	现场安全警示
	11	绝缘软梯	1	1	组	攀爬绝缘子串使用
劳动防护用品	1	急救药品箱	1	1	箱	急救用品
	2	雨衣	5	10	件	雨天维护
	3	雨靴	5	10	双	雨天维护
	4	红马夹	1	2	件	现场监护

续表

类别	序号	设备名称	数量		单位	主要用途
			皮卡型	客车型		
常用工器具	1	个人工具	5	10	套	日常工作使用
	2	便携照明（手电筒）	5	10	支	照明
	3	手锯	5	10	把	伐树使用
	4	对讲机	5	5	台	工作使用
	5	移动式车载照明	1	2	台	现场工作使用
	6	电锯	1	1	把	伐树使用
	7	发电机	1	1	台	现场工作使用
	8	电焊机	1	1	台	现场工作使用
	9	电源盘	1	1	件	工作使用
消防器材	1	车载灭火器	1	2	个	消防
常用仪器仪表	1	接地电阻测试仪	2	4	台	接地电阻测试
	2	望远镜	5	10	台	巡视、维护
	3	经纬仪	1	1	台	输电线路测量
	4	测距仪	1	1	台	距离测量
	5	测高仪	1	1	台	高度、高差测量
	6	风速仪	1	1	台	风速测量
	7	红外热成像仪	1	1	台	红外热成像
移动办公器具	1	数码照相机	5	10	台	工作记录
	2	便携式计算机	1	1	台	移动办公
	3	无线上网卡	1	1	个	移动办公
	4	打印机	1	1	台	移动办公
	5	数码录像机	1	1	台	特殊巡视
	6	录音笔	1	1	支	日常巡视

续表

类别	序号	设备名称	数量		单位	主要用途
			皮卡型	客车型		
其他	1	车辆自救工具	1	1	组	用于车辆自救
	2	组合工具箱	1	1	个	储存个人工具
	3	工具柜架	1	1	组	放置工器具

2.关键参数

国网公司巡检车关键参数要求见表13-2，其他参数要求可参考附录E。

表13-2   巡检车关键参数

序号	关键参数名称	关键参数要求
1	车载发电机	
1.1	发电机功率*（kW）	≥3
1.2	发电机燃料	汽油
1.3	额定输出电压（V）	220
2	车载升降照明灯	
2.1	遥控升降、转向功能	具备
2.2	灯头*（组）	≥2
2.3	单组灯头功率（W）	≥90
2.4	照射距离（m）	≥30
2.5	升降高度（m）	≥1.2
3	车内电源接口配置	220V电源插装座接口、24V直流电源接口
4	工具箱	设计合理、定制摆放、存取方便；货架采用304不锈钢或同等工艺，能够存放照相机、风速仪、测距仪、测高仪、望远镜、手持GPS等巡检设备
5	远程监控画面回传系统（套）	1
6	发动机	

序号	关键参数名称	关键参数要求
6.1	额定功率*（kW）	≥135
6.2	最大扭矩*（N·m）	≥250
7	汽车底盘	
7.1	驱动型式*	4×4
7.2	轮胎种类	钢丝胎
7.3	轮胎数	≥4
7.4	全尺寸备胎数	≥1
8	整车性能参数	
8.1	最高车速（km/h）	≥90
8.2	最小离地间隙（mm）	≥170
8.3	爬坡性能（爬坡度）*（%）	≥30
9	准载人数（人）	≥5

* 项目参数为必须满足的重要参数。

四、车辆主要制造商

近年来，巡检车常见制造商包括龙岩畅丰、龙岩海德馨、武汉里得、武汉南瑞等公司。

第二节　车辆结构与主要部件

一、车辆结构

以客车型巡检车为例，其典型结构布置如图13-4所示。客车型巡检车采用一体式框架结构，载物厢和驾乘区合为一体。载物厢存放安全工器具、劳动防护用品、常用工器具、消防器材、常用仪器仪表、移动办公器具等。

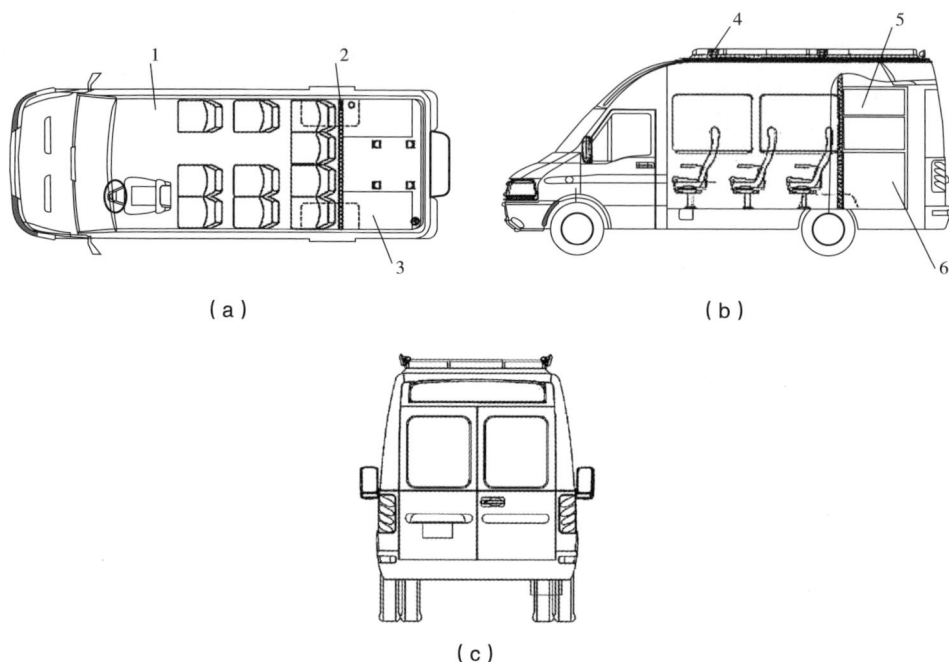

图 13-4 客车型巡检车典型结构布置示意图

（a）俯视图；（b）侧视图；（c）后视图

1—驾乘区；2—带推拉窗隔断；3—货架；4—升降照明灯；5—仓储单元；6—发电机柜

二、车辆主要部件

1. 底盘

巡检车底盘一般使用皮卡车辆底盘或客车车辆底盘。

2. 车厢

车厢采用钢板和优质内饰板制作，采用汽车钣金工艺和烤漆工艺。车厢的厢体密封良好，并具备防雨、防尘、隔热、防火、防锈等功能。

3. 货架

货架采用专用工业器材，随工器具空间形状可任意调整。工器具设多种防护装置，如挡块、孔座、绑带、胶垫等。货架质量轻、高强度、防滑、防跳、防撞、减震。巡检车内部货架如图 13-5 所示。

图13-5 巡检车内部货架

4.发电机

车载发电机如图13-6所示，主要用于巡检作业现场的临时供电。发电机相关参数（仅供参考）见表13-3。

图13-6 车载发电机

表13-3 发电机相关参数

序号	参数名称	参数要求
1	发电机功率（kW）	≥3
2	发电机燃料	汽油
3	额定输出电压（V）	220
4	输出电压允许偏差（%）	+7 ~ −10
5	频率允许偏差（%）	±1

5.升降照明灯

升降照明灯主要用于作业现场小范围短时照明，包含升降照明平台和升降照明设备：升降照明平台为升降照明灯提供牢固支撑；升降照明灯分左右灯头，可分别打开，灯头可360°旋转，设备操作简单，可实现一键复位。另外，升降照明设备可加装摄像设备提供远程监控功能。升降照明灯如图13-7所示。

图13-7 升降照明灯

第三节 车辆使用要点

巡检车属于专用特种车辆，车辆使用人员应接受相关培训、熟悉车辆产品说明，使用时应严格按照相关规范要求和产品说明操作。以下对车辆使用要点分别进行说明，供使用人员参考。

一、车辆行驶前注意事项

车辆行驶前，确认所有门处于关闭锁紧状态，务必检查确认车厢底部梯子及伸缩拉闸杆锁扣门处于锁紧状态。车辆长期停放时，需确认尾部配电板的微型断路器处于分闸状态。

二、升降照明灯操作

打开尾部车门，将配电板上的升降照明灯微型断路器合上，此时副驾驶的显示屏亮起，并出现画面。按下升降灯控制器"升"按钮不放，将升降灯升起；按下"灯1""灯2"按钮，灯亮起。使用"上""下""左""右"四个按钮来控制灯与摄像头的方向。按下"变焦+""变焦−"可以调整摄像头的焦距。使用完毕后，按"复位"按钮，灯具将自动复位。最后断开配电板上的升降照明灯微型断路器。

升降照明灯操作如图13-8所示。

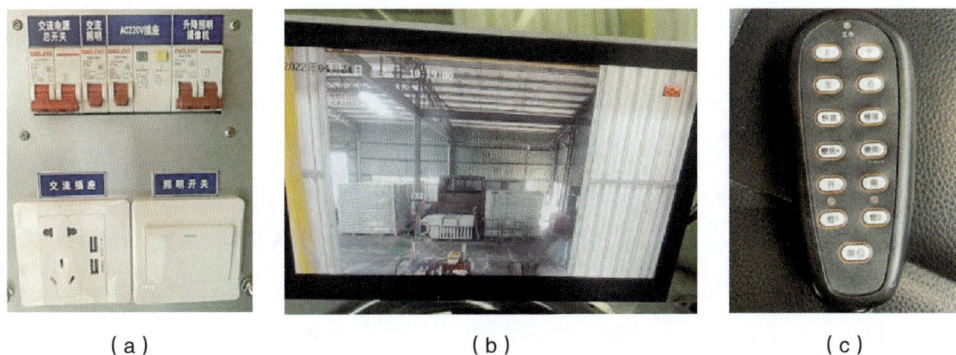

（a）　　　　　　　　　　　（b）　　　　　　　　　　　（c）

图13-8　升降照明灯操作
（a）配电板；（b）摄像头显示屏；（c）升降照明灯控制器

三、发电机操作

打开载物厢舱门，抽出发电机，启动发电机对作业现场用电设备进行供电。发电机操作需要注意：

（1）在启动发电机前，检查发电机燃油是否足够，输出开关是否断开，外壳是否接地。

（2）使用发电机时，应确认其支撑平台完全抽出并锁止可靠，严禁在其未完全抽出的状态下使用；使用完毕后，应确认其支撑平台完全回缩并锁止可靠。

（3）严禁带负载启动发电机。

第四节　车辆维护保养要点

巡检车属于专用特种车辆，车辆维护保养人员应接受相关培训、熟悉车辆产品说明和维护保养手册，使用时应严格按照相关规范要求和产品维护保养手册操作。车辆作业部分保养时，应根据厂家提供的使用说明书对作业相关部位进行检查、紧固、润滑、清洁和更换。以下主要对车辆作业部分维护保养要点进行说明，供维保和使用人员参考。

一、日常检查要点

（1）外观检查：对车辆外观、发动机外表进行清洁，保持车容整洁；检查轮胎磨损情况及有无伤裂，剔除嵌入轮胎的石块和杂物；检查轮胎气压是否正常。

（2）工作介质检查：对车辆各部润滑油（脂）、燃油、冷却液、机油、制动液进行检查。

（3）车辆内部检查：对汽车制动、转向、传动、悬挂、灯光、喇叭、信号等重要部位以及发动机运转状态进行检视；检查车上的电线及传感器连接线，确认其有无损坏，特别是有无挤伤、裂缝、磨损等，若有损坏，则需进行更换；检查紧固件有无松动，重点检查升降照明灯承载装置紧固件、梯子及其固定支架的紧固件、锁具的松紧，检查中若发现螺钉或螺栓有松动现象，应立即拧紧；发现螺栓、螺母、传动皮带有磨损或损坏现象，应立即更换。

二、定期维护要点

（1）机油、"三滤"检查：推荐每6个月更换一次机油和"三滤"。

（2）变速器润滑油、离合器液压油检查：推荐每年更换一次变速器润滑油和离合器液压油。

（3）刹车油检查：推荐第1年维保时更换刹车油，后续每2年或40000km更换一次。

（4）传动皮带检查：推荐每年更换一次传动皮带（含正时皮带）。

（5）刹车片、刹车盘检查：推荐第1年维保时更换前后刹车片、刹车盘，后续每2年或60000km更换一次。

（6）车载电池检查：推荐每24个月更换一次车载电池。

（7）车载发电机检查：推荐运行5h更换第一次机油，累计运行35h后更换第二次机油，以后每运行150h更换一次机油。

三、周期试验要点

巡检车中配置的相关工器具可以依据《带电作业工具、装置和设备预防性试验规程》（DL/T 976）等标准开展试验，车载发电机可以依据《移动电站通用技术条件》（GB/T 2819）等标准开展试验。在日常使用过程中，按需开展标准中涉及的相关试验项目，确保车辆性能可靠安全。

四、车辆存放要点

（1）车辆可以停放在户外，当长期不使用车辆时，应将车辆停放到车库内。

（2）确认车辆门、窗均关闭完好。

（3）确认车辆内的油、水、气等状态良好。

（4）当长期不使用时，应定期发动汽车，并进行相应的保养，以确保再次使用时各设备可正常工作。

照明车是由车辆平台、发电机组、升降照明灯以及相关辅助器材和设备组成的集发电、照明一体化的特种车辆，其主要功能是为作业现场提供灯塔式的大面积、多角度强光照明，适用于电力抢修、市政维护、抢险救灾及大型场馆应急照明等场景。

第一节　车辆简介

一、车辆分类及款式

1.车辆分类

照明车主体功能差异不大，一般按照照明灯功率分为小功率照明车（6kW）、中等功率照明车（8kW）和大功率照明车（12kW），其外观如图14-1所示。

（a）

（b）

图14-1　照明车外观（一）

（a）6kW照明车；（b）8kW照明车

（c）　　　　　　　　　　　　　　　　（d）

图 14-1　照明车外观（二）

（c）12kW 照明车；（d）照明灯升起状态

2.车辆款式

照明车在照明灯功率及照明高度上存在差异，以满足不同照明需求。国网公司近年主要采购的款式为 6kW 小功率照明车，以满足单个电力作业点位或抢修现场照明需求。国网公司近年采购照明车主要款式见表 14-1。

表 14-1　　　　　　　　国网公司采购照明车主要款式

照明灯功率（W）	车载发电机组功率（kW）	灯杆升高高度（m）
6 × 1000	14	≥ 6.5

二、车辆应用场合

照明车可为救援、抢险和临时大型集会提供照明，同时具备小功率供电功能。照明车配备的升降照明灯将升降桅杆固定在车厢内部，能将灯具连同云台举升至一定高度，可提供灯塔式的大面积、多角度强光照明；其搭载的车载发电机组能提供电力，保障事故现场各种设备正常运转。照明车的典型应用场景如图 14-2 所示，此时照明车上的照明灯开启对作业现场进行照明。

在选配照明车时，主要考虑作业（应用）场所照明需求，按照场地大小、照明强弱等要求选择不同功率的照明车。

（a）　　　　　　　　　　　　　　　　　（b）

图14-2　照明车典型应用场景

（a）照明车室内应用；（b）照明车户外应用

三、车辆典型参数

1.典型配置

照明车典型配置见表14-2。

表14-2　　　　　　　　　　　　　照明车典型配置

序号	专用装置分项明细	说明
1	发电机组	为升降照明灯及作业现场电力设备供电
2	升降照明灯	夜间作业提供照明
3	支撑系统	支撑升降照明灯
4	降噪系统	降低发电机组工作噪声
5	场地照明灯	保证夜间使用车辆的照明需求

2.关键参数

以6kW照明车为例，国网公司对照明车的关键参数要求见表14-3，其他参数要求可参考附录E。

表14-3　　　　　　　　　　　　　6kW照明车关键参数

序号	关键参数名称	关键参数要求
1	升降照明灯	
1.1	升降照明灯杆数（套）	1
1.2	升降照明灯功率（W）	6×1000
1.3	系统工作电压（V）	AC 220/380
1.4	系统工作电流（A）	≤30
1.5	光源型式*	金卤灯（泛光/聚光，用户单位选定）
1.6	光源色温*	6500K
1.7	光源颜色*	自然光色
1.8	水平垂直旋转速度（r/min）	≥4
1.9	光通量（lm）	≥320000
1.10	灯杆升高高度（m）	≥6.5
1.11	灯具离地高度（m）	≥7
1.12	水平旋转角度*（°）	≥360
1.13	垂直旋转角度（°）	≥330
1.14	有效照射距离（m）	≥50
2	发电机组	
2.1	发电机组主用功率*（kW）	≥14
2.2	发电机组备用功率（kW）	≥15
2.3	额定电压（V）	400/230
2.4	额定电流（A）	≥18
2.5	功率因数	0.8
2.6	励磁方式	无刷自励
2.7	绝缘等级	H
2.8	发动机总排气量（L）	≥2.5

续表

序号	关键参数名称	关键参数要求
2.9	机组燃油箱容量（L）	≥80
3	车厢外部两侧辅助照明	
3.1	基本要求	设置LED场地照明灯，照明灯交直流两用
3.2	照明灯数量（组）	≥2
3.3	单个照明灯功率（W）	≥15
4	应急电源快插输出接口	
4.1	接口型式	三相/单相插座，接线柱
4.2	输出电压（V）	380/220
4.3	输出电缆	阻燃柔性铜电缆
4.4	电缆接头	快插终端，带轮式拖动收纳盘
4.5	电缆长度（m）	≥30
5	车体接地装置	
5.1	接地线	接地棒、接地线及收纳盘
5.2	接地线长度（m）	≥10
5.3	接地线截面积（mm^2）	≥25

* 项目参数为必须满足的重要参数。

四、车辆主要制造商

近年来，照明车常见制造商包括上海科泰、龙岩海德馨、许继三铃、武汉里得、武汉南瑞、青岛索尔、青特、航天新长征、徐州海伦哲等。

第二节 车辆结构与主要部件

一、车辆结构

照明车的结构基本一致，其典型结构布置如图14-3所示，主要包括底盘、升降照明灯、降噪系统、车厢、发电机组和液压支腿等。

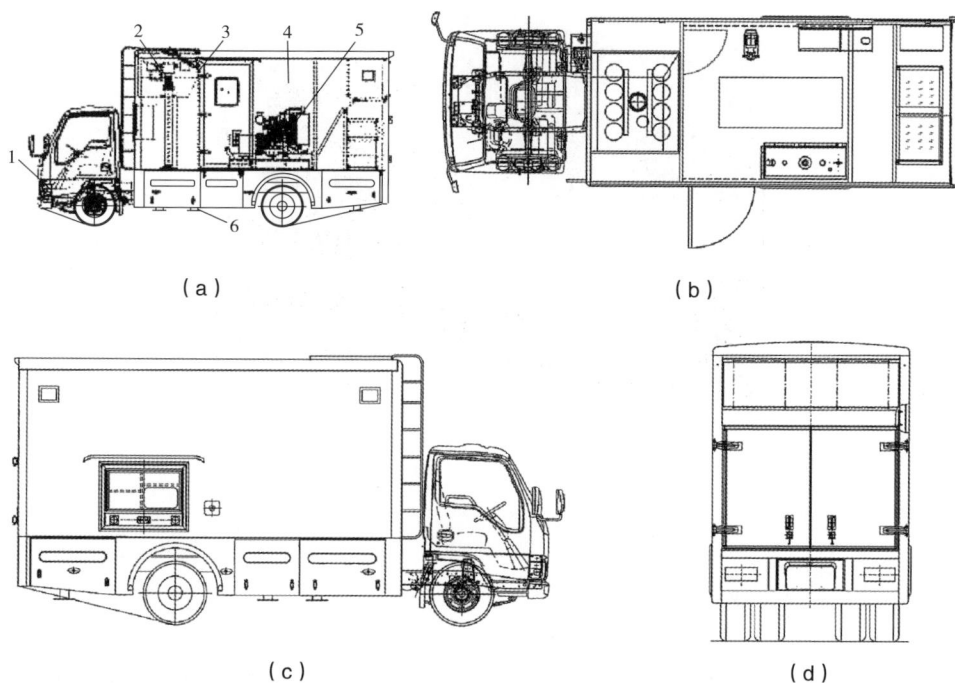

（a）

（b）

（c）

（d）

图14-3 照明车典型结构布置示意图
（a）左视图；（b）俯视图；（c）右视图；（d）后视图
1—底盘；2—升降照明灯；3—降噪系统；4—车厢；5—发电机组；6—液压支腿

二、车辆主要部件

1.底盘

照明车底盘一般采用厢式车辆底盘。

2.车厢

照明车车厢采用型材焊接结构作为基本骨架，高强度冷薄板作为外蒙板，折弯纵梁、折弯横梁和折弯翼板作为底架。根据功能需求，车厢设有若干平开门，下围按车辆所需设有若干上翻门。

3.发电机组

发电机组由发动机、发电机、控制系统和燃油箱等组成，用于升降照明灯及作业现场电力设备供电。典型发电机组如图14-4所示。

图14-4　发电机组

4.升降照明灯

升降照明灯由升降桅杆、云台、灯头、电源箱和遥控器等组成，典型升降照明灯如图14-5所示。

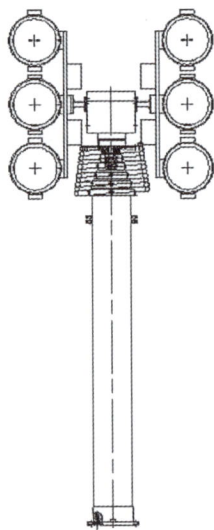

（a）

（b）

图14-5　升降照明灯

（a）示意图；（b）实物图

升降桅杆固定在车厢底架上，用于举升云台和灯头。升降桅杆提供了车底的安装盘及车顶的固定夹板；车底的安装盘一般安装固定于车底梁上；车顶的固定则利用升降桅杆提供的两个平板，将车顶棚固定于夹板当中，保证升降桅杆升高后有足够的支承强度。

云台可旋转、俯仰，用于调节灯头照射方向；灯头一般分为泛光和聚光，可根据作业工况选择；电源箱为升降照明灯电气集成装置；遥控器用于升降照明灯的操作。

5. 液压支腿

支腿以支座形式固定在车辆底盘，使用时操作液压阀或控制开关，支腿向下伸出触地，将车身顶起，使车辆的大部分（或全部）重力由支腿承受，保持车体的平稳，减轻车辆弹簧钢板的负载。

第三节　车辆使用要点

照明车属于专用特种车辆，车辆使用人员应接受相关培训、熟悉车辆产品说明，使用时应严格按照相关规范要求和产品说明操作。照明车的使用一般包括车辆行驶操作、支腿操作、发电机组操作、升降照明灯操作等。以下主要对车辆作业部分使用要点进行说明，供使用人员参考。

一、车辆行驶操作

车辆行驶前，务必检查确认支腿处于收回状态，并确认所有车门处于关闭锁紧状态。

二、支腿操作

支腿操作的方式有很多种，可以是手柄操作、开关操作或遥控操作。典型的取力操作手柄如图14-6所示，支腿如图14-7所示。

1. 支腿操作步骤

（1）车辆停稳后，拉紧手刹。

（2）将变速杆置于空挡位置，踩下离合器踏板，将取力操作手柄扳至"取力"，使取力箱内取力齿与变速箱内的齿轮啮合，然后慢慢松开离合器踏板，使油泵运转。

（3）油泵运转后，检查转动时有无异常声响，确定运转正常后，取力器

图14-6　取力操作手柄

图14-7　支腿

开始工作。

（4）使用支腿操作手柄，根据操作标识进行支腿伸、缩。

2.支腿操作注意事项

（1）支腿支撑过程中，应观察轮胎承压情况，两个支腿伸出时承载整车绝大部分压力，但不允许将轮胎撑离地面。

（2）在高低不平场地或地基较软时，要用垫板（或枕木）垫在支腿下。

三、发电机组操作

1.发电机组操作步骤

发电机组主要是为升降照明灯及作业现场电力设备供电，其操作步骤包括：

（1）打开机组电池开关，如图14-8所示。

（2）做好车体接地并根据需求电缆连接。

（3）确认发电机组燃油位、机油位、冷却液位属于正常刻度，在机组控制器上检查电池电压是否正常，机组控制器如图14-9所示。

（4）启动发动机，点击电气控制箱上"启动"按钮；如果连续三次启动失败，应停止启动，查找原因排除故障后，方可再次启动。

（5）机组启动后，观察机组控制器各参数是否正常，观察机组有无不正常的嘈杂声响或其他不正常现象，如有应立即停机检查，消除故障后再行开机。

图 14-8　机组电池开关

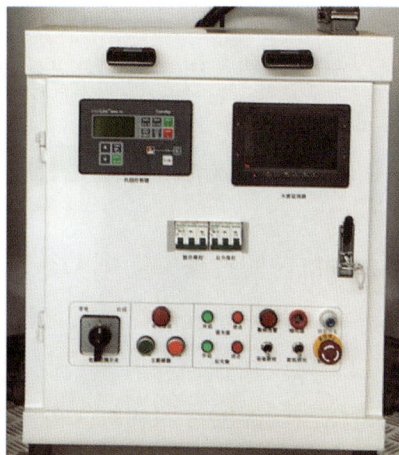

图 14-9　机组控制器

（6）机组运行正常后合上主开关，机组便可向负载供电。

2. 发电机组操作注意事项

（1）机组正常供电运行后，要注意机组各工作部件的工作情况是否正常，观察仪表及报警灯状态，冷却水温度应在90℃以下，最高不应超过95℃，每小时记录一次各仪表读数。

（2）定时检查柴油机机油的油量，燃油量少于油箱的1/3时应及时补充燃油，机油量少于标尺最低刻度线时亦应补充加油。

（3）增减负载应均匀地进行，除特殊情况外，不允许突加突减负荷；当柴油机的出水温度达55℃，机油温度达45℃时，才允许加至全负荷。

（4）机组停机前逐渐卸去负载直至负载完全退出，再进行分闸，再点击"停机"按钮，机组怠速运转3min左右后停机；尽可能不要在全负荷状态下急停以防止出现过热事故。

四、升降照明灯操作

1. 升降照明灯操作步骤

升降照明灯为作业现场提供灯塔式的大面积、多角度强光照明，操作步骤包括：

（1）电源选择，根据工况选择机组电源或者市电。选择机组电源时，将控制箱上电源选择开关调到"机组"挡，启动机组闭合控制箱上"总开关"

以及"照明灯开关",灯具即可使用。选择市电时,将控制箱上电源选择开关调到"市电"挡,启动机组闭合控制箱上"总开关"以及"照明灯开关",灯具即可使用。

(2)遥控器操作:通过遥控器按键实现设备上升、下降,灯具点亮、熄灭和灯具转动。

2.升降照明灯操作注意事项

(1)当使用无线遥控器时,若发现遥控距离变短,须及时充电。

(2)无线遥控器与有线控制器不能同时使用;当使用无线控制器时必须确保有线控制器的"照明灯"处于"关","复位"处于"手动",否则无线控制器不能正常工作。

(3)在灯杆底部有一个磁性控制开关,当灯杆没有升长时(气泵未工作),磁性控制开关会阻止灯具旋转和照明。当灯杆伸长约60mm时,灯具旋转和照明功能才能启用。

(4)在升降照明灯升起前,应确认升降照明灯桅杆行程无遮挡物。

有线控制器和无线遥控器面板分别如图14-10和图14-11所示。

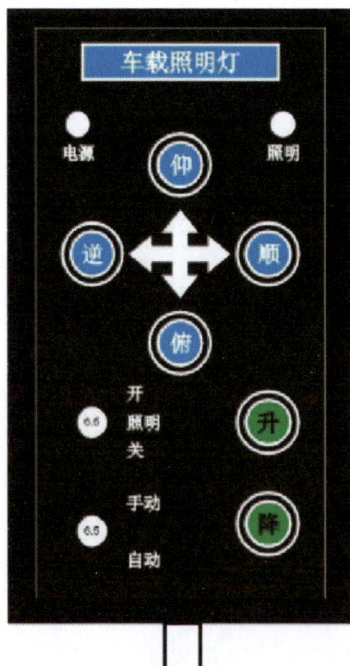

图14-10 有线控制器面板示意图   图14-11 无线遥控器面板示意图

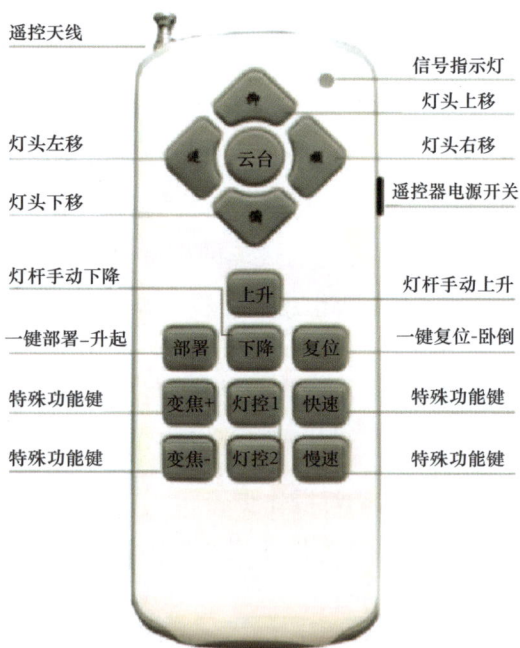

第四节　车辆维护保养要点

照明车属于专用特种车辆，车辆维护保养人员应接受相关培训、熟悉车辆产品说明和维护保养手册，使用时应严格按照相关规范要求和产品维护保养手册操作。照明车的维护保养一般包括汽车底盘维护、发电机组维护和升降照明灯维护。汽车底盘维护可按照车辆底盘维保手册开展。以下主要对车辆作业部分维护保养要点进行说明，供维保和使用人员参考。

一、日常检查要点

（1）检查作业车的外观，特别是结构件的断裂或损坏情况，如果出现问题，不能使用作业车辆，须立即联系生产厂修理。

（2）检查连接螺钉和螺栓有无松动，尤其对于关键紧固件应着重检查。关键紧固件包括车厢与底盘连接的紧固件、发电机组与车厢连接的紧固件、升降照明灯与车辆连接的紧固件。

（3）检查车上的电缆及微型断路器的连接线，确认其没有损坏，特别是没有挤压、裂缝、磨损等；若有损坏，须进行更换。

（4）检查各电磁阀组控制线路接头是否松动。

二、定期维护要点

（1）管路和接头检查：推荐每月对整个作业车的管路进行检查，确认液压管路和接头没有损坏和泄漏。

（2）电缆检查：推荐每月检查作业车上所有的电缆，确认其没有损坏，特别是没有挤伤、裂缝、磨损等。

（3）润滑：推荐每月根据说明书提供的照明车润滑部位表对作业车进行润滑，润滑部位包括液压支腿和升降照明灯升降桅杆；在工作负荷重、环境条件恶劣情况下，应增加润滑的频次。

（4）控制装置检查：推荐每6个月检查控制装置工作是否正常，开关和调速器是否接触良好，运动和工作速度是否平稳，显示是否正常等。

（5）油泵和取力器检查：推荐每12个月检查发动机变速箱、取力器与油泵的紧固情况，确认结合面处无漏油、渗油现象。

（6）液压滤油器检查：推荐每12个月检查、清洗或更换液压油箱上安装的吸油滤油器和回油滤油器的滤芯。

（7）油缸检查：推荐每12个月检查活塞杆有无深拉伤，镀铬层有无剥落或有无接头漏油；检查油缸铰接处运动情况。

（8）清洗油箱，更换液压油：推荐每12个月一次，将油箱清洗晾干后，装入新油，将回油管拆下，接入另一容器，使油泵工作，依次操作各机构，用新油将旧油顶出，使整个油路都充满新油后，再将回油管接至油箱上，同时补充新油至规定位置。

（9）更换易损件：推荐每12个月全面检修车辆的关键结构件和关键连接部位，比如发电机组连接处、升降照明灯连接处等。

三、周期试验要点

照明车中配置的发电机组可以依据《移动电站通用技术条件》（GB/T 2819）开展试验，灯具可以依据《金属卤化物灯（钠铊铟系列）性能要求》（GB/T 24333）等标准开展性能检测。在日常使用过程中，按需开展标准涉及的相关试验项目，确保车辆性能可靠安全。

四、存放保管要点

（1）车辆宜停放在车库内，减少太阳直接暴晒或雨淋，远离高温热源。

（2）车辆长期停放时，应将支腿支撑于地面，缓解轮胎载荷。

（3）确认车辆门、窗均关闭完好。

（4）定期确认车辆内的油、水、气等状态良好。

（5）关闭车辆左侧车厢与驾驶室之间的电源总开关（在驾驶员侧），切断全车总电源。

（6）当长期不使用时，应定期发动汽车，并进行相应的保养，以确保再次使用时各设备可正常工作。

附录 A 特种车辆生产相关政策文件

特种车辆生产相关政策文件主要通过收集国家相关部门公开发布资料整理形成，内容仅供参考，使用时建议与相关部门公开发布的最新政策文件进行核实。

A1 生产企业准入申报材料（摘要）

生产企业准入申报材料见表A1。

表A1　　　　　　　　　　生产企业准入申报材料

序号	准入事项	提交材料	备注
1	新建汽车生产企业	（1）企业申请文件及准入申请书。 （2）企业法人营业执照复印件（或办理过程中的证明文件），中外合资企业还应当提交中外股东持股比例证明。 （3）根据国家有关投资管理规定办理的项目核准或备案文件	包括：新建整车企业、新建分公司、子公司；新建专用车企业
2	企业转型升级	（1）企业申请文件及准入申请书。 （2）企业法人营业执照复印件（或办理过程中的证明文件），中外合资企业还应当提交中外股东持股比例证明。 （3）客车和低速货车企业产销量情况	包括：改装类客车企业升级为客车整车企业；低速货车企业升级为商用车企业
3	企业更名、迁址	（1）企业相关条件变化情况或拟开展兼并重组的申请。 （2）公司章程和兼并重组协议、合资协议。 （3）职工代表大会、董事会或股东会决议。 （4）企业变化涉及项目建设时的申请及相关部门的核准、备案文件。 （5）企业隶属的资产管理部门出具的相关批复文件。 （6）企业变化前后的营业执照复印件	

续表

序号	准入事项	提交材料	备注
4	企业变更法人或股东	（1）企业申请。 （2）新、旧营业执照复印件。 （3）法人变更的相关批准文件	
5	企业增加专用类产品品种	企业申请文件及准入申请书	申请专用校车、消防车、罐式车和专用作业车底盘等产品准入
6	企业跨类别增加产品品种	（1）企业申请文件及准入申请书。 （2）根据国家有关投资管理规定办理的项目核准或备案文件	申请增加轿车、乘用车、商用车
7	申请新能源企业准入	企业申请文件及准入申请书	
8	变更或增加商标	（1）企业申请。 （2）商标注册证。 （3）若属商标转让、许可使用，则需提供双方协议、商标局的受理通知书或备案通知书。 （4）若属集团公司内商标互用，需提供商标许可使用证明及国家商标局商标备案证明	

A2　相关政策公告

工业和信息化部关于调整《道路机动车辆生产企业及产品准入许可》事项审批流程及技术规范的通知（摘要）
工信部装〔2015〕492号

各省、自治区、直辖市工业和信息化主管部门，有关中央企业、中介服务机构：

为贯彻落实党中央、国务院关于深化行政审批制度改革的决策部署，进一步规范行政审批行为，提高审批工作效率和为人民群众服务水平，推进简政放权、放管结合，解决《道路机动车辆生产企业及产品准入许可》（以下简称《车辆准入许可》）事项审批工作中存在的流程复杂、产品检测多、申报工作量大、企业负担重等问题，经研究，我部决定对《车辆准入许可》审批流程及技术规范进行部分调整。现将有关事项通知如下：

一、调整审批流程，取消产品检测方案审批环节

申报新产品或产品扩展变更时，不再要求先行申报产品强制性检验项目方案并进行审批。依照调整后的车辆产品技术审查流程（见附件1），企业自行确定产品强制性检验项目方案，委托有资质的车辆产品检测机构进行产品检测。检测完成后，由检测机构上传相关检测报告。企业申报产品时直接填报并上传产品参数表、强制性检验项目统计表等材料，由技术审查机构进行产品法规标准符合性审查，并出具审查意见。

二、调整技术规范，取消不必要的产品检测

为进一步提高工作效率，节约社会成本，在保证汽车产品技术安全性能前提下，我部对《汽车产品同一型式判定技术条件》和《汽车产品同一型号判定技术条件》进行了修订，形成《汽车产品同一型式判定技术条件/汽车产品同一型号判定技术条件（2015修订版）》（见附件2），原《汽车产品同一型式判定技术条件》和《汽车产品同一型号判定技术条件》（工信部产业〔2009〕716号文发布）同时废止。各检测机构、产品技术审查机构应严格按照《汽车产品同一型式判定技术条件/汽车产品同一型号判定技术条件（2015修订版）》进行产品检测和审核，严禁擅自提高检测要求，增加检测项目。

三、简化申报材料，建立企业准入申报材料清单

按照删繁就简、公开透明的原则，经对各类企业准入申报材料相关要求进行梳理和简化调整，制定了精简后的企业准入申报材料清单（见附件3）。原相关要求与清单不一致的，以清单为准。

本通知自发布之日起执行。

附件：略

附录 B 特种车辆定型相关政策文件

特种车辆定型相关政策文件主要通过收集国家相关部门公开发布资料整理形成,内容仅供参考,使用时建议与相关部门公开发布的最新政策文件进行核实。

B1 道路机动车辆生产企业及产品准入管理办法(摘要)

第一章 总 则

第一条 为了规范道路机动车辆生产企业及产品准入管理,维护公民生命、财产安全和公共安全,促进汽车产业发展,根据《中华人民共和国行政许可法》《中华人民共和国道路交通安全法》《国务院对确需保留的行政审批项目设定行政许可的决定》等法律法规,制定本办法。

第二条 国家对从事道路机动车辆生产的企业及其生产的在境内使用的道路机动车辆产品实行分类准入管理。

道路机动车辆生产企业及产品分为乘用车类、货车类、客车类、专用车类、摩托车类、挂车类六类。客车类道路机动车辆生产企业及产品分为整车类和改装类。

本办法所称道路机动车辆,是指由动力装置驱动或牵引,上道路行驶的供人员乘用或用于运送物品以及进行工程专项作业的轮式车辆,不包括汽车列车、无轨电车、有轨电车、轮式专用机械车、拖拉机及拖拉机运输机组。

第三条 工业和信息化部负责全国道路机动车辆生产企业及产品准入和监督管理工作。

省、自治区、直辖市人民政府工业和信息化主管部门依照本办法规定配合工业和信息化部实施本行政区域内道路机动车辆生产企业及产品准入和监督管理有关工作。

第四条　道路机动车辆生产企业应当按照道路机动车辆生产企业及产品准入的内容组织生产，承担道路机动车辆产品质量和生产一致性责任。

第二章　申请和受理

第五条　申请道路机动车辆生产企业准入的，应当具备下列条件：

（一）具有法人资格；

（二）按照国家有关投资管理规定完成投资项目手续并建设完成；

（三）有与从事生产活动相适应的场所、资金和人员等；

（四）有与从事生产活动相适应的产品设计开发能力、生产能力、生产一致性保证能力、售后服务保障能力等；

（五）法律、行政法规、规章规定的其他条件。

第六条　申请道路机动车辆产品准入的，应当具备下列条件：

（一）取得道路机动车辆生产企业准入；

（二）生产的道路机动车辆产品能够满足安全、环保、节能、防盗等技术标准以及工业和信息化部制定发布的安全技术条件；

（三）法律、行政法规、规章规定的其他条件。

第七条　申请道路机动车辆生产企业准入的，应当向工业和信息化部提交下列材料：

（一）道路机动车辆生产企业准入申请书（示范文本由工业和信息化部制作并公布）；

（二）根据国家有关投资管理规定办理完成投资项目手续的文件；

（三）加盖企业公章的企业章程及营业执照副本复印件；

（四）企业法定代表人签署的依法开展道路机动车辆产品生产承诺书。

第八条　申请道路机动车辆产品准入的，应当向工业和信息化部提交下列材料：

（一）道路机动车辆产品及类别、特点、技术功能等情况说明；

（二）道路机动车辆产品主要技术参数，包括表征道路机动车辆产品基本特征的参数，与道路机动车辆产品安全、环保、节能、防盗性能相关的参数和图片等；

（三）道路机动车辆产品检验资料，包括检验项目统计表、样车情况说明、检验检测机构出具的检验报告等（列入强制性产品认证目录的道路机动车辆产品零部件检验报告可以由强制性产品认证证书替代）；

（四）合法使用道路机动车辆产品商标的说明材料（仅在首次申请包含该商标的道路机动车辆产品准入时提供）、道路机动车辆产品依法进行环保信息公开情况等其他资料。

第九条　道路机动车辆生产企业有权自主选择依法取得相关资质认定的检验检测机构开展道路机动车辆产品检验；开展整车检验的，应当选择取得国家级产品质量监督检验中心资质的检验检测机构。

送检的道路机动车辆产品应当由申请人制造，相关技术参数应与申请准入的道路机动车辆产品一致。

第十条　工业和信息化部收到道路机动车辆生产企业及产品准入申请后，应当依法进行审查，对于申请材料不齐全或者不符合规定形式的，当场或者在五个工作日内一次性告知申请人需要补正的全部内容；对于申请材料齐全、符合规定形式的，应当予以受理。

第三章　审查和决定

第十一条　工业和信息化部委托技术服务机构组织专家对道路机动车辆生产企业及产品准入申请进行技术审查。

第十二条　技术服务机构应当客观、公正实施技术审查，如实向工业和信息化部报告审查结果。

第十三条　技术服务机构不得泄露因审查活动知悉的商业秘密，开展技术审查不得向申请准入的企业收取任何费用。

第十四条　工业和信息化部应当对符合准入条件的道路机动车辆生产企业及产品予以公示，公示期为五个工作日。

公示期内社会公众提出异议的，工业和信息化部可以委托技术服务机构组织专家进行复核。

第十五条　工业和信息化部应当自受理准入申请之日起二十个工作日内作出准入或者不予准入的决定。决定准入的，应当以公告形式向社会发布；决定不予准入的，应当书面通知申请人并说明理由。二十个工作日内不能作出决定的，经工业和信息化部负责人批准，可以延长十个工作日，并将延长期限的理由告知申请人。

技术审查、复核所需时间不计算在前款规定的期限内，所需时间应当书面告知申请人。

第十六条　道路机动车辆生产企业取得相关准入后方可生产、销售相应的道路机动车辆产品。

道路机动车辆生产企业应当持续保持准入条件。

第十七条　道路机动车辆生产企业变更法定代表人、企业名称、注册地址、注册商标、股权结构的，应当在依法完成变更登记手续后及时报工业和信息化部备案。

报送备案应当提交变更情形的说明、变更前后加盖企业公章的营业执照副本复印件等材料，涉及办理投资项目手续的还应当提交相关的投资项目文件。

第十八条　道路机动车辆生产企业变更道路机动车辆产品技术参数的，应当符合相关技术标准及道路机动车辆同一型号命名等技术规范要求，并在道路机动车辆产品投入生产前报工业和信息化部备案。

报送备案应当提交申请变更道路机动车辆产品型号、名称、类别，变更的原因及内容，符合安全、环保、节能、防盗等相关技术标准、技术条件的声明，以及相关检验项目统计表、检验报告等。

第十九条　道路机动车辆生产企业变更生产地址的，应当按照本办法第七条的规定向工业和信息化部提交有关材料。工业和信息化部应当依照本办法的规定进行审查。

第二十条　工业和信息化部对符合本办法规定条件的变更事项以公告形式发布。

第二十一条　道路机动车辆生产企业按照本办法规定变更企业名称、注册地址、生产地址、注册商标、道路机动车辆产品技术参数等的，可以在工业和信息化部发布变更公告后的六个月内继续销售按照原准入事项生产的库存道路机动车辆产品，但国家政策、标准另有规定的除外。

第二十二条　依法取得的道路机动车辆生产企业及产品准入，不得出租、出借、买卖或者以其他形式非法转让。

第二十三条 道路机动车辆生产企业应当建立道路机动车辆产品出厂合格证明（以下简称合格证）管理制度，规范合格证制作、发放、传送、追溯、备案等工作，实时填报、传送合格证电子信息，在道路机动车辆产品检验合格准予出厂后随车配发合格证。

合格证载明的信息应当与获得准入的道路机动车辆产品技术参数，以及道路机动车辆产品实际的技术参数一致。合格证不得涂改、复制、买卖、伪造和抵押。

第四章　特别规定

第二十四条 鼓励道路机动车辆生产企业进行技术创新。因采用新技术、新工艺、新材料等原因，不能满足本办法规定的准入条件的，企业在申请道路机动车辆生产企业及产品准入时可以提出相关准入条件豁免申请。

工业和信息化部应当评估其必要性、充分性，根据技术审查和评估结果，作出是否准入的决定。决定准入的，工业和信息化部可以设置准入有效期、实施区域等限制性措施。

第二十五条 鼓励道路机动车辆生产企业实施企业集团化管理。

符合规定条件的企业集团可以试点开展道路机动车辆产品自我检验；成员企业可以委托企业集团内部取得同类别道路机动车辆生产企业准入的其他企业生产其取得准入的道路机动车辆产品；工业和信息化部可以简化其成员企业的准入审查要求。

第二十六条 工业和信息化部推行道路机动车辆产品系族管理，鼓励道路机动车辆生产企业按照系族提出道路机动车辆产品准入申请。

第二十七条 工业和信息化部优化平板、仓栅、厢式、自卸货车管理。

货车类道路机动车辆生产企业可以委托上装生产企业完成平板、仓栅、厢式、自卸货车产品的上装生产作业。货车类道路机动车辆生产企业对采用本企业生产的底盘进行上装生产的平板、仓栅、厢式、自卸货车产品进行统一道路机动车辆产品准入申请，承担产品质量和生产一致性责任。

第二十八条 鼓励道路机动车辆生产企业之间开展研发和产能合作，允许符合规定条件的道路机动车辆生产企业委托加工生产。

鼓励道路机动车辆研发设计企业与生产企业合作，允许符合规定条件的研发设计企业借用生产企业的生产能力申请道路机动车辆生产企业及产品准入。

第二十九条　特别规定事项的具体管理办法由工业和信息化部另行制定。

第五章　监督检查

第三十条　工业和信息化部应当加强对道路机动车辆生产企业及产品准入的监督管理，建立和完善以随机抽查为重点的日常监督检查制度。对于社会反映集中、问题性质严重的道路机动车辆生产企业及产品，工业和信息化部应当组织开展专项监督检查。

第三十一条　道路机动车辆生产企业应当加强自查，发现生产、销售的道路机动车辆产品存在安全、环保、节能、防盗等严重问题的，应当立即停止相关产品的生产、销售，采取措施进行整改，并及时向工业和信息化部及所在地的省、自治区、直辖市人民政府工业和信息化主管部门报告。

省、自治区、直辖市人民政府工业和信息化主管部门发现本行政区域内道路机动车辆生产企业不能保持准入条件、生产一致性发生重大变化或者有其他违法违规生产经营行为的，应当及时向工业和信息化部报告。

第三十二条　道路机动车辆生产企业不能保持准入条件，生产的道路机动车辆产品存在影响公共安全、人身健康、生命财产安全等隐患的，工业和信息化部应当责令停止生产、销售相关产品，并责令立即改正。

第三十三条　道路机动车辆生产企业买卖、伪造合格证，合格证载明的信息与获得准入的道路机动车辆产品技术参数不一致或者与道路机动车辆产品实际的技术参数不一致，或者有其他违反合格证管理规定的，工业和信息化部应当责令限期整改，视情节轻重暂停道路机动车辆生产企业合格证电子信息传送。

第三十四条　道路机动车辆生产企业不能维持正常生产经营的，工业和信息化部应当予以特别公示。特别公示前，应当书面告知道路机动车辆生产企业，并听取申辩意见。

经特别公示的道路机动车辆生产企业，工业和信息化部在公示期间不予办理准入变更。道路机动车辆生产企业申请移出特别公示的，工业和信息化部应当对其保持道路机动车辆生产企业及产品准入条件情况进行核查。

不能维持正常生产经营是指：连续两年年均乘用车产量少于2000辆、货车产量少于1000辆、客车（整车类）产量少于1000辆、客车（改装类）产量少于100辆、摩托车产量少于5000辆、通用货车挂车产量少于100辆。工业和信息化部可以根据产业发展情况调整有关产量数值。

第三十五条 道路机动车辆生产企业破产、自愿终止道路机动车辆生产，或者存在法律、行政法规规定的其他情形的，工业和信息化部应当依法撤销、注销相关的道路机动车辆生产企业及产品准入。

第三十六条 承担道路机动车辆产品检验的检验检测机构应当在完成道路机动车辆产品检验后的三个月内保证检验样品的可追溯性，六年内保证检验记录、试验图像、影像资料等数据资料的可追溯性。工业和信息化部对检验检测机构开展道路机动车辆产品准入检验情况进行检查。

第三十七条 工业和信息化部建立信用记录制度，将道路机动车辆生产企业、检验检测机构失信行为记入信用档案。

第六章　法律责任

第三十八条 隐瞒有关情况或者提供虚假材料申请道路机动车辆生产企业及产品准入的，工业和信息化部不予受理或者不予准入，并给予警告；申请人在一年内不得再次申请道路机动车辆生产企业及产品准入。

以欺骗、贿赂等不正当手段取得道路机动车辆生产企业及产品准入的，工业和信息化部应当撤销道路机动车辆生产企业及产品准入；申请人在三年内不得再次申请道路机动车辆生产企业及产品准入。

第三十九条 违反本办法规定，未经准入擅自生产、销售道路机动车辆产品的，工业和信息化部应当依照《中华人民共和国道路交通安全法》第一百零三条第三款的规定予以处罚。

第四十条 违反本办法规定，在报送备案时隐瞒有关情况、提供虚假材料的，工业和信息化部不予备案或者撤销备案，并给予警告。

第四十一条 违反本办法规定，出租、出借、买卖或者以其他形式非法转让道路机动车辆生产企业及产品准入的，工业和信息化部给予警告，并责令立即改正。

第四十二条 道路机动车辆生产企业在监督检查中隐瞒有关情况、提供虚假资料，或者不接受工业和信息化主管部门监督检查的，工业和信息化部给予警告。

第四十三条 检验检测机构出具虚假检验报告或者检验结果存在重大失

误的，工业和信息化部向检验检测机构资质管理部门进行通报。

第四十四条　工业和信息化部工作人员在道路机动车辆生产企业及产品准入管理中玩忽职守、滥用职权、徇私舞弊的，依法给予处分；构成犯罪的，依法追究刑事责任。

第七章　附则

第四十五条　道路机动车辆生产企业及产品准入审查要求，工业和信息化部另行制定。

第四十六条　新能源汽车生产企业及产品准入管理适用本办法，相关规章另有规定的，依照其规定执行。

第四十七条　本办法自 2019 年 6 月 1 日起施行。2002 年 11 月 30 日公布的《摩托车生产准入管理办法》（原国家经济贸易委员会令第 43 号）同时废止。

B2　汽车和挂车产品型号编制规则（摘要）

1　目的

为规范《车辆生产企业及产品公告》（以下简称《公告》）内汽车和挂车产品的型号编制，制定本规则。

2　适用范围

实施《公告》管理的汽车和挂车产品。

3　引用标准

GB/T 15089《机动车辆及挂车的分类》；
GB/T 3730.1《汽车和挂车类型的术语和定义》；
QC/T 775《乘用车类别及代码》；
GB/T 17350《专用汽车和专用半挂车术语》。

4　术语

汽车和挂车产品的型号：为了识别汽车而给一种汽车指定的一组汉语拼音字母和阿拉伯数字组成的编号。

企业名称代号：识别汽车生产企业的代号。

车辆类别代号：表示汽车所属分类的代号。

主参数代号：表示汽车主要特性的代号。

产品序号：企业自定的表示类别代号和主参数代号相同的车辆的序号。

专用汽车分类代号：识别专用汽车的结构类别和用途的代号。

企业自定义代号：企业按需要自行规定的补充代号。

5　汽车和挂车产品型号的构成

汽车和挂车产品型号由企业名称代号、车辆类别代号、主参数代号、产品序号组成，对于专业汽车及专用挂车还应增加专用汽车分类代号。必要时可以附加企业自定义代号，如图。

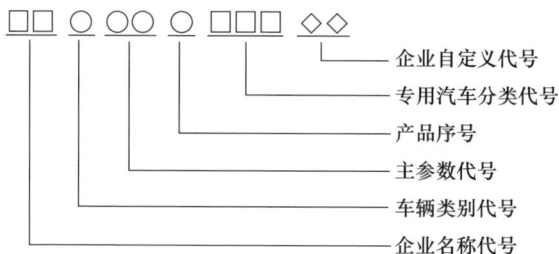

汽车代号含义示例

5.1　企业名称代号

企业名称代号用代表企业名称的两个或三个汉语拼音字母表示。

5.2　车辆类别代号

车辆类别代号用一位阿拉伯数字表示，各类汽车（包括底盘）和挂车的车辆类别代号按照表进行编制。

汽车（包括底盘）和挂车产品类别代号

车辆类别代号	车辆种类	车辆类别代号	车辆种类	车辆类别代号	车辆种类
1	普通货车	4	半挂牵引车	7	轿车
2	越野汽车	5	专用汽车	8	

车辆类别代号	车辆种类	车辆类别代号	车辆种类	车辆类别代号	车辆种类
3	普通自卸汽车	6	客车	9	挂车

注 1.本表普通货车，指符合 GB 3730.1《汽车和挂车类型的术语和定义》中第2.1.2.3.1、
2.1.2.3.2、2.1.2.3.3条定义的，具有敞开式（平板式）载货空间的货车。

2.本表越野汽车，指符合 GB 15089《机动车辆及挂车的分类》中第3.5条（G类）定义
的车辆（包括符合 QC/T 775《乘用车类别及代码》中第4.2条定义的车辆）。

3.本表普通自卸汽车，指符合 GB 3730.1《汽车和挂车类型的术语和定义》中第
2.1.2.3.6条定义的，具有普通自卸货厢（加盖或者不加盖）和自卸功能、不属于GB/
T 17350《专用汽车和专用半挂车术语》中第3.1.3条（专用自卸汽车）规定的车辆。

4.本表半挂牵引车，指符合 GB 3730.1《汽车和挂车类型的术语和定义》中第2.1.2.2条
定义的车辆。

5.本表专用汽车，指符合 GB/T 17350《专用汽车和专用半挂车术语》中有关专用汽车
定义的车辆。

6.本表客车，指符合 GB 3730.1《汽车和挂车类型的术语和定义》中第2.1.2.1.1～第
2.1.2.1.6条定义的车辆（不包括越野客车和专用客车），及符合 QC/T 775《乘用车类
别及代码》中第4.3条定义的车辆。

7.本表轿车，指符合 QC/T 775《乘用车类别及代码》中第4.1条定义的车辆。

8.本表挂车，指符合 GB 3730.1《汽车和挂车类型的术语和定义》中第2.2条定义的车辆。

5.3 主参数代号

主参数代号用两位阿拉伯数字表示，对于各类汽车的规定如下。

5.3.1 普通载货汽车、越野汽车、普通自卸汽车、半挂牵引车、专用汽车和挂车的主参数代号为车辆的总质量（单位：t）。当总质量存在多个数值时，以总质量最大数值进行修约作为主参数代号；当总质量在100t以上时，允许用三位数字表示。

5.3.2 客车的主参数代号为车辆的长度（单位：m）。当车辆长度小于10m时，应精确到小数点后一位，并以长度（m）值的十倍数值表示。当长度存在多个数值时，以长度最大数值进行修约作为主参数代号。

5.3.3 轿车的主参数代号为发动机的排量（单位：L），精确到小数点后一位，并以其值的十倍数值表示。对于纯电动轿车，主参数代号为"00"。

5.3.4 主参数的数值修约按GB/T 8170《数值修约规则与极限数值的表示和判定》的规定。

5.3.5 主参数不足规定位数时，在参数前以"0"占位。

5.3.6 当对已《公告》产品进行变更、扩展时，如变更、扩展数值影响

到了主参数代号，则应对产品型号进行更正。

5.4 产品序号

产品序号用阿拉伯数字表示，数字由0、1、2、3、4、5、…依次使用。

5.5 专用汽车分类代号

专用汽车分类代号按照GB/T 17350《专用汽车和专用半挂车术语》的规定。

5.6 企业自定义代号

企业自定义代号按照企业的需要编制，可用汉语拼音字母和阿拉伯数字表示，位数由企业自定。

对于新能源汽车的企业自定义代号规定如下：

HEV——混合动力电动汽车/底盘

SHEV——串联式混合动力电动汽车/底盘

PHEV——并联式混合动力电动汽车/底盘

CHEV——混联式混合动力电动汽车/底盘

BEV/EV——纯电动汽车/底盘

FCEV——燃料电池电动汽车/底盘

DMEV——二甲醚汽车/底盘

为了避免与数字混淆，不应采用汉语拼音字母中的"I"和"O"。

附录 C 特种车辆公告相关政策文件

特种车辆公告相关政策文件主要通过收集国家相关部门公开发布资料整理形成，内容仅供参考，使用时建议与相关部门公开发布的最新政策文件进行核实。

C1 车辆产品公告（摘要）

经过汽车生产企业申请，国家授权检测机构对汽车新产品进行定型试验、强制性项目检测，工业和信息化部装备发展中心进行申报审查、公告审批发布等程序，工业和信息化部不定期以《道路机动车辆生产企业及产品》（公告）的形式对外公布。只有公告内的产品才能生产、销售、上牌及行驶。

特种车辆公告申报流程包括：①供应商准备新产品样车；②供应商填报样车备案参数表、试验方案表（试验机构沟通后填写）；③供应商联系有资质试验机构（如国家工程机械质量监督检验中心等），并根据试验方案表进行公告样车的公告试验；④试验机构出具公告试验报告，并上传至工业和信息化部公告系统；⑤供应商将备案参数上报工业和信息化部公告系统；⑥工业和信息化部审核公告试验报告和备案参数，审核通过后，约1个月进行公告公示，约2个月进行公告发布。

C2 车辆3C认证（摘要）

强制性产品认证是由汽车生产企业向中国质量认证中心申请产品认证，

认证中心委托检测单位对申请认证的汽车产品按国家统一发布的强制性产品认证标准进行检测后，认证中心组织材料审查并下发CCC证书，只有依据国家标准、行业标准及CQC补充要求生产并取得3C认证的汽车产品才能生产、销售、上牌及行驶。

特种车辆3C申报流程包括：①供应商在CQC产品认证在线申办系统提交3C认证申请书及《汽车产品强制性产品认证型式试验方案表》；②中国质量认证中心审核《汽车产品强制性产品认证型式试验方案表》；③供应商将通过中国质量认证中心审核的型式试验方案表转交有资质试验机构；④试验机构根据试验方案表进行3C试验，完成3C试验后，出具《汽车产品强制性认证型式试验报告》，并将该报告及公告必须相关报告上传至中国质量认证中心报告库；⑤供应商编制备案参数表，上传备案参数数据至《机动车产品强制认证参数申报管理系统客户端》；⑥中国质量认证中心审核备案参数和试验报告，通过后，发放该型号产品的《中国国家强制性产品认证证书》；⑦供应商该型号产品3C认证结束，可打印整车《强制性产品认证车辆一致性证书》。

C3　特种车辆免税政策（摘要）

当前特种车辆免税政策主要为2020年财政部、国家税务总局、工业和信息化部联合发布的《关于设有固定装置的非运输专用作业车辆免征车辆购置税有关政策的公告》（简称"35号公告"）。35号公告发布前，专用车辆免税实行由企业申请，国家税务总局编列《设有固定装置的非运输专用作业车辆免税图册》（简称《免税图册》）、纳税人依据《免税图册》向税务机关申请免税机制。35号公告发布后，编列了《免申请列入〈免征车辆购置税的设有固定装置的非运输专用作业车辆目录〉车辆名称清单》（简称《清单》），凡是列入《清单》的专用车辆，申请人无需再申请列入《免征车辆购置税的设有固定装置的非运输专用作业车辆目录》（简称《目录》）。目前《清单》中未包含本书相关的电力特种车辆，故仍需按照规定申请列入《目录》，方可享受免税政策。但35号公告后，准入《目录》标准在准入《免税图册》标准上进一步细化，要求更加严格。

受到免税政策新增要求的影响，电力特种车辆采购范围内的部分厢式车辆车型申请免税政策将会较为困难。通过调研，完全不受免税政策变化影响的车型为高空作业车、绝缘斗臂车、移动电源车、低压带电作业车；免税政策影响有限的车型为旁路电缆车、移动箱变车、移动环网柜车，这些车型大部分供应商产品仍在目录内；免税政策影响较大的车型为电缆故障测距车、抢修车、带电作业工具库房车、旁路开关车、照明车、巡检车、高电压试验车，这些车型大部分供应商产品不在目录内。

附录D 特种车辆注册登记（上牌）相关政策文件

特种车辆注册登记（上牌）相关政策文件主要通过收集国家相关部门公开发布资料整理形成，内容仅供参考，使用时建议与相关部门公开发布的最新政策文件进行核实。

D1 普通牌照申领（摘要）

特种车辆牌照申报流程包括：①先行办理机动车辆保险；②将车辆行驶至所在地车辆管理所，交纳车辆购置附加税材料、机动车检验材料、机动车注册登记材料等；③车辆管理所收集材料后，依据该型号车辆在工业和信息化部产品公告系统中的备案信息进行审核，重点审核车辆外观、外廓尺寸和轮胎尺寸等参数；④车辆管理所审核通过后发放牌照。

由于特种车辆为改装车辆，车辆改装后的外廓尺寸、轮胎尺寸等可能会与其产品公告的信息存在差异。当数据差异超过5%，车辆管理部门可能不予审核通过，拒绝给车辆发放牌照，比如部分使用单位车辆曾由于车辆外廓尺寸、轮胎参数与产品公告不符的原因无法上牌；因此建议在特种车辆招标工作中，明确供应商供货的特种车辆相关参数应与其在工业和信息化部产品公告系统中的信息保持一致，若差异过大（超过5%）而影响车辆上牌，需由供货方承担责任并进行整改。

D2　工程抢险牌照申领（摘要）

特种车辆若需装设警灯并获得白天在市区道路行驶的权限，需要申领工程抢险牌照，一般是向城市城管、公安交通管理部门提出申请，经批准后取得。建议在特种车辆采购和管理工作中，明确供应商应积极响应用户办理工程抢险牌照的需求，积极协助特种车辆所在地电力公司开展相关管理部门的沟通及牌照申领工作。

D3　其他特殊事项（摘要）

由于锂电池储能 UPS 设备陆续发生因过度充电、外力穿刺、过温等因素导致的起火爆炸案例，且车载方式更难以达到锂电池理想的机房运行环境条件，为有效规避上述安全隐患，工业和信息化部于 2018 年 6 月叫停所有以 UPS 电源为固定装置的电源车公告申请的工作，已获得公告的产品不予延期，到期作废；并要求全国汽车标准化技术委员会专用汽车分技术委员会牵头，论证及修订相应的国家标准，解决 UPS 电源车的车型检测、公告申办、上牌等问题。目前，在相应标准未完成前，国家相关管理部门对 UPS 电源车的车型公告申请仍不予批准公示。

附录 E　电力特种车辆技术参数要求

序号	车辆种类	技术参数要求
1	移动电源车	
2	绝缘斗臂车	
3	高空作业车	
4	低压带电作业车	
5	旁路电缆车	
6	旁路开关车	

续表

序号	车辆种类	技术参数要求
7	移动箱变车	
8	移动环网柜车	
9	带电工具库房车	
10	高电压试验车	
11	电缆故障测距车	
12	抢修车	
13	巡检车	
14	照明车	

附录F 特种车辆常见制造商全称与简称

特种车辆常见制造商全称与常用简称对照表见表F1。

表F1　　　　　特种车辆常见制造商全称与常用简称对照表

序号	特种车辆制造商全称	常用简称
1	山东泰开汽车制造有限公司	山东泰开
2	上海科泰电源股份有限公司	上海科泰
3	龙岩畅丰专用汽车有限公司	龙岩畅丰
4	龙岩市海德馨汽车有限公司	龙岩海德馨
5	江苏中意汽车有限公司	江苏中意
6	江苏智屯达车载系统有限公司	江苏智屯达
7	许继三铃专用汽车有限公司	许继三铃
8	西湖电子集团有限公司	西湖电子
9	苏州华电电气股份有限公司	苏州华电
10	武汉里得电力科技股份有限公司	武汉里得
11	国网电力科学研究院武汉南瑞有限责任公司	武汉南瑞
12	杭州爱知工程车辆有限公司	杭州爱知
13	青岛索尔汽车有限公司	青岛索尔
14	青岛中汽特种汽车有限公司	青特

续表

序号	特种车辆制造商全称	常用简称
15	咸亨国际科技股份有限公司	咸亨国际
16	南京荣港电气技术有限公司	南京荣港
17	徐州徐工随车起重机有限公司	徐工随车
18	航天新长征电动汽车技术有限公司	航天新长征
19	徐州海伦哲专用车辆股份有限公司	徐州海伦哲
20	湖北润力专用汽车有限公司	湖北润力

注　以简称首字笔画数排序。